Insa Palagenja Erdmann

Alle Antwort ist in dir

Bibliografische Information der Deutschen Bibliothek
Die Deutsche Bibliothek führt diesen Titel in der Deutschen Nationalbibliothek. Weitere detaillierte bibliografische Informationen finden Sie auch im Internet unter:
http://dnb.ddb.de

1. Auflage 2010
© Insa Palagenja Erdmann, Gerlingen
ISBN 978-3-930403-09-7

Insa Palagenja Erdmann

Alle Antwort ist in dir

Siva-Natara Verlag

Widmung

Dieses Buch widme ich allen,
die sich wie ich auf den Weg gemacht haben,
einen Zugang zur Geistigen Welt zu finden,
d. h. die Geistige Welt in unser Leben zu integrieren.
Ich möchte allen Mut machen und vermitteln,
dass wir nie alleine sind oder waren.

Inhalt

Meine lieben Geschwister, ich freue mich so,
mit euch in Kontakt zu treten und hoffe auf
weise Antworten für jeden von uns.

Es ist alles wundervoll und wertvoll genauso,
wie es uns allen geschieht.

Seid alle im Vertrauen zu euch
und der Weisheit in euch.

Nur in euch findet ihr das wahre Glück,
und den wahren Frieden
mit euch und zu euch selbst.

Seid immer im Vertrauen darauf,
dass alles zu eurem Besten geschieht und geregelt wird.

Manchmal erkennt man erst Jahre später,
welche positiven Eigenschaften
wir aus Situationen für uns entwickeln konnten.

Dass alles, wirklich alles,
in irgendeiner Form für uns und unsere Entwicklung
zu uns selbst
wichtig ist und einen Sinn hat.

Hilarion

Vorwort

Jedem von uns ist es möglich, ganz real Kontakt zu unseren geistigen Helfern, Engeln und Weggefährten zu bekommen. Diese warten wirklich nur darauf, dass wir zusammen mit ihnen unser Leben erschaffen, in LIEBE und DANKBARKEIT zu allem, was ist.

Sie haben nur die Möglichkeit, uns zu helfen, wenn wir sie auch um Hilfe bitten, weil sie ohne unsere Erlaubnis nicht in unser Leben eingreifen dürfen.

Unzählige wundervolle Bücher und Seminare haben mich auf meinen jetzigen Weg geführt und mir immer wieder gezeigt, dass dies der richtige für mich ist.

Ich habe so viele Dinge in den letzten Jahren gesehen und erlebt, wodurch sich das dringende Bedürfnis entwickelte, dieses mit so vielen Menschen wie möglich zu teilen. Vielleicht kann ich durch meine Erfahrungen auch einigen Menschen helfen, sich selbst zu finden.

Meiner Meinung nach ist das Wichtigste überhaupt, dass jeder Mensch zu sich selbst, zu dem, was er fühlt und denkt und braucht, findet. Es kann nur ein einziger Mensch in unserem Leben entscheiden, was richtig für uns ist – und das sind wir selbst.

In sich selbst vollkommen anzukommen, ganz authentisch das zu leben, was wir alle sind, nämlich Engel auf Erden, die sich in ihrer vollen Größe erfahren wollen. Meiner Meinung nach ist das der Grund, wieso wir hier sind, und dieses Spiel des Lebens spielen.

Wir sind alle so viel mehr als das, was wir sehen, erfahren und teilweise auch glauben können. Im Himmel suchen wir uns schon aus, welche Erfahrungen wir hier auf der Erde erleben wollen, wie z. B. unsere Eltern, sowie wichtige Ereignisse und Erfahrungen in unserem Leben. Ganz wichtig für unser Vorhaben auf dieser Erde ist es, in eine Familie hineingeboren zu werden, in der wir all die Erfahrungen machen können, die wir uns für dieses Leben vorgenommen haben.

O. k., und jetzt zu mir:
Eigentlich lebe ich ein völlig bodenständiges Leben.
Gemeinsam mit meiner Schwester leite ich eine Tankstelle, in unserem heiß geliebten Gerlingen, die meine Eltern schon vor über 38 Jahren voller Einsatz führten. Für uns alle vier war jahrelang unsere Tankstelle der Mittelpunkt unseres Lebens.

Mein Weg in die spirituelle, esoterische Richtung begann im Jahr 2 000. Ich trennte mich gerade von meinem Freund, als mir das Buch „Macht des Unterbewusstseins" von Murphy in die Hände fiel. Ich war so begeistert, dass ich meiner Freundin im Urlaub die ganze Zeit daraus vorlas, und sie damit fast zur Verzweiflung brachte. Sorry Nicole!
Ich dachte, was ich toll finde, müssen auch alle anderen gut und richtig finden. Na ja, ich war 27 Jahre alt und dachte, meine Sichtweise ist die einzig richtige.

Als Nächstes kamen die mit wichtigsten Bücher in mein Leben

„GESPRÄCHE MIT GOTT"
von Neale Donald Walsch
Was er in seinen Büchern schreibt, hat mein ganzes Leben verändert. Endlich hatte ich etwas gefunden, mit dem ich mich von ganzem Herzen identifizieren konnte.
Eine sehr wichtige Erfahrung in meinem Leben ist das Famili-

enstellen, mit dem ich sehr viele Themen und Verstrickungen in meinem Leben lösen kann. Die letzten 10 Jahre bis heute ist es mir immer wieder eine sehr große Hilfe gewesen, durch die Aufstellungsarbeit ein klares Bild von meiner aktuellen Lebenssituation zu erhalten, um diese verändern zu können.

Dann folgte das wichtige Jahr 2008 in meiner Entwicklung. Mit meiner Freundin besuchte ich ein Seminar bei Ute Kretschmar und lernte das Channeln. Dies bedeutet, man lernt Kontakt aufzunehmen zur geistigen Welt, zu Engeln und den Aufgestiegenen Meistern, und gibt deren Nachrichten weiter.

Von da an wurde mir immer klarer, wohin mich mein Weg führt. Ich helfe Menschen, den Weg zu sich selbst zu finden. Wir sollen alle erkennen, dass wir ein Stück von Gott sind. Alle wahren Antworten finden wir nur in uns selbst, wir müssen es nur wollen. Vor allem ist es mir sehr wichtig zu vermitteln, dass jeder Mensch in der Lage ist, diesen Kontakt mit der geistigen Welt aufzubauen. Es gibt nicht nur ein paar auserwählte Medien, die Engel und Geistwesen sehen und hören können, sondern jeder Mensch kann das erlernen, wenn er will.

Kein Mensch würde auf die Idee kommen, einem Kind beim Schwimmunterricht zu sagen, das kannst du vielleicht lernen oder nicht. Genauso ist es auch mit medialen Durchgaben. Jeder von uns kann sie empfangen, genau wie jedes Kind Schwimmen lernen kann.

Niemand ist besser oder schlechter, der eine hat vielleicht ein größeres Talent wie der andere, aber jeder kann das Channeln lernen. Es ist wie mit allem, wenn man viel übt, geht es immer besser.

Ich bin davon überzeugt, dass schon in ein paar Jahren die Kinder in der Schule lernen, in sich hinein zu hören, um ihre Gefühle zu erspüren, um Antworten in sich selbst finden zu können. Auch wenn wir uns das im Moment noch nicht so richtig vorstellen können, sollten wir es ihnen natürlich vorleben.

Meiner Meinung nach ist es so, dass sich die Menschen in den nächsten Jahren immer mehr selbst finden und erkennen werden, wer sie sind. Sie werden spüren, dass wir alle eins sind und niemals allein waren, weil wir immer mit jedem auf der Welt verbunden sind. Ebenso haben wir nie den Kontakt zu Gott und der Geistigen Welt verloren. Es geht jetzt nur darum, diesen Kontakt wieder ganz bewusst aufzunehmen, wieder in unser Leben zu integrieren, und vor allem diesen auch zu leben.

Für mich folgte nun eine sehr bewegte Zeit.

Mich erstaunen immer wieder diese weisen Antworten, die ich auf die verschiedensten Fragen bekomme, während ich mich in einer kurzen Meditation mit der Geistigen Welt verbinde. Während des medialen Schreibens bin ich voller Zweifel, denn da sind dann so Gedanken wie: Ja klar, jetzt drehst du komplett durch, oder du denkst, du redest mit den Engeln und hast Kontakt mit der Geistigen Welt. Wenn ich anschließend die Antworten bewusst lese, bin ich immer bewegt und gerührt über so viel Liebe und Weisheit, die aus diesen Texten sprechen. Auf dem Ausbildungsseminar zum Schreibkanal erlebte ich etwas sehr Bewegendes, das ich hier unbedingt erzählen möchte.

Wir meditierten, um unseren Erdhalter herauszufinden (das ist meistens ein Tier, bei mir zeigte sich z. B. ein Löwe). Gleich schoss mir der Gedanke durch den Kopf: „Ja super, Insa, sehr einfallsreich von dir." Meine Freundin Mona neben mir hat das Sternzeichen Löwe. Sie saß in dem Moment auf dem Stuhl neben mir und ich dachte: Ja klar, jetzt spinnst du. Als mir der Name Leo in den Sinn kam, war ich mir sehr sicher, dass ich mir das alles nur zusammendichte.

Leo = Löwe!!!

Ich hatte ja schon immer eine blühende Fantasie und dachte, das kann auf keinen Fall sein. Ich fragte noch mal nach und bekam den Namen Ole. O. k., dachte ich, Ole ist in Ordnung. Immer, wenn ich als Schreibkanal aktiv bin, rufe ich meinen Erdhalter, wobei immer als Erstes der Name Leo kam.
Ich denke dann jedes mal: Nein, Ole.

Drei Monate später machte ich Urlaub in Griechenland auf der Insel Mykonos. Wir lagen am Pool, als mir ein Mann auffiel, der einen schwarzen Fleck auf dem Rücken hatte. Bei näherem Hinschauen erkannte ich, dass es ein Löwenkopf mit dem Schriftzug „Leo" war. Ich konnte es nicht glauben und habe mich sofort in Gedanken bei meinem Erdhalter entschuldigt. Dabei ist mir aufgefallen, dass Ole anders zusammengestellt ja auch Leo heißt, wie genial.

Hallo, könnt ihr euch vorstellen, wie die Geistige Welt sich anstrengen musste, mir solch ein Zeichen zu schicken?

Ein Mann zur gleichen Zeit wie ich in Griechenland, mit meinem Erdhalter auf den Rücken tätowiert. Ich fand es unglaublich und erkannte sofort, dass wir uns in vielen Dingen selbst im Weg stehen und uns selbst zu wenig vertrauen. Unser Verstand versucht uns immer wieder einzuschüchtern und lässt uns an uns zweifeln.

Lernt, auf eure Gefühle zu vertrauen, diese ernst zu nehmen und zu würdigen. Werdet wachsam und achtet auf die Zeichen, die ihr den ganzen Tag bekommt.
Fragt euch immer: „Was will mir diese Situation sagen?"

Alles, was wir benötigen, wird uns auf dem Silbertablett serviert. Wir sehen es oft nur nicht, weil wir nicht erkennen und dran glauben, dass es Zeichen für uns sind. Aber sie sind es. Ich hätte in diesem Moment auch einfach sagen können: „Ach, so ein

Zufall", aber nichts passiert zufällig in unserem Leben.

Jeder Mensch und jedes Wesen, die uns begegnen, signalisieren eine Nachricht für uns, wir sollten nur lernen, diese zu erkennen.

Achtet auf die Zeichen in eurem Leben!

Freunde, die euch etwas sagen, Musik im Radio, ein Buch, das ihr lest, oder auch der Kopfschmerz, den ihr habt, der Körper gibt euch damit ein Signal. Dieser perfekte wundervolle Körper, glaubt ihr wirklich, er wird aus Zufall krank, oder dass es ihm langweilig ist? Er gibt euch ein Zeichen, am Anfang ganz kleine mit Kopfweh, Bauchweh ... wenn ihr nicht anfangt, auf ihn zu hören, muss er eben mit anderen Krankheiten auf sich aufmerksam machen. Bitte fangt an, auf euren Körper zu hören, auf eure Gefühle und auf das, was ihr wollt oder auch nicht. Handelt danach, was ihr empfindet. Wählt immer den Weg der Freude und des Glücks, denn ihr seid nicht hier, um unglücklich zu sein. **Niemand** ist hier auf dieser wunderschönen Erde, um unglücklich zu sein. Wir sind hier, um uns weiterzuentwickeln und unsere Erfahrungen zu machen, Verzeihen zu lernen, Selbstvertrauen zu bekommen, Wissen zu erlangen ... eben all das zu erleben, was wir uns vor unserem Leben als Erfahrung hier wünschten. Ja, wir selbst wünschten all das zu erfahren, weil es uns dort oben in der Geistigen Welt, aus der wir kommen, nicht möglich ist, alle diese wundervollen Dinge zu erleben.

Dort gibt es nur **LIEBE** und **Glück**, und nur Seelen, die so wundervoll und vollkommen sind, dass wir es uns hier in der Dualität überhaupt nicht vorstellen können.

Also wisst:

„Wir alle, jeder Einzelne von uns, ist vollkommen, und zwar genauso wie er ist. Es gibt nichts zu erreichen, nichts zu bewältigen."

Alles kommt so, wie wir es uns aussuchten. Macht euch keine Sorgen, denn es gibt nichts, was wir falsch machen können.

Nichts kann uns von unserem göttlichen Ursprung trennen, denn Gott liebt uns bedingungslos, weil wir ein Teil von ihm sind. Niemals würde er uns für irgendetwas in die Hölle schicken oder aus dem Paradies verbannen. Glaubt ihr wirklich, diesen wundervollen vollkommenen Gott erzürnen zu können mit dem, was ihr tut, oder nicht? Für mich ist ganz klar, dass wir keinerlei Verbote auf dieser wunderschönen Erde von ihm bekommen haben. Das Gottes-Geschenk an uns alle ist es, alles voll und ganz erfahren zu dürfen, wer wir sind und auch jederzeit Fehler machen zu können, ohne deshalb die Liebe Gottes zu verlieren.

Wir können diese Liebe niemals verlieren, weil wir ein Teil Gottes sind.

Glaubt ihr, für eure Mutter macht es einen Unterschied, ob ihr Fangen oder Verstecken spielt? Genauso mischt Gott sich nicht in unsere Erfahrungen ein, die wir hier auf der Erde erleben. Wieso sollte er uns vorschreiben, was wir tun oder lassen sollen?

So, jetzt zurück zu meinen Leben:
Als Nächstes widerfuhr mir in diesem Urlaub noch etwas sehr Einschneidendes. Ich las dieses wundervolle goldene Buch mit dem Titel **„... für Dich" von Michael Elrahim Amira Weber**, das in meiner Entwicklung wahre Wunder auslöste. Genauer gesagt, hörten diese gar nicht mehr auf, als sie einmal begonnen hatten. Dieses Buch bewirkte etwas ganz Erstaunliches in mir und vielen anderen: Man wird wieder eins mit seiner Seele. Durch das Gebet auf Seite 30 übergibt man jeden Tag aufs Neue seiner Seele die Befugnis zu handeln. Das hat sich dann in meinem Leben so ausgewirkt, dass ich nichts mehr tun konnte, was ich nicht aus vollem Herzen tun wollte. Für mich war es eine erstaunliche Wende, denn ich hatte davor immer das Gefühl, ich muss es immer erst allen anderen recht machen, und dann erst mir selbst. Es ist sehr wichtig, immer in sein Herz hinein

zu spüren, auch mal Nein zu sagen und sich um sich selbst zu kümmern. Auf jeden Fall habe ich durch dieses „**... für Dich**"-Buch und das Gebet immer mehr gespürt, was ich wirklich will, und habe es im Gegensatz zu früher sofort bemerkt. – Ich kann dieses Buch wirklich nur jedem empfehlen, der nach sich selbst sucht, es ist einfach wundervoll.

Nach diesem Seminar bei Ute Kretschmar konnte ich als Schreib-kanal channeln und habe ein halbes Jahr lang jede Woche viel geübt. Zu fragen gab es ja genug, so begann ich also bei meiner Familie und meinen Freunden zu channeln.

Nachfolgend meine ersten Durchgaben von unseren geistigen Helfern, die für mich immer genauso wichtig und wertvoll waren wie für die Menschen, für die die Nachrichten bestimmt waren.

Eine gerade einfache und fette Schrift kennzeichnet die Fragen oder irdische Aussagen, einfache kursive und teilweise fette kursive Schrift ist die Antwort aus der Geistigen Welt.

Insa Palagenja Erdmann

Channelings:
Schreibkanal

Schwindel & Übelkeit

Was wollen ihr das Erbrechen, der Schwindel und die Übelkeit sagen?
Ja, das ist sehr wichtig, was ihr Körper ihr damit sagen will.

Was will er denn sagen?
Es ist wundervoll zu beobachten, wie der Körper seine Signale gibt. Er ist euer bester Freund, euer „Stopp-Schild" und Warnsignalgeber. Er weiß genau, wann es Zeit für eine Ruhepause ist, und dafür, sich um sich selbst zu kümmern.
Das ist doch genial, so eine Notbremse zu haben, oder?

Ja, finde ich auch, wenn man es so sieht, manche machen trotzdem weiter.
Ja, das ist wirklich sehr, sehr schade. Ihr macht es euch oft so schwer, obwohl es doch alles so einfach und voller Liebe und Glück ist. Ihr müsst nur richtig hinschauen, dann könnt ihr problemlos verstehen, was euch euer Körper sagen will. Es ist ganz leicht. Im Falle von Katharinas Schwindel und Übelkeit bedeutet dies für sie, sich zu fragen:

Was hat sie schwindelig gemacht?
Wenn man sich immer nur um sich selbst dreht und macht und tut, im Außen von einem zum anderen hetzt, dies noch und das noch. Da kann einem schon mal schwindelig werden.
Bleib bei dir, kümmere dich am meisten um dich, dann wird dir nicht schwindelig und auch nicht schlecht.

Sei gesegnet,

Kuthumi

Herz

Was soll ihr das Herz an ihrem linken Arm sagen, das seit dem Tod von Andi da ist?

Das Herz will sie fragen: Wo ist dein Herz?
Spürst du es?
Fühlst du es?
Nimmst du es wichtig?
Schenkst du ihm Aufmerksamkeit?
Oder lebst du, ohne es zu beachten?

Es will beachtet werden.
Wie viele Dinge tust du am Tag aus tiefsten Herzen?
Lass dein Herz sprechen, denn es ist da und will von dir beachtet werden.

Fühle in dich hinein, was will dein Herz?
Wie fühlt es sich an?
Was ist die Wahrheit für dein Herz und nicht für deinen Verstand?
Was willst du vom Leben?
Was willst du erleben?

Sei mutig, nehme dich wichtig, und vor allem auch dein Herz. Du hast es über lange Zeit ignoriert. Jetzt ist es an der Zeit, es wieder in dein Leben zu integrieren und zu beachten. Das ist sehr wichtig für dich und alle in deinem Umfeld. Sei gesegnet, du kannst es und es ist jetzt die richtige Zeit.

Alles wird gut! Wir freuen uns, dass du endlich aufmerksam wirst. In Liebe stehen wir dir zur Seite. Du kannst uns jederzeit rufen und wir helfen dir.

Sei gesegnet, Konfuzius

Ordnung

Wieso bekommt sie das mit dem Aufräumen nicht hin?
Ja, das mit dem Aufräumen ist wichtig.
Wo solltest du mal in dir dringend aufräumen?
Schau ehrlich nach, sieh ehrlich hin.
Wo in dir ist so eine riesige Unordnung, dass es sich im Außen so spiegelt? Nehme es an, dass du eine Unordnung hast, und schaue nach, woher sie kommt.

Wo kommt sie denn her?
Sei gewiss, alles ist wunderbar.
Sie kommt von ihrer Unordnung in sich.
Soll ich es so machen? Soll ich es so machen?
Sie kann sich nicht entscheiden und hat keine gerade Linie.
Heute so, morgen so oder ich weiß auch nicht – und genauso sieht es dann auch aus. Die Sachen wissen auch einfach nicht, wo sie hingehören, weil du es nicht weißt und auch nicht entscheiden willst. Das ist ein sehr, sehr wichtiges Thema für dich, und es ist sehr wichtig, dass du es dir einmal anschaust und immer wieder lernst, es zu entscheiden. Angenommen, du gibst einem Ding einen Platz und es gefällt dir nicht, kannst du diesem am nächsten Tag einen anderen Platz geben.
Es geht nur darum, es einmal zu entscheiden.
Es geht um **DEINE Entscheidung.**
Wie auch immer du entscheidest, ist es richtig.

Und wo ist eigentlich dein Platz?
Hast du einen?
Willst du einen?
Brauchst du einen?

Oder willst du dich weiterhin von allem leben lassen, anstatt selbst zu leben?

Liebes Kind, bitte wache auf, das ist sehr wichtig.
Wer bist du?
Was willst du?
Sehe es.   Spüre es.   Entscheide es.
Und wisse immer: Du bist richtig.

Sei gesegnet, Konfuzius

OP am Hals März 08

Soll sie die Operation am Hals machen lassen, oder nicht?
Das können wir dir nicht beantworten, die Entscheidung liegt bei ihr.

Es stört sie, denn sie möchte es gerne weghaben, hat aber Angst vor dem Eingriff.
Erstmal braucht ihr vor gar nichts Angst zu haben.
Alles hat seinen Sinn, seinen Grund und seine Berechtigung.

Was kann sie machen?
Was will sie denn gerne machen?
Es ist ihre Entscheidung, keiner wird sie ihr abnehmen.

Ist es gefährlich, wenn sie es lässt?
Nein, wunderbar, wenn sie es selbst entscheidet.

Ist es gefährlich, wenn sie es wegoperieren lässt?
Nein, wunderbar, wenn sie es selbst entscheidet.
Du musst in dir schauen, gehe in dich.
Lerne deinem Gefühl zu vertrauen. Niemand weiß es so gut, wie du selbst. Gehe deinen Weg. Wie fühlst du dich, wenn du das eine oder das andere entscheidest?

Setzte dich hin, stelle dir vor, wie du das eine tust.
Wie fühlst du dich damit, in dir? Wie fühlst du dich mit dem
anderen?
Meine Liebe bleibt bei dir, lerne es, selbst zu entscheiden.
Du kannst es.
Bitte rufe uns, wenn du Hilfe brauchst

Sei gesegnet, Kuthumi

Augenzucken März 08

Aus welchem Grund zuckt von meiner Freundin das rechte und linke Auge?
Meine liebe.
Alles ist gut und wichtig, sehe, alles will dich immer auf etwas hinweisen, also bitte ignoriere die Zeichen nicht, die du bekommst. Sie sind wichtig und wollen beachtet werden. Sei froh, dass es diese Zeichen gibt. Haben sie dich schon oft genug gezwungen, eine Pause einzulegen, und dafür waren sie auch gedacht. Sinn der Sache ist allerdings, dass du auch ohne diese Zeichen schon erkennst, dass es für dich an der Zeit ist, eine Pause einzulegen.

Was hat das Augenzucken zu bedeuten?
Dass sie eine Pause machen soll?
Ja, ihr Auge kann nicht mehr richtig sehen.
Es ist wunderbar, alles, alles ist wunderbar.
Deine Augen zucken, dann kannst du nicht mehr arbeiten und brauchst es nicht mal selbst zu entscheiden, sondern dein Körper nimmt es dir ab. Tolle Sache, super, perfekt, dieser Körper ist genial. Sei froh, sei glücklich über diese doch so sanften Zeichen deines Körpers. Alles ist wundervoll, glaube es ruhig. Sogar dein Körper steht hinter dir, damit du es nicht entscheiden musst.
Siehst du das? Weißt du, worum es hier geht?

*Das Tolle und Wundervolle ist: So viele verschiedene Dinge wollen
dich immer nur auf ein und dasselbe hinweisen.*
*Liebes Kind, „entscheide", lerne zu entscheiden, was du willst.
Wer du bist, wie viel du kannst und was dir zu viel ist. Frage dich
ganz einfach:*
„Was tut dir gut?" „Was fühlt sich für dich richtig an?"
*Sei du selbst, denn dann braucht dein Körper keine Ausflüchte
mehr vorzubringen, dass du gerade nicht mehr kannst.*
Entscheide rechtzeitig.
*Meine Liebe, du kannst es, du bist hier, um es zu lernen, also tue,
was dir möglich ist, in deinem Tempo.*

Wunderbar!
Hilarion

Berufliches Glück Margret, März 08

Was will ihr das, was im Geschäft passiert, sagen?
*Liebe Margret, das ist wohl ziemlich extrem, was da gerade bei
dir passiert. Sei gesegnet.*
*Fühle dich umarmt, denn wir sind immer für dich da. Sei in der
Liebe, sei im Vertrauen darauf, dass alles gut wird. Die Meister
und Engel schauen voller Freude auf dich und sind stolz auf dich,
wie du dein Leben meisterst. Jede Hürde, die du nimmst, bringt
dich weiter in deiner Entwicklung, auch wenn du das im Moment
noch nicht sehen kannst. Du bist hier, um zu erfahren, dich zu
erfahren, in guten wie in schlechten Zeiten, in Gesundheit wie in
Krankheit. Alles ist gut, so wie es ist. Wichtig und richtig.*
*Du bist wundervoll und stark. Du hast nur leider dein Vertrauen
ins Leben verloren und dafür, dass alles gut wird.*

**Was hat das im Geschäft für eine Bedeutung für sie? Was
soll sie daraus lernen?**

Es ist so wunderbar, dass sie diese Gelegenheit hat. Verstehe, es ist nur alles eine Erfahrung, eine Entwicklungschance.
Geliebte Margret, wir sind bei dir, wir helfen dir.
BITTE, und vergesse nicht, uns zu bitten, sonst dürfen wir dir nicht helfen.
BLEIBE BEI DIR!
Sei wachsam, was das alles mit dir macht. Du kannst die anderen nicht verändern, nur dich selbst und deine Einstellung dazu.
Lass den Spiegel deines Lebens klar werden. Du kannst es am besten bei und durch die anderen erkennen, wo es bei dir selbst noch hängt. Sei dankbar, alles ist wundervoll.
Genieße dein Leben und bleibe bei dir.

Du bist ein Teil des großen GANZEN und bist nie alleine.
Höre auf zu zweifeln. Es gibt Engel, Meister und GOTT, und alle sind mit ihrer ganzen Liebe bei dir, um dir zu helfen. Deine Erfahrung ist auch unsere Erfahrung, denn du bist ein Teil von uns.

Wie kann sie sich verhalten, damit es ihr besser geht und sie nicht immer so angegriffen wird?
Sie soll immer probieren, bei sich zu bleiben. Sich fragen, was diese Situation mit ihr macht? Nehme diese Gefühle liebevoll an, da es sich um ihre verdrängten Kindheitsgefühle handelt. Sie wollen angenommen werden und zu ihr gehören. Es ist sehr, sehr wichtig, dass sie das macht. So wird sie wieder in ihre Kraft kommen, wenn sie diese ganzen Gefühle angenommen hat und im Arm hält, wie eine Mutter ihr Kind. Dann ist sie nicht mehr angreifbar.
Sie ruht dann in sich.
So wird niemand mehr auf die Idee kommen, mit ihr dieses Kasperletheater spielen zu wollen.
Bitte liebe Margret, hab Vertrauen auch in dich selbst.
Du schaffst es und wir sind immer bei dir.

Wie wundervoll! Sei glücklich und beschützt.
Hilarion

Bleibe bei dir

Warum hat sie immer nur Menschen um sich, die völlig anders sind als sie?
Liebe Margret, mein liebes Kind, sei gesegnet. Alles ist wunderbar. So ein Prozess ist immer nicht leicht, wir wissen das. Es war und ist nicht einfach für dich, aber habe Vertrauen, alles ist gut und wundervoll.

BLEIB BEI DIR!

Schau dich an, dein Leben, deine Stärke und was du schon alles geleistet hast. Weißt du, dass dein Verstand dies alles weiß, das reicht nicht. Versuche es mit deinem Herzen zu fühlen. Hab Mitgefühl mit dir, hab Mitgefühl dafür, was du alles schon erlebt hast. Sei stolz, nicht mit deinem **Verstand**, *sondern* **aus tiefstem Herzen.**
Sei stolz auf das, was du alles schon gemeistert hast. Versuche, das alles immer mehr mit dem Herzen zu fühlen, nicht immer nur mit dem Verstand. Bleib bei dir, sei bei dir, dann ist es wunderbar.

Warum hat sie denn immer nur Menschen um sich, bei denen sie sich nicht geborgen fühlt?
Ja, wie kann sie sich den woanders geborgen fühlen, wenn sie sich bei sich selbst nicht geborgen fühlt? Das kann nicht funktionieren.

Wie soll sie das machen, sich bei sich selbst wohl und geborgen fühlen?
Akzeptieren, was ist, alles, was ist.
Liebe, was ist, alles, was ist.
Lerne wieder zu vertrauen, das ist sehr wichtig, zuerst einmal dir selbst. Das Wichtigste bist du.
Glaube mir, alles ist wunderbar und auch ganz leicht. Glaube mir,

habe Vertrauen, alles ist gut. Sei du selbst, aus tiefstem Herzen, dann bist du echt, auch für die anderen. Glaube mir, für dich selbst ist es am wertvollsten, wenn du das erkennst.

Sei gesegnet, Konfuzius

Du bist dein Halt

Renata, März 08

Warum kann Renata die Hoffnung nicht aufgeben, mit ihrem Mann wieder zusammenzukommen?
Meine Liebe, sei gesegnet. Alles ist gut. Bitte achte darauf, dass du in dieser Situation nicht den Glauben an alles verlierst, was dir bisher etwas gegeben hat. Achte darauf, dass du die Dinge, die dich bisher erfüllt haben, noch mehr in dein Leben integrierst. Damit ist nicht dein Mann gemeint oder deine Kinder. Was macht dir Freude, womit geht es dir gut?

Bitte beachte DICH, nehme dich wichtig.
Unter anderem hast du dir vorgenommen, hier zu lernen, dich wichtig zu nehmen. Fühle DICH wundervoll und wertvoll, wie du bist. Mit all deinen Fehlern und Schwächen bist du genau richtig und wichtig für dich und alle Menschen, mit denen du dein Leben verbringst und teilst.
Glaube es.   Sehe es.
Das ist wirklich sehr wichtig für dich. Du kannst wirklich sehr viel Halt in deinem Freundeskreis finden und das ist wunderschön, aber bitte vergiss nicht, DU bist dein wichtigster Halt.

Suche und finde den Halt in dir selbst.

Alles andere wird auf Dauer nicht ausreichen. Solange du ihn nicht bei dir selbst gefunden hast, wird der Halt von Außen nur kurzfristig etwas Geborgenheit bringen.

Du bist dein Halt.

Lerne, dir zu trauen. Vertrauen, das ist wirklich ein großes Ge-
schenk, das du ganz leicht für dich umsetzen kannst. Wenn du
lernst, bei dir zu bleiben, voll und ganz. Auch für deine Kinder
und deinen Mann wird das ein Geschenk sein. Eine in sich selbst
mit sich selbst zufriedene Frau und Mutter, das ist wahrlich wun-
derbar und sehr erstrebenswert. Bitte, mein liebes Kind, sei dir
gewiss, auch wenn dir das im Moment wie ein Albtraum oder eine
Bestrafungsaktion vorkommt. Glaube uns bitte, es ist das größte
Geschenk. Die Chance, sich selbst zu finden und wahrzunehmen,
als der Mensch, der du wirklich bist, mit allem, was zu dir gehört.
Höre auf, immer nur gefallen zu wollen, gefalle dir selbst.
Dann wirst du von innen heraus leuchten, und niemand kann sich
dann mehr deinem wahren Licht in den Weg stellen oder einen
Schatten darüber werfen. Sei gewiss, alles ist gut und wundervoll.

Wie kann sie sich von ihrer Hoffnung lösen?
Ihre Hoffnung wird, wenn sie sich selbst gefunden hat und wichtig
nimmt, verschwinden. Eine Frau, die sich wichtig ist und sich selbst
wertschätzt, will keinen Mann, der sie so behandelt. Damit wird
sie auch keine Hoffnung mehr haben. Der Schlüssel zu Lösung
liegt bei ihr. **In ihr.**
Liebe Renata, sei gewiss, du bist viel stärker als du denkst. Glaube
uns, denn du hast immer so viel Kraft abgegeben. Wenn du diese
Kraft bei dir behältst und nicht immer für andere opferst, wirst du
erstaunt sein, wie viel Kraft in dir steckt. Das ist beeindruckend.
Lasse dich von dir selbst beeindrucken. Entdecke dein Schätze
und Werte in dir selbst. Sei gesegnet. Wir sind immer bei dir und
unterstützen dich mit unserer Liebe. Habe Vertrauen.

Hilarion

Geschäftliche Situation

Was würde Bea beruflich glücklich machen?

Meine Liebe Bea, das ist für dich nicht leicht, lasse deine ganzen Erwartungen an die Welt los, alles ist gut so, wie es ist.

Sie will gerne ihre Erfüllung finden.

Ihre Erfüllung findet sie nicht in ihrem Beruf, sondern ganz allein nur bei sich selbst.

Liebe Bea, sei gesegnet, du bist wundervoll, genauso wie du bist. Fürchte dich nicht, sei du selbst. Freue dich am Leben, denn es ist ein Freudentanz und kein Trauerspiel. Sei wahrhaftig du selbst, das ist die größte Freude und die größte Erfüllung. Alles andere kommt erst danach. Wünsche es dir, glaube daran, dass es passiert. Liebe dich und dein Leben so, wie es jetzt im Moment ist. Dies ist der erste Schritt, um es zu verwandeln. Akzeptiere es so, wie es ist, denn es ist wundervoll.

Erst wenn du das getan hast, kannst du nach vorne blicken.

Liebe, was ist und habe Vertrauen.

Wir sind immer bei dir und unterstützen dich auf deinem Weg. Du kannst nichts falsch machen. Du bist genau richtig, wie du bist, wundervoll, wertvoll und wichtig. Finde zu dir selbst, dann findest du auch deinen Beruf, umgekehrt geht das nicht. Das ist ein Naturgesetz und du hast nur falsch angesetzt, am falschen Punkt. Du schaffst es, sei gesegnet.

Wunderbar!

Hilarion

Augen-OP

Was hat sie an ihrem Auge? Woher kommt es und was kann sie tun, damit es abheilt?

Mein liebes Kind des Lichts. Sei gesegnet. Alles ist gut.

Sei unbesorgt, alles kommt zur rechten Zeit.

Sei dir gewiss, wir sind immer bei dir und sehen voller Freude, welche riesige Kraft in dir steckt, und wie du dein Schicksal meisterst und versuchst, immer aus allem das Beste zu machen. Auch du darfst dich mal zurücklehnen und ausruhen. Du stehst ständig unter Strom, das ist sehr ehrenwert, und du kannst stolz auf dich sein, aber wisse: Das Leben ist nicht nur da, um sich jeden Tag von Neuem unter Druck zu setzen. Du hast alle Zeit der Welt und musst nichts erreichen, denn du hast schon so viel erreicht. Sehe, wie wundervoll es ist.

Fange an, dich zu schätzen, aus tiefstem Herzen. Sehe, was du schon erreicht hast. **Wundervoll!!!**

Das Auge ist sehr wichtig, denn es zeigt dir die Wahrheit. Wenn du richtig hinsiehst, kannst du mit den Augen alles sehen, wie es wirklich ist. Frage dich: Was siehst du noch falsch an dir, in dir selbst? Wo hast du dich selbst noch nicht richtig erkannt, weil dir etwas im Weg steht?

In welcher Form siehst du dich noch nicht richtig?

Welchen Makel hast du noch an dir auszusetzen?

Du siehst es falsch, sehe es, du bist perfekt und wunderbar, genauso wie du bist. Höre auf dich abzuwerten und werde echt, indem du ganz du selbst bist. Mit all deinen guten und wundervollen Eigenschaften, Stärken und Schwächen **BIST DU RICHTIG.**

Nehme dich an, aus tiefstem Herzen, du hast es verdient.

Sei gesegnet. Alles ist wunderbar und wertvoll.

Saint Germain

Wut

Was ist der Grund, warum M. emotional so stark in ihre Wut kommt?

Meine Liebe, sei gesegnet, alles ist wunderbar.

Sei vollkommen du selbst, entdecke den Teil in dir wieder, der gelassen ist. Ja meine Liebe, auch diesen Teil gibt es in dir. Der gelassene selbstsichere Anteil in dir, der mit allem klarkommt, ohne sich aufzuregen. Wieso regst du dich auf?

In so einem Fall ist man immer unsicher, kann nicht mit der Situation umgehen, fühlt sich nicht in sich selbst sicher und gefestigt. Was macht dich unsicher?

Spüre mal in dich hinein.

Wieso ist dieser selbstsichere Teil von dir in solchen Situationen nicht mehr zu sehen? Wieso kommt er nicht mehr heraus?

Du hast gelernt, auf alle Situationen, in denen du unsicher bist oder nicht mehr weiter weißt, mit Wut zu reagieren, dann kannst du wenigstens teilweise damit umgehen. Diese Emotion verhindert, dass du in die Hilflosigkeit fällst.

Wut und Stärke, oder Trauer und Hilflosigkeit?

Welchen Weg hast du gelernt zu gehen?

Welcher ist für dich leichter zu händeln?

Die WUT, weil sie dich auch stark macht.

Trauer und Hilflosigkeit machen dich schwach. Schwach, um Gottes willen, ja nicht schwach sein. Da blinken bei dir alle Alarmglocken, die es in dir gibt. Spüre einfach mal in dich hinein, auch dieser schwache hilflose Teil in dir will gesehen und angenommen werden. Es gibt ihn, er fühlt sich total vernachlässigt, er gehört auch zu dir.

Sehe ihn.   Liebe ihn.   Er gehört auch zu dir.

Wenn du diesen Teil in dir annimmst und im Leben lernst zu leben, dann kann das Mittelmaß, die Ausgeglichenheit kommen und sich einpendeln. Eine ruhige selbstsichere M., die mit jeder Situation gelassen umgeht, weil sie immer erkennt, dass alles gut und wichtig ist, dann hast du das Vertrauen zu dir und deinem Leben umgesetzt.

Sei gesegnet, meine Liebe, setze es um. Wir wissen, dass das für dich sehr schwer ist. Erwarte nicht so viel von dir. Es geht nicht von heute auf morgen, sondern in kleinen Schritten, aber du wirst es schaffen.

Glaube uns.

Saint Germain

Borreliose

Warum hat R. Borreliose durch einen Insektenstich?

Mein liebes Kind, alles ist gut und wundervoll. Glaube es. Es ist wichtig und richtig, jede Erfahrung anzunehmen und nicht abzulehnen. Sei gesegnet, du bist wunderbar und alles ist so, wie es sein soll.

Sei wachsam. Das ist wichtig und bleib bei dir, vertraue noch mehr deiner inneren Stimme.

Du bist auf dem richtigen Weg, und alles kommt zu seiner Zeit.

Was möchte ihr diese Krankheit mitteilen?

Sei wachsam mit dir selbst, in dir selbst, sei wahrhaftig die, die du bist. Nehme auch die Teile von dir an, die du noch abwertest an dir und als nicht so wertvoll empfindest.

Alles wirklich alles an dir ist wertvoll und wichtig.

Auch wenn es manchmal nicht so scheint. Es gibt noch Teile in dir, die du als schlecht bewertest und noch nicht als zu dir gehörend angenommen hast. Schaue dir diese bitte liebevoll an und erkenne, auch diese sind ein Teil von dir. Trotz dieses Teils oder vielleicht genau deswegen bist du perfekt. Wo greifst du dich noch selbst an? So, dass dein Körper dir diesen Angriff spiegelt?

Wo greift sie sich denn noch an?
Du hast noch einige Dinge in dir nicht akzeptiert, weil du sie als nicht erstrebenswert oder erleuchtet genug ansiehst. Das ist aber dein Verstand, der das beurteilt. Dein Herz hat das Ziel, dich vollkommen selbst anzunehmen und zu spüren, mit aller Wut, mit allem Groll und allem Ärger. Auch diese Gefühle haben eine Berechtigung und gehören zu dir. Wie wundervoll.
Wenn du das tust, bist du ganz vollkommen du selbst. Vergesse nicht, genauso bist du richtig und wichtig für dich und die Welt. Du machst eine wundervolle Arbeit und hilfst vielen Menschen, sich selbst zu erkennen. Das ist wirklich wunderbar, und wir sind voller Liebe bei dir und stehen dir bei und unterstützen dich auf deinem Weg. Sei gesegnet.

Sie soll also aufhören, sich selbst zu verurteilen?
Ja, genau so ist es. Wunderbar.

Hat sie jemanden von euch, mit dem sie hauptsächlich arbeitet, den sie rufen kann?
Sie kann uns immer alle rufen und wir werden ihr immer helfen, wenn sie uns bittet. Auch sonst sind wir da, aber ohne dass sie uns bittet, dürfen wir ihr nicht helfen. Damit sollte sie noch mehr arbeiten, dadurch kann noch mehr Heilung in ihre Arbeit einfließen. Sie arbeitet sehr viel mit mir, Saint Germain und Hilarion.
Unser liebes Kind, vergesse nicht, du bist wundervoll und perfekt, genauso wie du bist.

Saint Germain

Familie

Ich möchte gerne eine Nachricht für Manu. Sie wünscht sich am meisten von allem eine Familie. Was kann sie tun, damit sich dieser Wunsch erfüllt?

Meine liebe Manu, sei gesegnet, alles ist gut.
Du solltest dir wirklich einmal anschauen, ob das auch wirklich dein tiefster Herzenswunsch ist. Wir sehen in dir sehr, sehr viele Ängste, dich auf eine Beziehung einzulassen. Lieber allein bleiben, als noch mal verlassen zu werden, ist einer deiner Glaubenssätze, die du erlösen und nochmals überdenken solltest.
Deine Verlassensangst *solltest du wirklich nicht unterschätzen. Diese Angst hat wirklich einen sehr starken Einfluss auf dich und dein Leben.*
Sei gesegnet, wisse, du bist niemals wirklich allein und verlassen. Wir Engel und Meister sind immer bei dir und unterstützen dich. Sei gewiss, alles hat seinen Grund, ist wertvoll und wichtig, so auch die Zeit, die du alleine, ohne Partner, verbringst. Höre bitte auf, dich immer wieder von dir selbst abzulenken. Beschäftige dich mehr mit dir.

Wie geht es dir?   Wie fühlst du dich?   Einsam?
Bist du einsam?

Bitte, mein liebes Kind des Lichts, lasse dieses Gefühl der Einsamkeit einmal wirklich da sein. Lasse es zu, nehme es an, es gehört zu dir. Damit kannst du es heilen. Du hast jedes Recht dazu, dich einsam zu fühlen. Versuche nicht immer davonzulaufen, sondern stelle dich dem, was da ist. Du bist so ein verlässlicher herzensguter Mensch, der immer erst an die anderen denkt. Jetzt wird es Zeit, dass du auch einmal an dich denkst.

Sehe dich!   Spüre dich!   Wie fühlst du dich?

Wann hast du dich das letzte Mal gefragt, wie es dir WIRKLICH, in deinem Innersten geht? Bitte, bitte höre auf, vor dir selbst wegzulaufen und dich ständig von dir selbst abzulenken. Das ist der Weg zu Heilung, zu deiner Heilung. Heile dich, deine Gefühle und Verletzungen, damit dein Weg leichter wird und von mehr Freude und Liebe gezeichnet wird.

Sei du selbst und spüre dich.

Es bringt dich nicht weiter, wenn du deine ganze Kraft und Energie immer für andere opferst. Das ist wirklich sehr ehrenhaft und lieb gemeint, aber bitte verstehe, dass du dabei ständig zu kurz kommst. Sehe dich, schätze deinen Wert, was du alles machst und kannst.
Das ist wunderbar.

Aber bitte fange an, auch für dich selbst zu sorgen.
Was tut dir gut? Hast du dich schon mal wirklich gefragt, was dir guttut? Fange an, in dich hinein zu hören, was dir guttut. Bitte liebe Manu, es ist ganz wichtig, dass du lernst, dich zu sehen und zu spüren. Sei gewiss, wie sehr dich das weiterbringt auf deinem Weg. Der Schüssel zu einer erfüllten Partnerschaft liegt in dir. Sei mutig und fange an, dich wahrzunehmen als der wundervolle Mensch, der du bist.

Sei gesegnet, Hilarion

Kinder Mai 08

Wieso ist ihr Sohn so aggressiv? Hat die letzte Familienaufstellung damit etwas zu tun? Hat sich bei ihm etwas aus der Sippe aktiviert? Wieso ist er immer gegen alles Neue, oder wenn er alleine irgendwohin soll?

Meine Liebe, geliebtes Kind, sei unbesorgt, alles ist gut und richtig und wichtig, wie es jetzt im Moment für dich und deine Familie ist. Auch wenn du es im Moment nicht verstehen kannst, dass alles so geballt über dir zusammenbricht, ist das ein Teil deiner und eurer Entwicklung. Dies ist nicht nur zufällig in deinem und eurem Leben entstanden. Glaube uns, der Grund für das alles liegt einfach etwas tiefer, und deshalb ist es für euch nicht so leicht zu begreifen. Unter anderem auch aus dem Grund, weil ihr unendlich verstrickt seid, und das nicht erst in diesem Leben, sondern auch schon früher in vorangegangenen Leben. Unter anderem habt ihr euch vorgenommen, diese Verstrickung hier in diesem Leben zu lösen. Weil ihr hier ungeahnte Möglichkeiten habt und Entwicklungsschritte gehen könnt. Hier könnt ihr sehr viel erlösen und auflösen.

Meine Liebe, dein Sohn ist genau richtig und wichtig, wie er ist. Genauso wie du richtig und wichtig bist, wie du bist. Sehe das und nehme es ernst, was sich hier bei euch in der Familie zeigt. Tue es nicht ab, denn es ist wichtig. Jede Gefühlsregung eurer Kinder gibt euch ständig euren aktuellen Stand wieder. Unverfälscht und unbewertet wird es einfach in euren Raum geworfen, weil ihr euch nun schon einen Großteil eures Lebens nicht damit befassen wolltet. Jetzt kommt es durch eure Kinder und wird so an euch herangetragen. Stellt es euch bitte so vor, dass eure Kinder noch einen wundervollen Kontakt nach oben zu uns haben. Sie sind wirklich so wunderbar echt in ihren Gefühlen und so authentisch, dass ihr durch sie euch selbst erblicken könnt. Eure Kinder reißen sich nicht zusammen wie ihr, weil man ihnen seit über 30 Jahren gesagt hat: Schrei nicht, schimpf nicht, sei nicht frech ...
Sie drücken sich aus, und das ist wunderbar und herrlich. Euch ist das verloren gegangen, und ihr könnt durch sie lernen, wieder mehr bei euren Gefühlen zu sein und bei dem, was du willst. Wie viele Dinge am Tag tust du, weil du sie wirklich willst, meine Liebe?

Sei ehrlich mit dir, dein Kind ist es auch. Schau es ab.

*Er will nichts tun, was er nicht will. Was ist daran schlecht? Schau
es dir in Ruhe an und bleib bei dir.*

*Gegen was bist du? Frag dich, fragt euch: Wo könnt ihr euch nicht
auf was Neues einlassen? Wo könnt ihr nicht alleine hin …?*

Sei gesegnet, Konfuzius

Weiblichkeit   Mai 08

**Lieber Hilarion, was hindert sie daran, in ihre Weiblichkeit
zu kommen?**

*Meine Liebe, du musstest eben immer deinen Mann stehen, auch
wenn dir das nicht bewusst war und ist. Dein Leben ist sehr männ-
lich und kämpferisch gewesen. Wenn diese männliche Energie
dich einnimmt (zu der auch die Wut gehört), dann ist für die
Weiblichkeit nur noch sehr wenig Platz. Fast gar kein Platz mehr.
Durch deine Kinder konntest du nun schon wieder etwas mehr
Weiblichkeit in dir integrieren, aber vom ganzen Kuchen ist das
nur ein kleines Stück. Hab Vertrauen und sei geduldig, man kann
nicht alles auf einmal erlösen. Habe Geduld mit dir selbst, was ja
übrigens auch sehr weiblich ist, Geduld haben. Es gibt sehr viele
Dinge, die weiblich sind, die wichtigsten sind Liebe, Weichheit,
Sanftmut, Geduld … und vieles mehr. Die Weiblichkeit hatte in
deinem bisherigen Leben keinen Platz, weil du sie abgelehnt hast,
auf jeden Fall Teile von ihr. Jetzt, nach der Aufstellung, wo du auch
den Platz deines Opas verlassen hast, kannst du diese mehr und
mehr leben und in deinem Leben integrieren und leben. Glaube mir,
es steckt noch so viel Weiblichkeit in dir, die noch gelebt werden
will, wenn du es zulässt. Lasse es zu, habe keine Angst, denn du
wirst dadurch nicht schwach, sondern stark, dadurch wirst du
immer mehr zu dir selbst kommen.*

Wie wundervoll und wichtig, gesegnet sei die Weiblichkeit in jedem Menschen, denn sie bewirkt die Wunder in der Welt.

Erkenne. Weiblich sein, zart sein, weich sein, traurig sein, hilflos sein ist nichts Schlechtes. Es gibt nichts Schlechtes.

Sei gesegnet, sei weiblich.

Hilarion

Abnehmen   Athanasia, Juni 08

Könnt ihr Athanasia einen Tipp geben, warum sie sich mit dem Abnehmen so schwer tut?
Geliebtes Kind, wisse alles, wirklich alles ist gut wichtig und richtig für dich, die Entwicklung deiner Seele und deines Selbst. Wirklich wichtig ist, dass du endlich anerkennst, dass du, so wie du bist, wundervoll und wertvoll bist, und zwar für jeden Menschen, der dir begegnet, und vor allem für dich selbst. Sei gewiss, alles hat seinen Sinn und seine Berechtigung. Akzeptiere und liebe dich so, wie du bist.
Du bist so viel mehr, als man mit den Augen sehen kann. Sehe es. Es ist im Moment wirklich das Allerwichtigste für dich, dass du lernst, dich zu lieben und zu schätzen, so wie du bist. Du musst nichts erreichen und nichts erledigen, was nicht schon in dir vorhanden ist.
Also bitte liebe dich, genauso wie du jetzt bist.

*Du meinst, du bist wertvoller, wenn du schlanker bist? Glaube uns, dem ist **nicht** so. Wenn du nur sehen könntest, wie wir, wie vollkommen und wunderbar du bist … wir verstehen, dass das aus deiner Sicht eine schwere Hürde ist.*

Sehe es so und sage dir:
Ich, Athanasia, bin wundervoll und wunderbar, genauso wie
ich bin, bin ich richtig und wichtig für mich und die Welt. Ich
bin geliebt und werde gehalten von der Geistigen Welt.
So wie ich bin, liebe und achte ich mich.

Lese dies so oft wie möglich, am besten jeden Tag ein paar Mal
über einen längeren Zeitraum, und du wirst bemerken, wie du
langsam anfängst, dich dafür zu öffnen, dass du dich selbst lieben
und schätzen lernst. Solange du dich nicht annimmst, so wie du
im Moment bist, mit allen guten und schlechten Eigenschaften,
ist es für dich sehr schwer abzunehmen. In Wirklichkeit gibt es
kein Gut und Schlecht, das sind nur eure Urteile darüber. Alles
ist, wie es ist, vollkommen. Diese Schwere zeigt dir die Schwere,
die du mit dir selbst hast, und zwar damit, dass du einfach nicht
glauben kannst, dass du wundervoll und vollkommen bist. Wenn
du dies innerlich für dich auflöst, kann die äußere Schwere gehen.
Sei ihr dankbar, zeige ihr deine Wertschätzung, denn sie wollte dir
nur das zeigen, was du nicht sehen kannst. So konntest du es nicht
mehr übersehen, so kannst du nicht mehr dran vorbeischauen.
Das ist doch genial, oder etwa nicht?
Dieser Körper ist ein wundervolles göttliches Werk.
Also mein liebes Kind, glaube uns, du bist wundervoll und wir
sind immer bei dir.

In Liebe, Hilarion

Alles hat einen Sinn   Juli 08

Habt ihr für M. noch eine Nachricht?
Meine liebe M.! Sei offen für alles, was zu dir kommt, und bitte,
höre auf, es als schlecht abzustempeln, denn in Wirklichkeit gibt
es nichts Schlechtes. Du weißt nicht, was deine Seele aus diesen

Situationen lernen will. Deine Seele will sich hier auf der Erde erfahren, und glaube mir, es ist deiner Seele ein Bedürfnis, diese Dinge hier zu erfahren. Die Gründe dafür erfährst du erst, wenn du wieder mit uns Engeln vereint bist. Du gehörst nämlich zu uns. Du bist auch ein geistiges Wesen, ein Engel, der hier auf der Erde erfährt, wer er ist und was er fühlt. Glaube uns, es ist die Wahrheit, und die ist wirklich wunderschön.

Wir sind alle eins und stehen dir bei.

Wir freuen uns mit dir und haben Mitgefühl, wenn du leidest. Auch wenn das Leiden hier auf der Erde oft nicht nötig wäre, wenn ihr wissen würdet, wer ihr seid. Sei bei dir, voll und ganz, und fühle deine Gefühle, wie sie sind. Schätze sie und beachte, dass sie da sind, denn sie helfen dir dabei, dich als menschliches Wesen auf der Erde zu erfahren. Erkenne, was dahinter steht: Ein Engel, der hier seine Erfahrungen macht und dann wieder heimkehrt zu seiner Familie im Himmel. Glaube uns, das ist wahrlich wundervoll.

Meine Liebe, sei gesegnet, wir sind immer bei dir.

Konfuzius

Kopfweh Juli 08

Warum hat M. nach der Sauna Kopfweh?
Mein geliebtes Kind, sei gesegnet. Für alle Zeit bist du in unseren Herzen. Du bist uns so eine große Freude, also bitte vergiss auch du nicht, dich zu freuen. Du bist hier, um Freude zu erleben, also schalte auch ab und zu mal deinen Kopf ab und lasse dich nur von deinen Gefühlen leiten. Denn diese kommen direkt aus deinem Herzen.

Lasse dir gesagt sein, mein liebes Kind, mit deinem Herzen und deinem Gefühl kannst du die Welt verändern und dich selbst.
Alles Wissen der Welt kann das nicht bewirken, was dein Herz bewirkt.

Diese Kraft ist so mächtig, so voller Liebe, so voller Freude, dass alle Menschen mitgerissen werden, weil ihr Gefühl ihnen sagt, der Weg der Freude ist der richtige ...

Geliebtes wundervolles Kind, geh raus aus dem Kopf und öffne voller Vertrauen dein Herz.
Spüre dich und das Leben, das dir so viel Freude bereiten kann.
Vergesse nicht vor lauter Denken zu leben.
Versuche dich immer mehr auf deine Gefühle zu verlassen und mit ihnen und aus ihnen heraus zu leben. Meine Liebe, denke nicht immer, ich muss dies, ich sollte das, so wäre es richtig.
Das sagt alles dein Kopf und nicht dein Herz.
Dein Herz ist dein Gefühl, deine Emotion.
Was fühlst du? Handle nach deinem und aus deinem Gefühl.
Dein Kopf ist damit auch schon überanstrengt, denn ihm fehlt der Ausgleich. Sei gewiss, alles ist einfacher aus dem Herzen heraus und mit großer Freude und Fülle verbunden.

Erwecke dein Herz, schalte den Kopf auch mal ab.
Er braucht auch mal eine Pause, wie alles Leben auf unserer wunderschönen Erde. Die Natur hat im Winter Pause, das ist ganz natürlich.
Du kannst dir aber deine Pause nur selbst geben. Hab Vertrauen zum Leben, alles wird sich zu deinem besten regeln, auch ohne dass dein Kopf auf Hochtouren und ständig Sonderschichten einlegen muss.

Sei gesegnet, du bist wundervoll.

Hilarion

Du bist wichtig

Wie soll D. sich gegenüber ihrem Freund verhalten, wenn sie eifersüchtig ist?
Geliebtes Kind, sei gewiss, alles, wirklich alles ist gut und wichtig für dich und die Entwicklung deiner Seele.

Freue dich am Leben und an den Erfahrungen, die in deinem wundervollen Leben für dich bereitstehen und darauf warten, von dir entdeckt, angenommen und geliebt zu werden. Im Moment geht es bei dir darum, deinen eigenen Wert zu erkennen, zu schätzen und in deinem Leben zum Ausdruck zu bringen.

Wie viel bist du dir wert? Was bist du dir wert?
Diese wundervollen Dinge (auch wenn sie dir im Moment nicht so vorkommen) sind dazu da, dich selbst als das zu erkennen, was du bist. Der wichtigste Mensch in deinem Leben.

Niemand sollte dir wichtiger sein als du selbst.

Durch deine Erfahrungen kannst du nun ganz genau sehen, auf welchem Stand du im Moment mit dir selbst bist. Dadurch erfährst du auch, wo in dir noch ein Ungleichgewicht ist. Als Nächstes ist es ganz wichtig, verurteile dich nicht z. B. für deine Eifersucht, nehme sie an, denn sie gehört zu dir. Sie hat ihre Berechtigung und möchte erkannt werden als das, was sie ist.
Dein eigener Mangel an Selbstwertgefühl.

Denke nicht immer, warum tut er dies oder warum tut er das, sondern frage dich: Welchen Teil von mir spiegelt mir dieser wundervolle Engel in meinem Leben? Akzeptiere es so und dann nehme diesen Mangel zu dir, nehme ihn an und werte ihn nicht ab. Das ist ganz wichtig, denn nur durch das Akzeptieren und Annehmen dieser Gefühle können sie sich auflösen und mit dir zu dem gött-

lichen Anteil verschmelzen, der du in Wirklichkeit bist.
Mein geliebtes Kind, sehe, wie wundervoll du bist, und nehme dich
an als dieses wunderbare perfekte Engelwesen, das du bist.

Sei gesegnet.

Meister Kuthumi

Du bist an erster Stelle Juli 08

Hast du eine Nachricht für D.?
Meine Liebe, sei gesegnet, du gute Seele deiner Sippe.
Es wird jetzt wirklich Zeit, dass du an dich denkst und aufhörst,
dich immer hintenanzustellen. Sei gewiss, du darfst dir selbst
der wichtigste Mensch in deinem Leben sein, und keiner wird
dich deshalb weniger lieben oder mögen. Im Gegenteil, zeige den
Menschen deinen Wert, indem du dir selbst wertvoll bist und auf-
hörst, dich zu vergessen. Erkenne dich an als der Engel, der du bist,
und sehe, dass auch alle anderen für dich und deine Entwicklung
Engel sind. Sehe es.

Ihr seid alle vollkommen,
eingewoben in Gottes Plan,
der auch euer eigener ist.

Sei es dir wert. Setze dich an die erste Stelle und vergiss auch nicht,
dass jeder das Recht hat, sich selbst an die erste Stelle zu setzen.
Das ist der Weg zu dir selbst. Sei also achtsam und vorsichtig
mit dem, was du willst. Alles, was du fühlst, solltest du schätzen
und annehmen, weil es zu dir gehört, und das ist wunderbar und
wichtig. Sei du selbst so wundervoll, wie du bist.

Hilarion

Freue dich

Lieber Hilarion, möchtest du mir vielleicht irgendetwas sagen?

Mein geliebtes, wertvolles Kind der Freude und des Lebens. Sei dir gewiss, dass wir immer voller Freude bei dir sind und mit dir lachen und mit dir weinen. Sei stolz auf deine Schritte, die zu dir selbst führen, das spürst du im Moment ganz deutlich. Du bist Freude, du bist Liebe, du bist wertvoll und wunderbar. Höre auf, dich zu verstecken.

Lebe dich vollkommen in deiner Einzigartigkeit, mit der du die Menschen mitreißen kannst und so viel Freude in die Welt trägst.

Sei du selbst!

Du weißt, wer du bist!

Höre auf, dich in den Schatten zurückzuziehen!

Damit Wunder geschehen können, für dich und alle Menschen, die mit dir in Kontakt kommen. Sehe, wie wunderbar ansteckend Freude und Liebe sein kann, und halte daran fest, denn das Leben ist ein Fest, also feiere es auch.

Freue dich des Lebens, so oft wie es geht, so oft wie du kannst und vergesse es nicht.

Du bist dazu berufen, andere mit deiner Freude anzustecken. Durch dich erkennen sie dann wieder die Freude in sich selbst. Das ist ansteckend. Lasse deine Freude wieder wirklich an deinem Leben teilhaben. Sage, willkommen zurück, mein lieber Freund der Freude. Du gehörst zu mir.

Währe ewig!!! Aus mir selbst heraus bist du unerschöpflich.

Springe in die Luft vor Freude, lache, bis dir der Bauch wehtut.

Freue dich an allem und jedem, der dir begegnet, in deinem wun-
dervollen Leben, denn es sind lauter Geschenke des Himmels. Also
wisse, du wertvolles Wesen aus dem Himmel, das ist der Plan. Hilf
den anderen, auch ihre Freude wieder zu entdecken.

In sich selbst.

Schubse sie an. In dir steckt so viel Freude, also hole sie heraus
und lebe sie auch, denn genau das macht dich aus. Jeder Mensch
hat eine Begabung, das ist deine. Stecke die Menschen mir deiner
Freude und Begeisterung an. Begeistere sie. Du kannst sie für alles
begeistern, für was du begeistert bist, weil deine Begeisterung aus
dem Herzen kommt und das spüren die Menschen.

Also geliebtes Kind, sei wundervoll du selbst, aus dem Herzen
*heraus **VOLLER FREUDE**.*

Hilarion

Rheuma Juli 08

**Liebe Engel, liebe Meister, könnt ihr A. bitte etwas wegen
ihres Rheumas sagen? Was hilft ihr?**
Mein geliebtes Kind des Lichts, sei gesegnet mit all deiner Weisheit
und Liebe, die du unter den Menschen verteilst. Sei gewiss, alles,
wirklich alles, was hier auf dieser wundervollen Erde passiert, hat
einen Grund und eine Berechtigung.
Nichts passiert aus Zufall.
Auch diese Krankheit hat ihren Sinn und ihre Berechtigung. Nehme
sie zuerst einmal an als deine Krankheit und sage vielen Dank,
dass du da bist. Ich habe durch dich auch sehr viel gelernt und in
mich sehen und spüren können.

Ohne dich wäre ich heute nicht, wo ich bin.
Achte deine Krankheit, denn sie will grundsätzlich überhaupt
nichts Böses, sondern dich auf dich aufmerksam machen. Sie
will, dass du dich und deinen Körper wahrnimmst und annimmst.
Welchen Teil deiner Vergangenheit lehnst du noch ab, oder wertest diesen ab? Sehe, mein liebes Kind, es ist sehr wichtig, dass du
siehst, es gibt wirklich überhaupt nichts Schlechtes an dir und in
dir. Wenn du lernst, dich genau so zu akzeptieren, wie du bist, mit
all deinen Schwächen und Stärken, dann bist du auf dem Weg zu
deiner Heilung. Sehe deine Krankheit und achte sie. Nehme sie an
und sei ihr dankbar, dass sie da ist, weil sie dir geholfen hat, Teile
von dir selbst wiederzuentdecken. Dann kann sie gehen, indem du
sie annimmst und nicht durch „Ich will sie nicht haben".

Lerne dich selbst zu lieben und anzunehmen. Sei gewiss, alles
wird gut und sich zu deinem Besten regeln. Sehe, deine Seele hat
sich diesen Weg herausgesucht, um sich zu erfahren, und das ist
der Weg, den auch du für dich gewählt hast. Also akzeptiere alles,
liebe und wertschätze dich dafür, dass du dir diesen nicht gerade
leichten Weg gewählt hast. Denn wer außer dir selbst kann dir
denn wirklich helfen?

Sehe es, du bist dein wichtigster Heiler.

Du bist dein wichtigster Freund.
Sehe, dass alle anderen dir nur einen Schubs in eine Richtung geben
können. Du selbst aber kannst riesige Schritte in deine Heilung
gehen, wenn du dich liebst und annimmst, wie du bist.

LIEBE DICH SELBST, das ist die Lösung all deiner Probleme.
Denn wenn du dich selbst liebst, kannst du auch alles andere lieben. Sehe, wie wichtig das ist. Sich selbst zu lieben bedeutet, sich
selbst vollkommen anzunehmen mit allen (angeblichen) Macken
und Fehlern, mit allen Gefühlen, ohne sie abzuwerten.

Sehe dich liebevoll an, wie du ein kleines unschuldiges Kind ansiehst und lächle. Liebe dich, denn du bist genauso, wie du bist, ein wundervolles Geschöpf des Himmels.

In Liebe, Erzengel Michael

Herz

Insa, Juli 08

Liebe Engel, liebe Meister, wie kann man lernen, besser auf sein Herz zu hören? Wie kann man lernen, zwischen Herz und Verstand zu unterscheiden?
Geliebtes Kind, du solltest wissen, alles ist gut und wundervoll.
Stehe hin, sehe hin, gehe hin zu deinem Herzen.

Mache dich auf den Weg, indem du in dir bleibst und verweilst. Werde still, werde ruhig und höre, was dort von innen kommt. Sei ganz präsent, wachsam und höre die Antworten deines Herzens. Frage dein Herz und es wird dir antworten, denn es liegt daran, dass du es nicht fragst. Wieso sollte es etwas sagen? Du fragst jeden, deine Lehrer, deine Freundinnen und Familie. Frage einfach mal dein Herz, genauso wie du es mit uns auch machst.

Setze dich hin, und frage:
Mein liebes, treues, wertvolles Herz. Entschuldige, dass ich dich so lange ignoriert habe. Kannst du mir bitte sagen, wie es dir geht? Wie würdest du dich in meiner Situation entscheiden? Mit was würde es dir gutgehen?

So kannst du auch deine Seele fragen oder deinen Fuß ansprechen. Er wird dir immer antworten und sich freuen, dass du ihn endlich wahrnimmst. Nichts anderes passiert, denn genau das ist das Ziel der meisten Krankheiten. Die kranken Körperteile wollen gehört werden, sie wollen Aufmerksamkeit. Also werde still und frage sie, was los ist. Was brauchen sie von dir? Was wollen sie dir mitteilen und sagen? Frage sie einfach, und du wirst die wundervollsten, weisesten, passendsten Antworten bekommen und endlich in einen wirklichen Kontakt zu dir selbst kommen. Frage sie und nehme sie ernst, denn sie gehören zu dir. Bedanke dich auch bei ihnen, denn sie spielen so wunderbar mit, bei diesem Spiel des Lebens, dass du dich nicht genug für dieses harmonische Zusammenspiel bedanken kannst.

Es ist einfach wunderbar.

Sei du selbst und fühle dich selbst.

Hilarion

Herz-Gespräch   Insa, Juli 08

Mein liebes wertvolles Herz, was sagst du denn nun? Hast du eine Nachricht für mich?
Ja, ich bin ganz bewegt, dass du mich ansprichst, denn ich kann es kaum fassen. Ich freue mich so, dass du mich ansprichst und wahrnimmst. Das ist toll.
Ich habe so lange gewartet, dass ich jetzt ganz bewegt bin. Spürst du das auch?

Ja (Tränen der Rührung).
Das tut so gut. Ich will, dass es dir gutgeht, dann geht es auch mir gut.

Was tut dir denn gut?
Liebe, Freude, Wärme, Sicherheit, und das vor allem von dir. Das ist für mich das schönste Gefühl, wenn du mich beachtest. Diese

48

Freude darüber kann mir niemand von außen geben, nur du selbst. Ich bin dein Herz, deshalb ist es für mich das Schönste, wenn du mich beachtest, mit mir redest und dich mit mir befasst. Keiner, wirklich keiner kann mir sonst dieses Glück geben. Stelle es dir mal so vor, du bist eine Mutter und hast zwei Kinder. Einem schenkst du Liebe und Beachtung und das andere geht leer aus. Dieses Kind bekommt aber ganz viel Liebe von deiner Nachbarin. Die Nachbarin ist zwar die Rettung für dieses Kind, aber die Mutterliebe wird ihm immer fehlen, sein Leben lang. Hinz und Kunz kann ihm niemals diese fehlende Mutterliebe ersetzen. Genauso ist es, wenn du mich nicht siehst und dich nicht mit mir befasst.

Dann fehlt mir die Liebe, **DEINE LIEBE,** das ist für mich die einzig wichtige Liebe!

Sehe mich, spüre mich, beachte mich, beziehe mich in dein Leben mit ein. Sprich mit mir, frage mich, schätze mich, bedanke dich, damit machst du mich glücklich und zufrieden. Dann fühle ich mich wohl und angenommen.

Stelle dir mal vor, du wirst von deiner Mutter dein ganzes Leben lang ignoriert, was das bewirkt. So kann man es vergleichen. Endlich hast du mich mal mit deiner Aufmerksamkeit beschenkt. Spürst du, wie du innerlich gleich viel harmonischer bist? Das ist so toll! Bitte beziehe mich mehr in dein Leben mit ein.

Ich kann dir helfen, den Weg des Herzens zu gehen. Ich kann dir helfen, mich zu spüren, und wenn du es zulässt, werden wir das beste Team. Juchhe, ich freu mich so.

Es tut mir leid, dass ich dich so lange nicht beachtet habe, aber ich habe dich nicht gehört. Ich bin gar nicht auf die Idee gekommen, dass ich mich mit dir in Verbindung setzen kann.

Ja ich weiß. Aber jetzt, wo du es weißt ...

Ja natürlich, da ändert sich alles. Ich sehe dich jetzt und spüre dich.

Danke, danke für alles, liebes Herz.

Channelings:
Sprachkanal

Finde zu dir zurück August 08

Lieber Hilarion, hast du eine Botschaft für ...?
Ja, meine Liebe. Sei gesegnet, bleibe bei dir.
Entdecke dich wieder, dein wahres Selbst, dein wahres Wesen, dein wahres Sein und deine wahre Aufgabe. Höre auf, dich zu verstecken vor den Dingen, die du dir vorgenommen hast, die du hier erfahren willst und wolltest. Fange an, dich für deinen eigenen Lebensweg zu öffnen. Der Weg zu dir hin, zu deinem Herzen und zu deinem wahren Ich.

Lege alle Vorsicht und alle Bedenken ab. Lege alles in die Hand des Vertrauens, dass sich alles zu deinem Besten regeln wird. Finde den Mut, du selbst zu sein, dann warten auf dich die größten Geschenke.

Dein wahres Glück findest du nur in dir, bei niemandem sonst, bei keiner Arbeit, bei keinem Mann, bei keiner Frau, bei keinem Kind und bei keinem Hund. Du findest es nur in dir.

Öffne dich, öffne dich dir selbst und deiner Bestimmung, das ist das größte Geschenk, was du dir und allen anderen machen kannst. Dadurch kann ein Wunder geschehen, für dich und alle anderen. Lerne, bei dir zu bleiben immer, immer und immer wieder, immer, immer wieder. Lerne es, du kannst es. Du hast es nur bisher nie gelernt, und jetzt ist es an der Zeit, wo du das andere auch loslassen kannst. Lasse alles los, was dir nicht guttut. Lasse es in Liebe ziehen. Es war gut, dass es da war, aber jetzt beginnt für dich etwas Neues. Der Weg zu dir selbst. Du bist schon auf dem Weg, aber lasse dich nicht beirren. Höre auf deine Gefühle, denn du kannst dich immer auf sie verlassen. Sie werden dir den richtigen Weg zeigen, wenn du anfängst, auf dich zu hören. Werde still und höre in dich hinein. Habe keine Angst vor dir selbst und deiner Stärke. Da ist so viel Stärke, die gelebt werden will, von dir und deiner Seele. Höre auf, dich zu bremsen, und höre auf, dich zu verleugnen, und höre auf, dich nicht anzuerkennen. Sehe dich, spüre dich, erkenne dich, wie du wirklich bist und was du wirklich willst. Dann wirst du in einen harmonischen Einklang mit dir selbst kommen und deine Mitte finden. Suche sie, es lohnt sich. Es lohnt sich immer, etwas zum Besseren bzw. zu sich selbst hin zu verändern. Magst du sonst noch etwas wissen?

Vielen Dank, lieber Hilarion, ich wollte noch wegen meiner Haut fragen, ob ihr wisst, was ich noch machen kann? Sie ist an einigen Stellen ungewöhnlich ausgetrocknet.
Meine Liebe, ja, du kannst weiterhin tun und tun und tun und tun. Im Außen lässt sich das nicht verändern.
Du solltest lernen, nach innen zu gehen und nach innen zu schauen. Das Äußere ist immer ein Spiegel des Inneren. Also höre auf, deine Kraft nach außen zu verschwenden, es im Außen erledigen zu wollen. Gehe in dich, spüre in dich und lass es los.
Alles hat seine Berechtigung und muss zu allererst einmal akzeptiert werden. Akzeptiert, gelebt und geschätzt werden. Es ist ein Teil deines Inneren, der sich hier im Außen spiegelt. Wenn du das Innere veränderst, kann das Äußere auch wieder verschwinden. Die Haut von außen zu behandeln ist der falsche Weg. Gehe in dich und spüre in dich.
Frage deine Haut, was sie dir sagen will, nehme sie ernst.

Nehme alles an und in dir ernst, damit liebst du dich, achtest dich, und alles wird sich zu deinem Besten fügen.

Höre auf, irgendetwas im Außen lösen zu wollen.
Die Lösung liegt immer in dir. Setze dich hin und werde ruhig und befasse dich mit dem, was dann kommt. Nehme also an und werte es nicht ab. Es sind deine Gefühle. Sie wollen von dir erlebt, gelebt, erfahren werden. Hast du noch eine Frage?

Was ist meine Lebensaufgabe?

Meine Liebe, sei dir gewiss, je mehr du deinen Lebensweg gehst und zu dir selbst findest, umso mehr wirst du auch zu deiner Lebensaufgabe finden. Dein Leben ist deine Lebensaufgabe, dein Leben von Beginn an, von der Stunde der Geburt bis zum Ende, komplett. Das ist deine Lebensaufgabe, die du dir heraus gesucht hast. Wie alles, auch was du jetzt erlebst, und alles, was du bis jetzt erlebt hast, und alles, was du erleben wirst, ist deine Lebensaufgabe, alles. Vertraue darauf, dass du dir diesen Weg gewählt hast, um zu dir selbst zu finden. Du siehst, du steckst schon mittendrin in deiner Lebensaufgabe. Wenn du wüsstest, wie viele Aufgaben du schon bewältigt hast. Wie viele Aufgaben von deiner Lebensaufgabe du schon hinter dich gebracht hast. Wenn du wüsstest, wie fortgeschritten, wie weiterentwickelt du jetzt schon bist. Also sehe, alles ist deine Aufgabe, jede Kleinigkeit, jede Kleinigkeit, die du tun willst, gehört mit dazu, zu deinem Leben und zu deiner Lebensaufgabe. Du und alle anderen sind hier, um zu sich selbst zu finden, um sich selbst zu erfahren und jeden Tag aufs Neue zu entdecken, wie wundervoll sie sind. Es ist unglaublich, was ihr noch alles erreichen könnt und werdet. Es wird sich alles zeigen, wenn du den Mut hast, zu dir selbst zu gelangen, zu dir selbst zurückzufinden, um zu erkennen, dass du das Wichtigste in deinem Leben bist. Deine wahre Bestimmung und Berufung liegt nur in dir selbst und kommt aus dir selbst. Entdecke dein Licht und zeige den anderen, wie sie ihr Licht auch entdecken können. Hast du noch eine Frage?

Ich wollte mich erst mal bei dir bedanken, lieber Hilarion.

Gerne.

Ich wollte noch fragen, ob ich das am Hals operieren lassen sollte?

Mein liebes Kind, sei im Vertrauen und bleibe im Vertrauen. Du kannst alles tun, was du willst, du musst nichts tun. Wenn dir die Entscheidung so schwer fällt, scheint es noch nicht an der Zeit zu sein. Wenn du es wegmachen willst, dann lasse es wegmachen, aber solange du nicht den Drang dazu in dir verspürst, dass es unbedingt weg soll, dass du es nicht mehr haben willst, dass es entfernt werden soll. Solange dieser Drang nicht überwiegt, brauchst du nichts zu tun. Du solltest lernen, auf dich zu hören, auf deine Gefühle, auf deine Empfindungen. Du kannst deinen Gefühlen vollkommen vertrauen, mehr wie jedem anderen Menschen auf dieser Welt, mehr wie allem, was um dich ist. Deine Gefühle sind deine besten Botschafter, deine allerbesten Freunde, deine allerallerbesten Ja- und Neinsager, deine allerbesten Unterscheider, deine besten Wegfinder für dich.

Also höre in dich hinein, spüre es, fühle es.
Wie fühlt es sich an?
Wie fühlt es sich für dich an?
Wenn du auf deine Gefühle hörst und lernst, auf deine Gefühle zu hören und zu vertrauen, kann dir nichts passieren. Die Gefühle sind eines der größten Geschenke, also behandele sie auch so. Es ist ganz wichtig, sich damit zu befassen.

Du kannst nicht fehlgehen, wenn du auf deine Gefühle hörst.

Lass dich nicht von außen durcheinanderbringen, lass dich nicht verwirren, sondern lerne, auf sie zu hören. Auch das ist ein Grund, wieso du diese Aufgaben allein entscheiden sollst. Du sollst lernen, auf deine Gefühle zu hören und sie zu achten, sie auszudrücken und danach zu handeln. Du wirst sehen, wenn du das tust, wird es immer für dich der richtige Weg sein.
Lieber kehre nach Hause zu dir selbst zurück, das ist dein Zuhause, du selbst bist es.
Hast du noch eine Frage?

Wie spüre ich denn, ob das Gefühl stimmt?
Was fühlt sich für dich gut an?

Wenn es sich für dich gut anfühlt.
Du hast zwei Wege, der eine führt nach rechts, der andere führt
nach links. Gehe ein Stück vom rechten Weg und du wirst gleich
spüren, wie du dich fühlst. Wenn du dich nicht gut fühlst, ist es
nicht der richtige Weg. Gehe ein Stück nach links, und du wirst
dich auch entweder gut oder schlecht fühlen. Nehme dies als Mess-
latte.
Die Messlatte sind deine Gefühle.

Womit fühlst du dich gut? Das ist immer der richtige Weg, immer.
Mit was fühlst du dich schlecht? Das ist nie dein richtiger Weg.
Du kannst ihn auch gehen, aber auf Dauer bringt dich dieser Weg
von dir weg. Hast du das verstanden?

Ich versuche es. Kann ich das fühlen?
Es gibt immer nur zwei Möglichkeiten. Z. B.: Gehe ich heute Abend
weg? Wie fühle ich mich? Will ich? Freue ich mich? Gehe ich gerne?
Gehe ich mit leichtem Herzen? Gehe ich mit Freude? Gehe ich?
Oder zweifle ich? Würde ich lieber daheim bleiben?
Dann bleibe zu Hause. Dann willst du nicht wirklich. Wenn du
wirklich willst, gibt es nichts, was dich halten kann. Wenn du
wirklich Lust hast, dann gibt es keine Frage, gehst du? Gehst du
nicht? Du willst gehen? Du gehst. Verstehst du es?

Ja, danke schön.
Hast du noch eine Frage?

Mein Freund liegt mir ganz arg am Herzen, und ich will
ihm immer helfen. Meinst du, ich mache es richtig, ist es
in Ordnung, so wie ich ...
Verliere dich nicht, verliere dich nicht.
Es ist wichtig, es ist richtig, es ist gut und es ist wertvoll, wenn dir
jemand am Herzen liegt. Es ist ganz toll, wichtig und richtig, aber
er ist nicht wichtiger als du, das solltest du nicht vergessen. Du
kannst nie die Erfüllung bei jemand anderen finden, solange du

sie nicht bei dir gefunden hast. Finde sie erst bei dir, dann kannst du ihn damit anstecken. Dann sieht er bei dir, wie wundervoll es ist, sich selbst gefunden zu haben. Damit machst du ihm die größte Freude und unterstützt ihn am meisten. Damit zeigst du ihm am besten deine Liebe.

Die Erfüllung, wie finde ich die?

Die Erfüllung bei dir? Indem du, wie ich vorher sagte, zu dir zurückfindest, den Schatz in dir entdeckst. Indem du dieses wundervolle Wesen in dir entdeckst, das du die ganze Zeit versteckst. Du brauchst dich nicht verstecken, es lohnt sich, dich zu entdecken. Nehme dir vor, dich jeden Tag ein Stückchen selbst mehr zu entdecken, denn das geht nicht von heute auf morgen. Jeden Tag ein kleines Stück. Jeden Tag aufs Neue. Gebe nicht auf und suche nicht an der falschen Stelle.
Suche bei dir und in dir.

Vielen Dank, lieber Hilarion.
Gerne.

Achte dich, wie du bist   Athanasia, September 08

Mein liebes Kind, sei echt und wahrhaftig du selbst, finde dich.

Suche dich! Finde dich!

Jeder Schritt zu dir selbst hin lohnt sich und wird auf wundersame Weise vom Leben belohnt. Jeder noch so kleine Schritt, den du auf dich zugehst, wird die wundervollsten Dinge in deinem Leben bewirken. Zögere nicht länger, dich um dich zu kümmern und dich mit dir zu befassen.

Dich zu lieben und zu achten für das, wie du bist.

Traue dich und habe Vertrauen zu dir selbst und zu uns, dann wird sich alles zu deinem Besten regeln und wenden. Sehe, wie einfach es ist, du musst es nur versuchen und probieren, dich auf dich selbst einzulassen.

Höre bitte auf, dich ständig zu verlassen.

Das tust du, indem du dich mit allem anderen beschäftigst, außer mit dir selbst. Also werde still und probiere immer häufiger, mit dir in Kontakt zu kommen.

Mit deinen Gefühlen, mit deinem Herzen, mit deinem Körper, mit deiner Seele, mit allem, was zu dir gehört.

Du bist rundum vollkommen, also sehe es, spüre es, fühle es, wie es ist, wie es sich anfühlt, so zu sein, wie du im Moment bist. Denn genauso bist du richtig, für dich und für das, was du dir hier vorgenommen hast zu erfahren. Erfahre dich und genieße es in vollen Zügen, damit du irgendwann, wenn du zu uns zurückkommst, voller Freude sagen kannst, was du alles hier geleistet hast, er-

fahren durftest und hier erleben konntest. Glaube uns, das wird so sein. Du wirst voller Freude auf dein Leben zurückblicken und dankbar dafür sein, was du alles hier erleben durftest. Also beginne auch jetzt schon zu spüren und zu sehen, dass es dein Weg ist. Dein Weg, den du dir ausgesucht hast. Höre auf, mit dem Leben zu hadern, mit den Situationen, die dir begegnen. Versuche, dich darauf zu konzentrieren, welche positiven Seiten dadurch in dir geweckt werden, wie z. B. wenn man angegriffen wird, wird man im Gegenzug dazu stark und auf sich zurückgeworfen. Man wird gezwungen und lernt, sich zu verteidigen. Man kann spüren, wo man eigentlich steht, wo und womit man noch Probleme hat, und kann sich daran machen, sie aufzulösen, wenn man will.

Also, mein liebes Kind, probiere, gerade in den Dingen, die du als negativ bewertest, das Gute für dich zu entdecken. Damit findest du den Frieden in dieser Situation. Damit bekommst du einen Frieden, weil du dahinter schaust, was diese Situation für dich bewirken will. Sie ist dein Geschenk und keine Folter.

Sie schenkt dir ein Stück von dir selbst, bringt dich dir ein Stückchen näher, indem du wieder erkennst, was du bist oder eben noch nicht bist.

In welche Richtung soll ich gehen? Was ist ihre Berufung? Wo sind ihre Stärken?
Meine Liebe, du hast sehr, sehr, sehr viele Stärken.
Im Moment geht es darum zu erkennen, was du nicht willst. Das führt dich dann auch dahin, dass du im Endeffekt erkennst, was du willst. Fange so herum an, fange anders herum an, fange an, die Sachen wegzustreichen, die du nicht mehr haben willst. Höre auf, dich auf ein großes Ziel zu fixieren. Das größte Ziel für dich bist sowieso nur du selbst und deine Entwicklung. Das ist das einzig wahre große Ziel, welches du dir in diesem Leben vorgenommen hast. Fange an, alle Dinge, die du nicht gerne tust, die du nicht aus vollem Herzen tust, die du mit Widerwillen tust, aus deinem

Leben so gut wie möglich zu entfernen. Konzentriere dich auf die Dinge, die dir Freude machen, die dir Spaß machen, die dich erfüllen, die dir etwas zurückgeben. Damit machst du dich auf den Weg zu dir selbst. Wenn du Dinge tust, die dir nicht guttun, entfernst du dich Stück für Stück immer mehr von dir selbst. Deshalb ist es sehr wichtig, dass du diesen Weg so beginnst und Schritt für Schritt die Dinge wegfallen lässt, die dir keine Freude bereiten. Dadurch wird sich dein Weg wie von selbst vor dir öffnen. So nehme nichts mehr dazu, sondern fange erst einmal an wegzustreichen. Lasse die Dinge, die dich nicht mit Freude erfüllen, wegfallen, du brauchst sie nicht für deine Entwicklung.

Für dich ist nur wichtig, was dir Freude macht, dies ist dein Weg. Dein Weg ist der der Freude, des Glücks und der Zufriedenheit. Du musst überhaupt nichts tun, was dir keinen Spaß macht.

Das heißt, wenn ich den Job jetzt kündige, wird sich trotzdem ein Weg für mich öffnen?
Dein Weg für dich wird sich öffnen, sobald du genug Raum frei hast für dich und deinen Weg.
Wie soll sich ein Weg öffnen, wenn kein Platz ist?
Wenn keine Zeit ist?
Wenn du etwas Platz schaffst, indem du auf die Dinge verzichtest, die dir keinen Spaß machen, hast du Platz für Dinge, die dir Spaß machen, und die werden dann auch in dein Leben kommen, du wirst sie anziehen.

Finde ich noch einen Lebenspartner, damit ich nicht so alleine bin?
Mein liebes Kind, bitte erkenne: Der Schritt zum Partner führt immer über dich selbst. Der Schritt zum optimalen Partner, dem Seelenpartner, zu deinem Ausgleich, führt immer erst über dich selbst. Wenn du zufrieden und glücklich bist, dann strahlst du das aus, dann wird auch das sich für dich alles zu deinem Besten

fügen. Aber der Weg führt über dich, über dich selbst, über dein Selbst. Im Außen kannst du dafür überhaupt nichts tun. Nur in deinem Inneren, aber bleibe im Vertrauen darauf, dass sich alles zu deinem Besten regeln wird.

Dann will ich nur noch eins wissen, da ich noch eine Ausbildung im Coaching-Bereich mache. Ist das etwas, wo ich auch etwas geben kann? Ich will schon etwas geben, aber ich weiß echt nicht, auf was ich mich da spezialisieren soll. Ich denke schon, dass es etwas für mich ist!?
Macht dir das Spaß?

Ja.
Erfüllt es dich? Fängt dein Herz vor Freude an zu klopfen?

Joooo. (Na ja)
Entscheide dich immer für die Freude, versuche, dich immer für deine Freude zu entscheiden. Das ist der beste Wegweiser für deinen Weg. Für den Weg zu dir selbst. Mach alles, was dir Freude macht und überlaste dich nicht. Weniger ist manchmal mehr. Versuche das, was du tust, wirklich aus deinem Herzen zu tun und nicht aus deinem Verstand heraus.
Der Weg des Herzens ist immer der richtige.
Achte darauf, wobei du wirkliche Freude empfindest, was dir guttut und was dir auch etwas zurückgibt. Bei was denkst du danach, das war jetzt aber toll, dass ich das gemacht habe, das hat mir gutgetan.
Nicht nur den anderen, sondern hat es auch dir gutgetan? Hat es auch dir Freude gemacht, oder hat es dich deine letzte Kraft gekostet?
Meine Liebe, fange an aufzutanken, in dir selbst, bei dir selbst, mit dir selbst. Das tust du vor allem durch deine Freude. Setze dich hin, frage dich, was macht dir Freude? Womit fühlst du dich anschließend gut? Wobei klopft dein Herz vor Aufregung, vor Freude und vor Zufriedenheit? Sei gewiss, alles kommt zur rechten Zeit,

aber öffne die Augen und setze deine Prioritäten auf die Freude.

Wird meine Augen-OP nächste Woche gut?
Was lässt du da machen?

Da wird ein Geschwür entfernt.
Wir können nichts Schlechtes sagen.

Soll ich danach zuhause bleiben, denn eigentlich müsste ich arbeiten?
Du solltest dir auf jeden Fall Zeit für dich nehmen, das weißt du selbst, da es dafür allerhöchste Zeit ist. Vielleicht ist es ja gerade deshalb gut, dass du das jetzt gerade machst, dadurch wirst du dir Zeit für dich nehmen.

Meine Liebe, achte auf dich, denn du bist der wichtigste Mensch in deinem Leben.

Du bist die Einzige, die dir wirkliche Freude geben kann, wirkliche Entspannung, wirkliches Relaxen, wirkliches Hinschauen.
Dies alles kannst nur du dir geben.
Alle anderen Dinge sind nur kurzfristig.

Die wahre Erfüllung findest du in dir selbst.

Hilarion

Finde deinen Weg

Mein Lieber, sei gesegnet.
Bleibe bei dir und achte darauf, bei dir zu sein. So kommst du in deine Kraft, in deine Freude, in das, was dich erfüllt und dir Spaß macht. Entdecke deine Freude, entdecke deine Begeisterung tief in dir, damit du immer mehr zu dir selbst findest. Dein Weg wird sich vor dir öffnen mit deiner Freude und deiner Begeisterung. Halte nicht an Dingen fest, die dir keinen Spaß machen und die dir nicht guttun. Das zeigt dir, wie weit du von deinem Weg abweichst. Folge dem Weg der Freude, dann folgst du deinem Weg. Folge dem Weg der Liebe, denn auch das ist dein Weg.
Was liebst du zu tun?
Welche Dinge erfüllen dich mit Freude?
Integriere sie so oft wie möglich in dein Leben.
Lasse sie leben, durch dich und in dir.
Das führt dich zum Ziel, zu deinem eigenen Ziel.
Keiner kennt es so gut wie du selbst.
Hast du eine Frage?

Ja, warum bin ich zurzeit so unruhig?

Mein Lieber, du bist so unruhig, weil du deinen Platz im Leben noch nicht gefunden hast. Du suchst deinen Weg, deine Bestimmung und nach dir selbst.
Du willst wissen, wer du bist.
Das kann unter Umständen eine sehr aufreibende Zeit sein. Es wirft einen manchmal von rechts nach links, aber das ist auch gut so. Denn wie solltest du wissen, dass du das Rechts nicht willst, wenn du nicht auch die Gelegenheit hättest, das Links zu erfahren? Im Moment ist es an der Zeit, dich auszuprobieren, zu testen, wohin dein Weg dich führt.

Dabei solltest du nie vergessen, bei deiner Freude zu bleiben.
Du brauchst überhaupt nichts tun, was dir keinen Spaß

macht, denn dafür bist du nicht hier.

Also orientiere dich daran, mit was es dir gutgeht. Nehme es an, dass es im Moment so ist und sehe es als Chance, dich zu finden. Dein wahres Selbst, dein wahres Ich, deinen wahren Weg, wie du ihn dir ausgesucht hast, bevor du hierher gekommen bist.
Kann es sein, dass dein Verstand mit deinem Herzen kämpft?
Für wen wirst du dich entscheiden?
Für deinen Verstand oder für dein Herz?

Für mein Herz.
Das ist gut so, denn dies ist der richtige Weg, und das weißt du auch. Man sollte den Verstand nicht ganz außer Acht lassen, denn auch er ist ein Geschenk, wie alles andere, das sich in deinem Körper befindet. Versuche auf dein Herz zu hören, wo es dich hinführen will. Gehe den Weg der Freude, denn dies ist der Weg der Ruhe und nicht der Unruhe.
Es ist der Weg der Gewissheit.
Wärst du dir gewiss darüber, auf dem richtigen Weg zu sein, wärst du nicht unruhig, sondern ganz ruhig. Ruhig auf deinem Weg und hättest keine Angst, eine Abfahrt zu verpassen. Also habe keine Angst. Wenn du den Weg der Freude gehst, wirst du nichts verpassen, außer vielleicht keine Freude oder die Ernsthaftigkeit.

Warum habe ich manchmal ein schlechtes Gewissen?
Was willst du denn erreichen?
Wieso hast du ein schlechtes Gewissen?
Denkst du, du musst hier irgendetwas erreichen?
Denkst du, du musst jemand sein, der du gar nicht bist?

Sei einfach du selbst, vollkommen du selbst und nehme dich an, genauso wie du bist.
Du brauchst wegen überhaupt nichts ein schlechtes Gewissen zu haben. Auch dir gegenüber solltest du kein schlechtes Gewissen haben, denn du tust alles im Rahmen deiner Möglichkeiten, wie

du es kannst, wie es dir im Moment möglich ist.

Warum will ich es immer den anderen Menschen recht machen?

Du solltest es zuerst einmal dir selber recht machen, sonst wirst du es nie irgendjemandem recht machen.

Jeder wird immer etwas auszusetzen haben. Weil es dir selbst nicht genug ist, bekommst du es im Außen widergespiegelt. Also probiere erst einmal, es dir selbst recht zu machen. Probiere es so zu machen, wie es für dich gut ist, dann wird es auch immer für die anderen gut sein. Aber wenn du es für die anderen tust und es dir nicht recht machst, dann wirst du im Außen immer das erfahren, was du dir eigentlich selber gibst. Wenn du es dir recht machst, wirst du es automatisch allen anderen auch recht machen. Sie werden spüren, dass es für dich o. k. ist, dann ist es automatisch für sie auch o. k.. Der kleinste Zweifel, den du an dir hegst, wird sich im Außen spiegeln. Kleine Kritiken oder größere spiegeln im Endeffekt deine Unsicherheiten, weil du es dir nicht zuerst recht machst und du dich nicht an erste Stelle setzt.

Wieso tue ich mich so schwer, mich an die erste Stelle zu setzen?

Du hast es nicht gelernt, wie sehr, sehr viele andere auch. In dieser Zeit, in der ihr aufgewachsen seid, war es nicht möglich und es war nicht normal, dass man den Kindern das Gefühl vermittelt hat, dass sie das dürfen. Jetzt ist es an der Zeit, dass du dir selbst erlaubst, dass du das darfst. Du darfst an erster Stelle stehen, denn es ist dein Recht, dort zu stehen. Es ist ein sehr wichtiger Schritt für dich, in die Richtung zu dir selbst. Hadere nicht damit, es war gut so, dass es so war, aber es ist auch gut so, wenn du jetzt erkennst, dass du das tun darfst. Du hast dich lange genug geopfert und immer nach den anderen geschaut. Das ist sehr ehrenwert, aber es bringt dich nicht weiter auf deinem Weg zu dir selbst.

Jetzt solltest du dir ganz bewusst erlauben, dich an die erste

Stelle zu setzen.
Du solltest darauf achten, dich nicht zu verlieren.
Du solltest nicht vergessen, der wichtigste Mensch in deinem Leben bist du. Das ist sehr wichtig. Achte dich dafür, dass du das alles getan hast, und schätze dich. Entschließe dich ab heute, es anders zu machen.

Sage: Ich nehme mich ab heute wichtig.
Sage: Ich bin der wichtigste Mensch in meinem Leben. Wie ein Mantra.
Damit kannst du es verändern, damit wirst du es verändern.
Schaue dich im Spiegel an und sage dir:
Ich bin der wichtigste Mensch in meinem Leben.

Kann ich dadurch auch selbstbewusster werden?
Ja, du wirst dir dadurch wichtiger, und wer sich wichtig ist, ist auch selbstbewusster.
Selbstbewusst bedeutet, sich seiner selbst bewusst sein.

Werde dir deiner selbst bewusst.
Werde dir bewusst, wer du bist, was du kannst, was dir Spaß macht, warum du hier bist. Nehme dich ganz bewusst an als der Mensch, der du bist. Werde dir deiner bewusst, dadurch wirst du selbstbewusst. Dadurch, dass du für dich einstehst, dass du sagst, was du willst und mitteilst, was du brauchst, und der bist, wer du bist.
Höre auf, dir selbst und anderen etwas vorzumachen.

Du brauchst nicht immer nur lieb und nett zu sein.

Sondern du bist alles, was du bist und auch das macht dich selbstbewusst. All das macht dich deiner bewusst. Werde bewusst, tue alles bewusst.
Frage dich in jedem Moment: Will ich das?
Frage dich ganz bewusst und selbstbewusst: Will ich das?

Entscheide dich für ein klares Ja oder Nein.
Entscheide nicht, ob der andere das von dir braucht oder nicht,
sondern entscheide nach deinem Bewusstsein. Übe es regelmä-
ßig und achte darauf, dann wirst du es sehr schnell umsetzen
können.

Was mache ich bei Konflikten mit Außenstehenden?

Für dich werden keine wirklichen Konflikte mehr entstehen. Du
hast zwar im Moment noch Konflikte, aber wenn du das tust, was
wir dir sagen, hast du für dich keine Konflikte mehr. Du erlebst
vielleicht mit anderen Konflikte, weil du nicht mehr tust, was sie
von dir erwarten. Aber es geht darum, dass du den Konflikt in dir
selbst erlöst. Es geht nicht um die anderen, es geht um dich, denn
es ist dein Leben. Du solltest es leben, wie du es dir vorstellst, und
nicht wie die anderen es von dir erwarten oder wünschen. Wenn du
innerlich einen Konflikt erlebst, ist das der schlimmste Konflikt.
Wenn du innerlich im Frieden mit dir bist, kann dir der äußere
Konflikt nichts mehr anhaben. Nur wenn du innerlich unsicher
bist, zweifelst, haderst und dich fragst:
Ist das jetzt richtig? Dann wirst du auch den äußeren Konflikt
wahrnehmen und spüren. Wenn du innerlich weißt, dass es richtig
ist, es dir guttut und es dein Weg ist, dann macht es dir nichts
aus, wenn andere ein Problem damit haben.
Hilft dir das weiter, oder möchtest du dazu noch etwas wissen?

Wie soll ich das Verhältnis mit meinem Vorgesetzten gestalten?

Probiere immer authentisch zu sein, indem du das tust, was du
empfindest und fühlst. Versuche nicht, jemand anders sein zu
wollen oder dich anzupassen, mit der Gefahr, dich zu verlieren.
Probiere immer authentisch zu sein und deine Meinung zu sa-
gen. Halte damit nicht hinter dem Berg, probiere dich nicht zu
verbiegen. Damit bleibst du dir treu.
Was hast du denn für ein Problem mit ihm?

Bleib dir treu, blieb dir selbst treu und verbiege dich nicht.

Wenn du all das zulässt, indem du dich verbiegen lässt, wird es immer extremer. Du musst deine Grenzen ziehen, indem du dich ganz bewusst abgrenzt.

Ja, ich glaube, es mangelt an Raum.

Es mangelt an Raum?
Schaffe dir deinen Raum, auch deinen inneren Raum.

Gibt es noch etwas, was ich für meinen Vater tun kann?

Du kannst sehr viel tun und hast schon unglaublich viel getan. Tue dir einen Gefallen und lasse ihn los, du denkst, du kannst ihn retten, denkst, du musst es. Du musst nichts, es ist alles sehr ehrenwert, aber du hast schon sehr viel getan und tust es immer noch.
Frage dich, ob du vielleicht zu viel tust?

Hier geht es auch um Abgrenzung, denn es ist sein Schicksal, also achte es. Aber mache es nicht zu deinem Schicksal, es ist nicht dein Schicksal. Dein Schicksal ist es, sein Sohn zu sein und lernen zu dürfen, dich von seinem Schicksal abzugrenzen. Du darfst lernen, dass es nicht deins ist. Was er lernt, ist seine Sache. Achte und sehe, dass jeder Mensch sich sein Leben hier auf Erden selbst herausgesucht hat. Du brauchst dich für niemanden verantwortlich zu fühlen, nur für dein Leben und für das, was du erlebst und erfährst.
Glaube uns, du hast schon sehr viel getan.
Alles, was in deiner Macht steht und noch viel mehr. Denn du bis nur das Kind und nicht der Vater.

Braucht er nicht meine Hilfe?

Brauchst du seine Hilfe?
Wie oft hättest du seine Hilfe gebraucht?
Wie oft hast du dich verlassen gefühlt?

Wie oft hättest du es gebraucht, dass er für dich da ist?
Wie oft bist du leer ausgegangen?

*Siehe es mal so, wir versichern dir, du bist nicht für ihn und sein
Schicksal verantwortlich. Wir wissen, dass dies sehr schwer ist,
sich da abzugrenzen, aber probiere, bei dir zu bleiben. Du hättest
auch vieles, vieles mehr von ihm gebraucht, was du nicht bekommen hast, was dir als Kind zugestanden wäre. Es geht hier nicht
darum, jemanden eine Schuld zu geben, sondern nur, darum dir
klarzumachen, das du nicht für ihn verantwortlich bist und auch
nicht für das, was er erlebt.*
*Du bist nur das Kind, nicht sein Vater, nicht seine Mutter und
auch nicht seine Frau. Du bist sein Kind, das hätte nehmen dürfen
und nicht geben müssen.*

Was musste ich denn geben?
*Verantwortung, du fühlst dich für ihn verantwortlich. Das brauchst
du aber nicht. Lasse sein Leben und sein Schicksal bei ihm. Sage
zu ihm in Gedanken: Lieber Papa, ab heute fühle ich mich nicht
mehr für dich verantwortlich, denn ich bin nur dein Kind. Verstehst du das?*

Ja.
*Du hast gelernt, Verantwortung zu übernehmen, aber du soll-
test dich trotzdem abgrenzen, für dich selbst. Hast du noch eine
Frage?*

Nein.
*Also mein Lieber, bleibe bei dir, lerne, bei dir zu bleiben, und lerne,
deine Grenzen zu setzen den anderen gegenüber.*
*Du machst das wirklich toll, also bleibe dabei, werde einfach etwas
bewusster mit dir selbst, dann bist du auf dem richtigen Weg.*

Hilarion

Finde dich selbst

Mein Liebes Kind, sei gesegnet, sei in der Liebe, sehe die Liebe, erkenne die Liebe an den verschiedenen Orten, in denen sie sich in deinem Leben befindet.

Du schaust nicht richtig hin.
Du erkennst nicht, was die Menschen in deinem Umfeld für dich aus Liebe tun.
Du schaust nicht richtig hin.

Siehe hin und erkenne, dass überall in deinem Leben die Liebe steckt.

Du willst sie nur nicht sehen, du kannst sie nicht richtig sehen, weil du dir gar nicht darüber bewusst bist, dass sie überhaupt existiert.

Was ist mit deiner Liebe?
Deiner Liebe zu dir selbst?
Wieso beachtest du dich nicht?
Aus welchem Grund wertest du dich ab?
Aus welchem Grund fühlst du dich immer unvollständig?

Du findest deine Vollständigkeit nur in dir selbst.

Niemand kann dir das geben, was dir in dir fehlt, was du dir selbst nicht gibst.

Nur du selbst kannst dich lieben und dich vollständig machen.

Niemand anders kann das erreichen. Wenn du das lernst, dann wirst du überfließen. Die Liebe in dir wird überfließen, und du kannst sie dir geben und auch den anderen. Fange bei dir selbst an und schraube deine Erwartungen an die anderen herunter. Sie können dir das nicht geben, was du dir selbst nicht gibst.

Fange zuerst an, dich zu lieben, dann wirst du auch beginnen zu spüren, dass die anderen es tun.

Du spürst es nicht, weil du dich selbst nicht spürst.

Werde liebevoll mit dir selbst, gehe liebevoll mit dir selbst um, gebe dir selbst die Liebe.

Das ist nicht leicht für dich, aber es wird Zeit, dass du erkennst, dass du so, vor allem für dich, nicht weiterkommst.

Du bleibst sonst in der Verbitterung stecken.
In einer Verbitterung mit dem Gefühl, nicht geliebt zu werden.

Das ist aber nicht so!
Du kannst es nur nicht spüren,
weil du dich selbst nicht liebst.

Also beginne bei dir, mit dir.

Jeder Mensch trägt den Schatz mit sich, seinen eigenen Schatz, den wertvollsten Schatz.

Der wertvollste Schatz befindet sich immer im Inneren von jedem Menschen.

Jeder Mensch im Kern ist sein eigener Schatz.
Das zu entdecken ist für jeden das größte Geschenk.
Also mache dich auf die Suche nach deinem Schatz in dir selbst.

Wo hast du deine Liebe vergraben?
Für wen hast du deine Liebe geopfert?
Bei wem hängt deine Liebe fest, dass du sie für dich nicht mehr übrig hast?
Beginne in dich hinein zu hören, in dich hinein zu spüren, dann wirst du es herausfinden. Alles wird für dich dann leichter werden, freudvoller, liebevoller und wundervoller.
Hast du noch eine Frage?

Warum zerreißt es mir fast mein Herz, wenn meine Tochter sich von ihrem Freund trennt und er leidet?
Meine Liebe, das hat ganz alleine etwas mit dir zu tun.
Bei was hat es dir das Herz zerrissen?
Von was hast du dich trennen müssen und es hat dir das Herz zerrissen? Frage dich.

Von meiner Mutter und bei Andi.
Frage dich, was bei dir noch nicht ganz ausgeheilt ist.
Welcher Schmerz kommt an die Oberfläche? Welcher Schmerz wird dadurch jetzt ausgedrückt, welcher viel tiefere Schmerz in dir? Werde dir bewusst darüber, dass es dein ureigener tiefer Schmerz darüber ist, was dir selbst widerfahren ist. Du kannst diesen Schmerz heilen, indem du ihn zuerst annimmst. Du solltest ihn sehen, ihn zu dir nehmen und dich mit ihm identifizieren. Sage: Das war dieser große Schmerz in mir, als ich meine Mutter verloren habe, diesen Schmerz nehme ihn jetzt an. Werte ihn nicht ab oder drücke ihn nicht weg von dir, denn wenn du das tust, werfen dich diese Situationen von außen um. Du kannst diesen Schmerz heilen, indem du ihn als deinen Kindheitsschmerz annimmst. Sehe er will dir nichts Böses.
Es ist ganz normal, dass man diesen Schmerz empfindet, wenn man seine Mutter verliert. Höre auf, dich dafür zu verurteilen, dass du diesen Schmerz empfindest. Du musst nicht stark sein, du darfst auch traurig sein.

Versuche, diesen Schmerz in dir zu heilen.

Wenn du ihn heilst, werden die Situationen im Außen dir nicht mehr die Füße unter dir wegziehen, sondern du kannst diesen dann bei den Menschen lassen, die sie betreffen. Sehe, es ist sehr wichtig, dass du erkennst, jeder Schmerz, der durch eine Situation hervorgerufen wird, ist tief in dir drin verwurzelt. Du kannst ihn verwandeln, indem du ihn erkennst, und ihn als deinen Schmerz annimmst, und diese Situation akzeptierst.

Du solltest dir auch keine Schuldgefühle einreden.

Deine Mutter hat sich ihr Leben selbst ausgesucht, so wie du dir deines ausgesucht hast. Sie wollte diese Erfahrungen machen, und es ist ihr Recht zu gehen, wenn sie gehen will. Kein anderer Mensch ist befähigt, etwas anderes zu entscheiden. Jeder darf dies selbst entscheiden, das ist eines der größten Geschenke, die ihr hier auf Erden bekommen habt. Ihr dürft euch immer selbst für euren Weg entscheiden und keiner schreibt euch etwas vor.
Hast du noch eine Frage?

Wenn ich die Freundinnen meiner Tochter sehe, mit ihren Kindern, dann steigt in mir eine Wut hoch, weil sie glückliche Mütter sind.
Was ist mit dir, bist du eine glückliche Mutter?
Wieso macht dich das so wütend?
Frage dich ganz tief in dir selbst.

Es ist weder richtig, sein Glück bei anderen Menschen zu suchen, noch auf seine Familie zu beschränken, oder auf seine Arbeit.

Das wirkliche, wirkliche, wirkliche, wirkliche Glück findest du nur in dir selbst.

Höre auf zu beurteilen, was für andere Glück ist.

Frage dich nach deinem Glück.
Hat es dich denn wirklich glücklich gemacht?

Du hast das Glück in dir einfach noch nicht gefunden.
Deshalb kann kein Glück im Außen dich glücklich machen, das
ist unmöglich. Auf Dauer hat das keinen Bestand, denn jeder
Mensch findet sein Glück nur in sich selbst und nicht im Außen.
Kein Haus, kein Auto, kein Geld, kein Freund, kein Mann, keine
Frau, niemand kann dir das Glück in dir selbst geben. Dieses Glück
wird dir immer fehlen, wenn du es dir nicht selbst gibst. Verurteile
dich nicht dafür, dass du so empfindest, sondern schaue es dir
an, warum es so ist. Suche nicht länger im Außen nach Dingen,
die dich erfüllen.
Das ist eine sehr kurzfristige Angelegenheit, das macht einem
kurz Freude, und dann ist es wieder weg.
Es macht einem kurz Spaß, und dann ist das Glück wieder weg. Es
ist ganz kurz ganz toll, und dann ist es wieder weg, weil du es in
dich einsaugst. Du solltest aber in dir glücklich sein, sozusagen
überströmen vor Glück, denn dadurch bist du dann wie ein Was-
serfall. Im Moment bist du wie ein Brunnenschacht, in den alles
tief hinunterfällt und verschwindet. Verstehst du das? Höre auf,
für andere zu entscheiden, was Glück ist und was nicht. Woher
willst du wissen, dass diese Menschen glücklich sind?
Nur weil sie Kinder haben?
Vielleicht sind sie unglücklich? Vielleicht wollen sie weglaufen?
Vielleicht sind sie kurz vorm Durchdrehen? Vielleicht leben sie nur
ihr Leben? Du kannst doch überhaupt nicht wissen, was andere
Menschen glücklich macht.

Du kannst nur dein Glück suchen und es in dir finden.

Du kannst noch so viele Enkel haben, wenn du leer bist,
wirst du immer leer bleiben.

Hundert Enkel können dir nicht geben, was du von dir selbst brauchst. Du brauchst es von dir und nicht von außen.

All deine Liebe und alles Glück fällt in deinen Brunnenschacht. Kannst du das verstehen? Schraube deine Erwartungen an die Außenwelt herunter und konzentriere dich auf dich selbst, weil du nie, nie, niemals im Außen finden wirst, was du erwartest. Du musst es dir erst einmal selbst geben.

Man kann nicht von anderen Menschen erwarten, dass sie einen glücklich machen.

Das ist eine Überforderung für alle, auch für dich. Du suchst die Ostereier, aber es ist Winter, und der Weihnachtsmann ist da. Du suchst völlig falsch.

Meine Kinder haben mich glücklich gemacht, und jetzt bilde ich mir ein, wenn ich Enkel habe, macht es mich auch wieder glücklich.
Hat es dich auf Dauer in dir glücklich gemacht?
Es ist so, wie ich gesagt habe: Es fällt alles in deinen Brunnen-schacht. Somit ist es ein kurzes Glück, ein kurzes Lachen, eine kurze Freude.
Es ist alles kurz, kurz, kurz, es fällt in deinen Schacht und ist weg.

Der Sinn und Zweck ist aber, dass du dich selbst glücklich machst. Aus dir lebst, aus dir liebst, dass du dich liebst, dass du dich glücklich machst.

Dann wird dein Inneres voll und voller und voller, voller Liebe, voller Glück, voller Liebe, voller Glück, voller Freude, voller Glück ...

Dann wirst du von innen heraus überfließen, wie ein Spring-brunnen.

Du wirst dann nichts mehr vom Außen benötigen und nichts mehr von Außen erwarten oder brauchen, weil du alles in dir selbst findest.

Wenn du dann Glück und Freude empfindest, dann gesellt es sich zu deinem Springbrunnen dazu. Es wird dann immer mehr, und es wird immer bei dir bleiben und nicht mehr verschwinden.
Stelle es dir einmal so vor: In dir ist ein Brunnenschacht, und unten sind Löcher drin wie in einem Sieb. Dein ganzes Glück, und deine Freude gehen ständig unten weg, aus dir selbst heraus.
Alles kommt kurz und geht gleich wieder weg.
Du musst jetzt dieses Sieb schließen, dieses Sieb füllen, indem du dieses undurchlässig machst.

Mache ihn dicht mit Liebe, Glück und Freude, die du dir selbst gibst.

Fange in kleinen Schritten an, indem du dich vor den Spiegel stellst und laut zu dir sagst, dass du dich magst.
Hast du das schon jemals getan?
Fange an, dich zu lieben für das, was du bist, für das, was du schon getan hast, für alles, was du jemals erreicht hast.

Für das, wie du bist in deinem ganzen Sein, und vor allem auch für das, was du bisher an dir abgewertet hast. Gerade für das solltest du dich achten und wertschätzen.

Fange mit diesen Sachen an.

Höre auf, die anderen dafür verantwortlich zu machen, dass du nicht glücklich bist. Es liegt ganz allein in deiner Hand. Niemand anders, niemand kann dir das geben, nur du selbst.

Höre auf, im Außen nach Liebe zu suchen, zu stochern, zu schauen und zu probieren, dir irgendetwas abzuzwacken. Denn all das fällt in deinen Brunnenschacht, geht durch dein Sieb und ist weg. Eine gute Übung wäre es: Alles, was du von außen erwartest, gib es dir selbst. Wenn du willst, dass jemand zu dir sagt, dass dein Essen gut war, sag es dir selbst. Wenn du willst, dass dir jemand sagt, dass deine Frisur toll ist, dann sag es dir selbst. Wenn du willst, dass jemand zu dir sagt, du hast gut gearbeitet, oder etwas gut geputzt. In jeder Situation, wenn du willst, dass es jemand zu dir sagt, dann sag es dir selbst. Sage zu dir: Das habe ich gut gemacht. Heute hab ich gut gekocht. Heute hab ich meine Haare toll hinbekommen. Heute habe ich das und das und das ... toll gemacht. Ich liebe und achte mich dafür und gebe mir jetzt selbst die Liebe, die Anerkennung, die ich verdiene. Hilft dir das?

Ich habe keine Frage mehr, es leuchtet mir ein.
Meine Liebe, bleibe in jeder Situation bei dir selbst.
Wenn du etwas von anderen willst, probiere es dir selbst zu geben, weil das, was du dir selbst gibst, macht dich stabil und macht dich vollständig. Es stopft dein Sieb, damit dir nicht immer alles verloren geht.
Fange bei dir an.

Wir hoffen sehr, dass dir das hilft. Es wird Zeit, dass du das erkennst.

Hilarion

Liebe dich selbst

Mein liebes Kind, hier spricht Hilarion.
Du willst gern eine Nachricht für G., weil es ihm nicht so gut geht und weil er das Gefühl hat, dass alles über ihm zusammenbricht, sich vor ihm ein riesiger Graben auftut, und er denkt, er kann ihn nicht überwinden.
Er kann ihn überwinden.
Aber muss er ihn überwinden?
Soll er ihn überhaupt überwinden?
Ist es überhaupt seine Aufgabe, ihn zu überwinden?
Was ist seine Aufgabe?
Lieber G., was ist deine Aufgabe?
Bitte frage dich das.
Weißt du, welche Aufgabe du wirklich hast?
Nein, ich denke wohl kaum, sonst würdest du dir das Leben nicht so schwer machen, dann würdest du es viel leichter sehen und viel leichter nehmen.

Das Leben ist ein Fest, das Leben ist Freude, das Leben ist Güte. Das Leben ist eigentlich sehr einfach, und vor allem ist es ein Geschenk. Ein Geschenk des Himmels an dich und an alle Menschen. Öffne dich dem Bewusstsein, dass in allen angeblich schlechten Dingen etwas Gutes für dich steckt. Etwas Gutes für deine Entwicklung als Seele. Du bist hierhergekommen auf diese Erde, um dich zu erfahren und dich in deiner vollen Größe zu leben. Das kann dir aber nur gelingen, wenn du überhaupt erkennst, dass du groß bist. Wie groß du in Wirklichkeit bist. Damit meinen wir nicht, wie schlau du bist, oder wie gut du etwas kannst, sondern du bist einfach nur so schon genug, so wie du bist.

Du bist eine Seele, du bist ein Stück von Gott, ein Teil von Gott. Du bist wunderbar, richtig und wichtig, wie du bist.
Also höre endlich auf, immer alles noch besser machen zu wollen.

Immer noch besser und noch besser, weil du bist schon gut genug, so wie du bist. Alles ist gut genug, wie es ist. Also nehme es endlich an, das Geschenk des Lebens, und lebe es im Hier und Jetzt. Nicht in der Zukunft und nicht in der Vergangenheit.

Lebe jeden Tag, atme jeden Tag, genieße jeden Tag.

Sehe, dass jeder Tag ein Geschenk ist für dich und alle Menschen und alle Lebewesen auf dieser wundervollen Erde. Ein Geschenk des Himmels, ein Geschenk, das du dir selbst gemacht hast, weil du hier bist, um dich zu erfahren.
Höre auf, alles perfekt machen zu wollen.

Weil alles, und vor allem du bist genauso perfekt, wie du bist.

Indem du das annimmst, vollkommen annimmst, indem du dich annimmst, wie du bist, mit all deinen Gefühlen und Gedanken, die du hast, schätzt du dich, und somit wertschätzt du dich. Also achte darauf, dass du immer authentisch das sagst und tust, was du denkst, wie du dich fühlst, und handle nicht gegen deinen Willen. Wenn es dir nicht gutgeht und du zuhause bleiben willst und niemanden sehen willst, dann tue das. Wenn du weggehen willst, um dich abzulenken, und das eben für dich brauchst, dann tue auch das.

Du kannst alles tun, was du willst.

Du kannst dir aber auch weiterhin so viel Druck machen, wenn du es willst.
Du hast die freie Wahl, das ist das schönste Geschenk hier auf Erden. Du musst hier überhaupt nichts tun, deshalb frage dich: Für wenn tue ich das alles überhaupt?

Wie viele Dinge am Tag tust du wirklich für dich?

Wessen Leben lebst du eigentlich?

Fange an, dein eigenes Leben zu leben. Finde heraus, was dir ge-
fällt, was dich erfüllt, finde es heraus. Es wird Zeit. Es wird Zeit
aufzuwachen, hinzuschauen und nicht mehr alles zu bewachen
und überwachen. Lass es einfach fließen, lass es einfach kommen,
wie es kommt, es hat alles einen Grund. Vertraue auf Gott, vertraue
auf die Engel, vertraue auf alles, was du glaubst, glauben kannst
und glauben willst. Vergiss nie, es ist alles deine Entscheidung,
wie du etwas siehst. Aus Essensresten kann man manchmal das
beste Essen zaubern, und wenn die teuersten Lebensmittel nicht
gut zubereitet sind, ändert es nichts, dass es nicht gut schmeckt.
Sehe, was wir dir sagen wollen, ist einfach. Es kommt nicht darauf
an, nach was es aussieht, es kommt darauf an, was es ist, also lasse
dich nicht täuschen. Lasse dich nicht enttäuschen, akzeptiere es,
wie es ist. Auch das gehört zu deinem Weg. Irgendwann wirst du
erfahren, warum es so gelaufen ist, warum es so passieren musste,
und irgendwann wirst du auch sehen, was es für dich an positiven
Entwicklungen bewirkt hat. Also lasse es wirken, auf allen Ebenen,
und lasse es los, das ist ganz wichtig bei dir.

Du bist viel zu sehr im Kopf und analysierst alles, warum es so
ist. Anstatt es einfach mal zu akzeptieren, wie es ist.
Was hätte ich?
Was sollte ich?
Was könnte ich?
Was könnte ich tun, um das Geschäft zu retten?
Was könnte ich tun, hier zu retten, da zu retten?
Dort machen? Dort zu tun?
Was? Was? Was? ...

Die einzige wirklich wichtige Frage ist: Was brauchst du, um
glücklich zu sein? Was brauchst du und sonst niemand? Mit was
geht es dir gut?
Keiner, kein Mensch dieser Welt kann dir das geben.
Du kannst es dir nur selbst geben, dein Glück in dir.

Entdecke dein Glück in dir.
Mache dich genauso davon frei, dass du jemand anderen glücklich machen kannst. Das ist nicht möglich. Im Gegenteil, die Leute sehen, dass du es probierst, und denken, warum schafft er es nicht, mich glücklich zu machen, wieso schafft er es nicht?

Weil jeder nur bei sich sein Glück finden kann, deshalb kann niemand im Außen das schaffen.

Also höre hin auf das, was du willst, auf das, was du brauchst, und auf das, was du dir selbst geben kannst. Was kann man sich denn selbst noch geben, wenn man völlig leer ist? Wenn man alles ins Außen gibt? Wer füllt denn deinen Tag? Du darfst ihn dir selbst füllen, und du darfst für dich erkennen: wie wertvoll du selbst bist. Du darfst deine Kraft für dich verwenden, auch wenn du bisher geglaubt hast, du musst sie immer nur den anderen geben und in andere Dinge zu investieren.

Selbst dein Auto oder dein Haus haben bei dir einen größeren Stellenwert, als du selbst. Glaube mir, darüber ist deine Seele nicht glücklich und weint. Sie weint, weil du sie nicht beachtest. Sie weint, weil du dich nicht um sie kümmerst. Sie weint, weil du am Leben vorbeilebst, anstatt es zu leben.
Jetzt wirst du fragen: Das ist alles sehr einfach gesagt, aber wie macht man das?

Bleibe bei dir, vollkommen bei dir. Achte dich, liebe dich, schätze dich und probiere, immer im Hier und Jetzt zu sein und dementsprechend zu handeln. Wenn du etwas empfindest, egal was es ist, dann nehme dieses liebevoll an die Hand und umsorge es wie ein kleines Kind.

Nimm deine Gefühle an die Hand und sage laut: „Ihr gehört zu mir." So mache es mit all deinen Gefühlen, damit schätzt du sie.

Handhabe so alle Dinge, die dir widerfahren.
Nimm sie an die Hand und nehme sie an. Man kann manche Din-
ge im Außen nicht verändern, schon gar nicht, wenn man daran
festhält. Nehme es an, wie es zu dir getragen wird, weil du weißt
nicht, für was es gut ist.

Lerne dem Himmel zu vertrauen, lerne Gott zu vertrauen.

Er weiß schon, was er tut, genau wie ihr auch wisst, was ihr tut.
Denn ihr habt euch dieses Leben ausgesucht, jeder auf seine Wei-
se. Das war sehr weise, also glaube nicht, dass du einen Fehler
begangen hast, weder in diesem Leben noch jemals zuvor. Denn
alles bringt dich weiter, in deiner Entwicklung und in der Entwick-
lung deiner Seele. Achte dich und beachte dich, versuche, immer
alles zu sagen, wie es dir geht und wie du dich fühlst, damit bist
du authentisch. So kann dein Umfeld besser mit dir umgehen,
damit bekommen sie vor dir Respekt. Dadurch wirst du zu dem,
wer du bist und hörst auf, eine Rolle zu spielen. Gebe in jeder Si-
tuation ganz ehrlich zu, wie es dir geht. Sage, was in dir vorgeht,
weil du damit dich selbst, deine Seele und alles, was du bist oder
jemals sein wirst, achtest und wertschätzt. Diese Achtung und
Wertschätzung wird dann auch von den anderen dir entgegen-
gebracht werden. Denn wer sich selbst achtet, liebt und schätzt,
wird auch von anderen geliebt, geachtet und geschätzt werden.
Das sind viele Antworten in einer Antwort.

Liebe dich selbst und du wirst geliebt.
Achte dich selbst und du wirst geachtet.
Sehe dich selbst und du wirst gesehen.
So geht es mit allen Dingen weiter.

Fange immer mit dir selbst an. Denn den einzigen Menschen, den
du wirklich verändern kannst auf dieser Welt, bist du selbst. Du
musst dich nicht verändern, du kannst alles tun, was du willst,
aber du wirst authentischer damit werden. Du wirst mehr du

selbst sein, wenn du so handelst.
Richte den Fokus auf dich selbst, dann werden es auch die anderen tun.

Mache niemandem Vorwürfe, sondern sage einfach nur, wie du dich fühlst und wie es dir geht. Etwas anderes kannst du sowieso nicht tun. Mit Vorwürfen wirst du nichts erreichen, aber wenn du sagst, wie es dir geht, wird dir niemand böse sein. Die Menschen können selbst entscheiden, wie sie darauf reagieren oder nicht. Damit lässt du ihnen die Wahl, wie auch du jeden Tag ständig und immer wieder die freie Wahl hast, um deine eigenen Entscheidungen zu treffen. Das ist gut und wundervoll so, denn auch das ist ein Geschenk. Sehe das Leben als Geschenk, als dieses große Geschenk, das es in Wirklichkeit ist.

Du und deine Seele, ihr wollt euch hier erfahren mit allem, was ihr erlebt habt und auch weiterhin erleben wollt. Ihr erfahrt, damit ihr euch entwickeln könnt, damit ihr euch spüren könnt, fühlen könnt, sehen könnt.
Das ist doch wundervoll.

Hadere nicht mit deinem Leben und den Situationen. Nehme sie an, denn damit erlöst du sie, und vor allem dich.

Nur das, was du ablehnst, bleibt in dieser Form bestehen. Das, was du annimmst von dir, kann sich verwandeln und wird sich verwandeln.

Auf der einen Seite der Erde geht die Sonne unter, auf der anderen Seite geht sie wieder auf. Also halte nicht daran fest, wenn du sie an einer Stelle nicht mehr siehst. Sondern sehe und spüre und nehme wahr, dass sie auf der anderen Seite schon wieder aufgeht und das wird nie aufhören. Es wird immer wieder Situationen geben, in denen du denkst, die Sonne geht unter, aber sie wird auch immer wieder aufgehen. Daran kannst du, selbst wenn du möchtest, nichts ändern.

So wird auch immer wieder in deinem Leben die Sonne aufgehen.

Wichtig ist nur, dass du nicht daran festhältst, dass sie untergegangen ist. Wenn du dich darauf konzentrierst, dass die Sonne gerade untergegangen ist, bekommst du vielleicht gar nicht mit, dass sie auf der anderen Seite vielleicht schon wieder aufgeht, wodurch du vielleicht etwas Wundervolles verpasst.
Lasse es mal auf dich wirken.
Urteile nicht! Es nützt nichts. Beurteile es nicht.

Habe Vertrauen zum Leben, es ist dir wohlgesonnen.
Jede Hürde ist eine Chance.

Du kannst sie als Hürde sehen, du kannst sie aber auch immer als Chance sehen. Sehe sie doch lieber als Chance, etwas zu ändern, als Chance, etwas besser zu machen, als Chance, sich weiterzuentwickeln. Es gibt so viele Chancen, du kannst sie jedes Mal als Hürde sehen, oder du kannst sie auch jedes Mal als Chance in deinem Leben betrachten. Entscheide dich doch für diese Chance.
Sei spielerisch damit und denke:
Welche Chance habe ich dadurch?
Welche wunderbaren Dinge können sich jetzt dadurch für mich auftun? Sei spielerisch wie ein Kind, sei aufgeregt. Wir sagen dir, es sind alles Chancen, sehe es als Chance und nicht als Hürde.

Sehe, dass die Sonne schon wieder aufgeht, und weine nicht, weil sie untergegangen ist.
Geliebtes Kind, mache es dir nicht so schwer, nehme es leicht, sehe es leicht.
Es wurden dir immer nur Engel geschickt für deine Entwicklung, wie auch du für viele Menschen ein Engel warst und immer wieder sein wirst.

Erkenne, dass gerade diese Menschen, wo du es nicht vermutest, deine größten Engel sind. Sehe, wie wundervoll das Leben ist, wenn man die Chance sieht und nicht die Hürden.
Wenn man jeden Tag die Sonne aufgehen sieht.
Und erkenne, dass jeder Tag ein neuer Tag ist, auf dem Weg zum Glück, auf dem Weg zur Liebe, auf dem Weg zu dir selbst, auf dem Weg in deine Kraft und auf dem Weg in deine Weisheit.
Achte dich und dein Leben und siehe es als das Geschenk, das es ist.

Es ist ein Geschenk, glaube es.

Ich bin Hilarion und wir wissen, dass du das schaffst.

Dein Glück ist in dir

Mein Lieber, hier spricht Hilarion.
Ich bin immer an deiner Seite, wir sind immer an deiner Seite und unterstützen dich auf deinem Weg, und bei jedem Schritt, den du gehst. Du Lieber, du Guter, du Fleißiger, du Wertvoller.
Erkenne deinen Wert, sehe deinen Wert und lebe deinen Wert.

Lasse dich nicht kleiner machen als du bist.
Du hast ein Recht, dich voll zu spüren und zu leben in deiner ganzen Einzigartigkeit.
Niemand hat das Recht, dir das zu nehmen.
Du solltest dir das auch nicht selbst nehmen, sonst unterdrückst du deine ganze Kraft, und dein ganzes wahres Selbst kann sich nicht entfalten.

Beginne dich zu entfalten, dann wirst du aufblühen wie eine Blume.

Finde deinen Weg, deinen für dich richtigen Weg.
Achte darauf, dass es sich immer gut anfühlt in jedem Moment, und wenn du zweifelst und nicht weißt, was du tun sollst, dann achte auf deine Gefühle, weil sie dir den Weg weisen. Sie weisen dir den Weg in die richtige Richtung, in die für dich richtige Richtung.

Tue nur das, mit dem du dich gut fühlst und höre auf, immer nur zu schauen, was für die anderen gut ist. Damit vergisst du dich, damit wertschätzt du dich nicht. Im Endeffekt raubt es dir deine Kraft, weil du dir nicht treu bist und du dich von dir selbst entfernst mit jedem Mal, wenn du das tust.
Du kehrst zu dir zurück, indem du zu dem stehst, was du empfindest und du gerne tun würdest.
Das ist wundervoll, also nutze die Chance, dich zu finden.

Nutze dieses Geschenk, dass du erfahren kannst, wer du bist.

Lebe es, lebe dich, achte dich, schätze dich und nehme dich wichtig, denn du bist der wichtigste Mensch in deinem Leben.

Es ist schön, wenn man sich um andere kümmern kann, und es ist sehr wertvoll und eine gute Tat, aber wenn es dich dein Selbst kostet, ist es nicht der Sinn der Sache. Du kannst weiterhin geben, denn ist etwas sehr Schönes, anderen zu geben, aber achte darauf, dass du nicht zu viel von dir gibst. Achte darauf, dass du dich nicht wieder von dir entfernst und dadurch wieder leer wirst. Es ist dein Recht, deine Grenzen zu ziehen, damit es dir gutgeht. Auch wenn du das jetzt nicht glauben magst, tust du den anderen damit auch einen Gefallen. Denn alle, die deine Grenzen überschreiten, wollen eigentlich nur von dir in ihre Grenzen gewiesen werden, also tust du auch ihnen einen Gefallen. Handle also bewusst, tue es bewusster und erkenne, dass du dir und anderen auch einen Gefallen tust, wenn du dich achtest und abgrenzt.

Gehe den Weg der Freude, gehe den Weg der Zufriedenheit.

Daran kannst du dich immer orientieren.
Das ist immer dein richtiger Weg.
Alle, die diesen Weg nicht mit dir gehen wollen, können den für sich richtigen Weg gehen. Vielleicht ist es ein anderer, vielleicht haben sie an deinem Weg keine Freude.

Vielleicht hast nur du an deinem Weg Freude.
Vielleicht haben sie an etwas ganz anderem Freude.
Vielleicht haben sie auch gar keine Freude.
Vielleicht wollen sie ein Stück von deiner Freude, weil sie selbst keine haben?

Gehe immer den Weg der Freude, deiner Freude, und achte darauf, was dir Freude macht, dann kannst du dir immer sicher sein: Das ist der richtige Weg.

Es ist dann dein richtiger Weg.
Der Weg, den die anderen einschlagen, liegt in deren Verantwortung, und nicht in deiner. Du bist nicht für die anderen verantwortlich, sondern nur für dich und deinen Weg.

Du kannst niemanden retten, der nicht gerettet werden will.

Rette dich, vielleicht wird dann der andere dazu gezwungen, sich auch zu retten.

Vergiss nicht, alles ist gut so, wie es ist.
Alles ist sehr wichtig für die Entwicklung deiner Seele, und alles bringt dich unglaublich weiter auf deinem Weg zu dir selbst.

Also freue dich.
Freue dich darauf, denn es wird wundervoll, den Weg der Freude zu gehen.

Möchtest du noch etwas fragen?

Ja. Auf diesem Weg der Freude, ist da auch noch Platz für meine Frau?
Das muss deine Frau selbst entscheiden.

Was muss ich dabei selbst entscheiden, gar nichts?
Du solltest schauen, ob sie dich in deiner Freude behindert oder ob sie an deiner Freude teilnimmt. Ob ihr zusammen noch eine größere Freude empfinden könnt oder ob sie dich permanent bremst, indem sie dir Knüppel zwischen die Füße wirft. Vielleicht will sie gar nicht, dass du dich ohne sie freust oder dass du dich überhaupt

freust? Es liegt an ihr, diesen Schritt der Freude mit dir zu gehen. Du kannst es ihr vormachen, du kannst sie auffordern mitzumachen, aber ob sie mitmacht oder nicht, das ist dann alleine ihre Entscheidung. Es wird nicht an dir scheitern, weil du bist offen für die Freude und du bist auch offen für sie, wenn sie bereit wäre, diesen Weg der Freude mit dir zugehen.

Gibt es andere Menschen, die diesen Weg der Freude mit mir gehen möchten?

Es gibt sehr viele, die diesen Weg der Freude mit dir gehen möchten, es gibt unglaublich viele. Du wirst sehr viel Freude empfinden, und es ist sehr wichtig zu erkennen, dass es nicht in deiner Macht liegt zu entscheiden, ob deine Frau dabei mitgeht oder nicht.
Du hast die Wahl zwischen der Freude und dir.
Oder dich weiterhin anderen anzupassen und weiterhin nicht bei dir selbst sein zu können. Es wäre auch möglich, dass sie probiert, auf das Pferd aufzuspringen, wenn es fast schon zu spät ist.

Will ich dann überhaupt noch dieses Aufspringen?

Ob du das dann noch willst? Deshalb haben wir gesagt, dann ist es fast zu spät. Sie darf sich damit nicht zu lange Zeit lassen, sonst willst du das nicht mehr. Im Moment bist du noch offen und würdest das noch zulassen, aber die Zeit ist nicht mehr so lange.

Ich will diesen Weg der Freude gehen. Ich habe es gespürt, das ist das, was ich möchte.

Es werden sehr viele Menschen kommen, die diesen Weg mit dir gehen werden und diesen Weg mit dir teilen. Ob deine Frau dabei ist, das liegt in ihrer Hand.
Du hast ihr jede mögliche Chance gegeben, jetzt muss sie sich entscheiden, und zwar schnell, bevor es zu spät ist.

Ich bin der Meinung, es ist schon zu spät, irgendwie habe ich das Gefühl.

Es ist insofern zu spät, da du denkst, sie kann es nicht schaffen, sich zu verändern. Wir empfinden es so, sie möchte sich gerne ändern, aber sie kann nicht. Irgendetwas blockiert sie, denn einerseits würde sie gerne mitgehen, das macht ihr aber Angst. Sie hat Angst, sich darauf einzulassen. Deine Freude und Begeisterung machen ihr Angst. Wenn du den Weg zu dir findest, dann muss sie ihn zu sich ja auch finden, und das will sie im Moment nicht wirklich.

Ich will diesen Weg nicht aufgeben.

Du brauchst nichts aufzugeben, was du nicht willst.
Es ist sehr wichtig, dass du es nicht aufgibst, wenn du es nicht willst. Sie will gerne weiterhin durch deine Kraft leben, dann muss sie nicht schauen, wo ihre eigene ist.

Ich habe den Eindruck, viele wollen durch meine Kraft leben und ich muss sie hergeben.

Es wird Zeit, dass du diese mal bei dir lässt, damit du dich spüren kannst, damit du fühlen kannst, wer du bist.

Wer bin ich?

Das wirst du jetzt jeden Tag mehr und mehr erfahren. Du wirst immer mehr erfahren, wer du bist und wo du hingehörst. Jeden Tag.

Werdet ihr an meiner Seite sein?

Immer, wir sind immer da.
Sei dir gewiss, wir sind immer da. Es sind sehr viele bei dir und helfen dir auf deinem Weg, und du erkennst den Weg an der Freude und an der Zufriedenheit in dir selbst. Frage dich: Was macht dich zufrieden? Wenn du anrufen solltest und es macht dich nicht zufrieden, dann rufe nicht an. Wenn du hingehen solltest und es macht dich nicht zufrieden, dann gehe nicht hin. Tue all das nicht mehr, was du nicht willst. Tue stattdessen all das, was du gerne willst. Es kommt jetzt einfach so krass, weil du es nie getan hast, deshalb wird dir im Moment vielleicht vorgeworfen, du bist

egoistisch, aber das wird ja auch mal Zeit dafür, denn du warst es bisher nie. Du hast nie an dich gedacht, sondern immer erst an die anderen. Deshalb wird es Zeit, dich mal um dich selbst zu kümmern. Es ist nicht egoistisch, sondern gut so und sehr wichtig für dich, und auch sehr wichtig für die anderen. Weil auch sie können nie, gar nie in ihre Kraft kommen, wenn sie immer nur von deiner Kraft leben. Du behinderst doppelt: Du behinderst dich, und im Endeffekt behinderst du die anderen auch, in ihre Kraft zu kommen.

Ich danke euch.
Sehr gerne, habe Vertrauen, habe Vertrauen zum Leben und habe Vertrauen zu uns. Du bist immer beschützt und behütet, und du wirst deinen Weg gehen.
Sei dir gewiss, das ist der richtige Weg für dich.
Versuche immer, den Weg der Freude zu gehen, damit wirst du nicht enttäuscht.

Hilarion

Gehe den Weg der Freude

Lieber Hilarion, ich bemerke immer häufiger deine Nähe. Willst du mir in diesem Moment etwas sagen, oder einfach nur zeigen, dass du da bist?

Mein geliebtes Kind, du seliges Kind, sei gewiss, ich bin immer da, viel öfter als du es mitbekommst. Wenn du es so deutlich spürst, und du wirst es immer deutlicher spüren, dann hat das auch seinen Grund. Unter anderem will ich dir damit sagen, dass dieser Moment sehr wichtig für dich ist und dass es jetzt sehr wichtig ist, deine Wahrheit zu sagen. Vor allem natürlich für dich, aber auch für die anderen. Du solltest speziell dann ganz tief in dein Herz hinein fühlen und von dort die Antworten kommen lassen, und deinen Verstand nicht an die erste Stelle stellen.

Fühle, fühle, fühle und handle aus dem Herzen heraus.

Lerne es, hinzuhören und immer authentischer du selbst zu werden.

Stehe zu dir, auch wenn du z. B. unsicher bist, und sage es. Sag nicht, das Essen schmeckt, wenn es dir nicht schmeckt. Sag nicht, ich hab kein Problem, wenn du doch eines hast. Höre auf, dir einzureden, keines zu haben, denn das ist dein Verstand und nicht dein Herz. Dein Herz reagiert immer mit dem Gefühl mit Trauer, Wut, Ärger, Freude.

Dein Verstand ist der Vernünftige, aber es geht nicht darum, vernünftig zu sein, sondern du selbst zu werden, aus dem Herzen heraus. Dafür muss man den Verstand auch ab und zu mal abschalten.

Aber ich habe Angst, etwas falsch zu machen.

Ja, aber überleg mal mit dem Verstand: Können Dinge, die aus dem Herzen kommen, denn wirklich falsch sein?

Fange an, auf dein Herz zu hören.

Jetzt bist du da, ich spüre dich ganz deutlich.
Ja, und ich unterstreiche damit, was ich meine.

Höre auf dein Herz und handle aus dem Herzen.
So findest du zu dir und wirst vollkommen du selbst, in Liebe und Wertschätzung.

Also achte in dem Moment, wo du mich so deutlich spürst, darauf, nicht aus dem Verstand zu handeln, sondern aus dem Herzen heraus.

Sei gesegnet, mein liebes Kind.

Hilarion

Wie liebe ich mich selbst? Insa, Oktober 08

Lieber Hilarion. Kannst du mir bitte die Frage beantworten, wie man sich selbst liebt? Einfach ausgedrückt, sodass es jeder verstehen kann, vielleicht mit Beispielen?
Geliebtes Kind, das ist wirklich eine sehr wichtige Frage, nach deren Beantwortung ihr im Moment alle strebt und mit der ihr euch immer wieder auseinandersetzen solltet. Es ist so:

1. *Nehmt euch an, wie ihr seid, mit all euren Gefühlen und Bedürfnissen. Alles, was ihr empfindet, ist wertvoll und wichtig für euch, also sprecht es aus.*

Sagt: Ich fühle mich... gut, schlecht, unsicher, traurig. Damit nehmt ihr euch an, und das ist der erste Schritt auf dem Weg zu euch selbst, und auf dem Weg, euch zu lieben.

Nehmt all eure Gefühle und Bedürfnisse an, damit liebt und achtet ihr euch.

2. *Seid in eurem Leben völlig authentisch und handelt auch so. Tut nichts gegen euren Willen oder gegen euer innerstes Gefühl. Steht zu euch, indem ihr es nicht nur aussprecht, sondern auch so handelt, wie ihr es empfindet.*

Seid authentisch. Sagt es und handelt auch so.

Das ist der Weg, wie ihr euch selbst liebt, wie ihr euch selbst achtet und euch selbst wertschätzt. Dadurch werdet ihr immer mehr ihr selbst werden.

Ihr müsst dazu nicht stundenlang meditieren, sondern euch einfach nur annehmen, wie ihr seid, mit allen Gefühlen, Ängsten und Freuden, die ihr habt.

Damit fangt ihr an, in euch hinein zu spüren und fragt euch: Wie geht es mir? Was will ich?

Es ist natürlich schön, wenn ihr euch dafür ein bisschen Zeit und Ruhe nehmt, dann kann man nämlich besser hören, was einem die innere Stimme zuflüstert, aber ihr könnt es auch im Alltag immer, immer wieder üben und umsetzen.

Sehe, wie leicht es eigentlich ist.

Wenn du dich bei allem immer wieder fragst: Will ich das jetzt wirklich?

Viele haben das Problem, dass sie nicht wirklich wissen, was sie wollen. Deshalb entscheiden sie sich oft dafür, es den anderen rechtzumachen, weil sie so Anerkennung bekommen.

Diese Anerkennung füllt aber nicht deinen inneren Raum, das kannst nur du selbst tun und hinbekommen.

Also verstehe:

LEBE DICH
MIT ALL DEINEN GEFÜHLEN,
DAMIT LIEBST DU DICH!

Wie wundervoll und wertvoll!

Ich segne dich aus tiefstem Herzen.

Hilarion

Mache auch mal Pause

Mein liebes Kind, du möchtest gerne eine Nachricht für eine Freundin. Du möchtest wissen, wieso sie nicht mehr in ihrer Kraft ist bzw. in ihre Kraft kommt.

Mein liebes Kind, du gutes Kind, du weises Kind, sei gewiss, alles ist gut und richtig, wie es ist. Du kannst sehr froh sein, dass es so ist, wie es ist. Wenn du nämlich in deiner Kraft wärst, würdest du dich tagtäglich gnadenlos überfordern. Deshalb hast du im Moment keine Kraft mehr. Deine Kraft ist im Moment nicht voll bei dir und das hat einen guten Grund. Sei dir darüber gewiss und nehme es an. Es ist sehr, sehr wichtig, dass du den Grund dahinter erkennst, wieso du im Moment so kraftlos bist.

Dein Körper braucht seine Pausen, die du ihm nicht zugestehst.

Auch wenn du manchmal denkst, du machst eine Pause, dann ist es für deinen Körper aber noch lange keine. Du solltest dir wirklich ab und zu einmal die Zeit nehmen, dich hinzusetzen, still zu sein, um einfach nur im Hier und Jetzt zu verweilen. Lege dich hin, ins Bett oder setze dich auf die Couch. Gönne dir deine Ruhephasen, gönne dir Erholung, sei einfach wer du bist und wie du bist, vollkommen im Hier und Jetzt.

Werde präsent mit deiner ganzen wundervollen Art und Weise im Hier und Jetzt.

Sei präsent, und sei nicht schon wieder mit den Gedanken bei deiner nächsten Aufgabe oder bei dem nächsten Termin. Lerne auch einmal, bei dir zu bleiben und bei dir zu sein, denn es ist dein Leben, um das es hauptsächlich geht, das solltest du erkennen. Es ist wunderbar und wundervoll und macht uns so viel Freude,

was du für eine Arbeit leistet, aber vergiss nicht, es ist auch Arbeit. Also höre auch rechtzeitig auf zu arbeiten und gönne dir deine wohlverdienten Pausen. Beobachte an dir, welcher Teil in dir lässt dich nicht zur Ruhe kommen, welcher Teil in dir treibt dich an. Entdecke ihn und werde dir bewusst, wieso das so ist. Wieso du immer noch mehr wissen musst, immer noch mehr tun musst ...
Weißt du nicht, dass alles da ist?

Alles ist bereits, alles ist vorhanden, du bist alles.

Du bist ein Teil von Gott, du bist ein Teil vom großen Ganzen und alles ist bereits in dir vorhanden. Deshalb kannst du mit ruhigem Gewissen auch mal locker lassen und dir deine wohlverdienten Pausen gönnen, ohne dass du das Gefühl haben musst, du verpasst etwas Wichtiges.

Weil alles Wichtige schon in dir ist.
Erkenne es und höre auf, es im Außen zu suchen.
Der Schatz liegt in deinem Inneren, der wirkliche Schatz ist in deinem Inneren.

Er befindet sich in dir. Erkenne dies, denn keiner im Außen wird dir etwas sagen können, was du nicht in deinem Inneren auch schon weißt. Werde dir darüber klar und sehe, wie wunderbar perfekt und vollkommen du bist.

In deinem Inneren steckt für alles die Lösung,
du musst nicht mehr im Außen suchen.

Im richtigen Maße kannst du Seminare besuchen, um dich fortzubilden. Aber achte darauf, dass dein Herz sich dabei erfreut. Sobald es in Stress ausartet, solltest du zuhause bleiben. Das wäre der wichtigere Schritt. Überlege es dir, du darfst natürlich tun und lassen, was du willst. Handle, wie du dich fühlst, höre auf dein

Gefühl, achte auf dein Gefühl. Wenn du lernst, in dein Inneres hinein zu fühlen, ob es jetzt Zeit für eine Pause ist, dann braucht dein Körper sich die Pause nicht ständig selbst zu nehmen. Du zwingst ihn zu dieser Maßnahme, indem du nicht auf ihn hörst, also werde still und werde wach für deinen Körper. Beachte ihn mehr und achte mehr darauf, dass er seine wohlverdiente Ruhepause bekommt, was auch immer du darunter verstehst. Lerne, auch einmal ganz in Ruhe bei dir zu bleiben.

Mein liebes Kind, ich denke, dass dir das jetzt sehr weiterhelfen wird und du damit jetzt erst einmal genug zu tun haben wirst. Nimm das als deine nächste Aufgabe für dich an. Schaue nach dir und nach deine Pausen. Dann wirst du wieder zu deiner Kraft kommen und alles wird wieder besser fließen, in den Fluss kommen.

Denke auch daran, du kannst uns immer rufen, und wir sind immer bei dir, vergiss das nicht. Wir helfen dir und unterstützen dich.

Hilarion

Deine Seele kennt die Antwort

Ich segne dich, wir sind immer bei dir.
Du solltest darauf achten, es dir nicht zu schwer zu machen.
Es ist alles ganz einfach, es ist ganz leicht, wenn du lernst, bei
dir zu bleiben und in dich hinein zu fühlen und mit dir eins zu
werden.

Deine Seele weiß die Antwort auf alle Fragen, die du
hast.

In dir stecken alle Antworten, die du für dein Leben brauchst.
Du bist hier, um das zu lernen und auf dich und deine Seele zu
hören. Es gibt keine Antworten, die du dir nicht selbst genauso
geben kannst.
Denn in dir weißt du alles, alles ist in dir selbst.
Du bist ein Teil von uns und wir sind ein Teil von dir, ein Teil von
Gott, ein Teil von allem.

Sehe es.
Sehe es, dass du niemals alleine bist, niemals.

Sehe, dass in dir das wundervollste Geschenk wartet, dass du
überhaupt empfangen kannst. In dir selbst liegt das Geschenk,
nirgendwo im Außen. Bei keinem Mann, in keinem Beruf. Nirgend-
wo wirst du das finden, was dich so befriedigt wie dein Inneres.

Als wenn du dich selbst gefunden hast.

Wenn du dich selbst gefunden hast, mit dir selbst eins wirst und
verschmilzt, indem du erkennst, wie wundervoll du bist, dann
wirst du übersprudeln vor Freude, vor Liebe und vor Glück. Nichts
im Außen, gar nichts kann dir dieses wundervolle Glück geben,

nach dem du im Außen suchst.

Du suchst an der falschen Stelle, mein liebes Kind. Höre deine Suche im Außen auf und wende dich dir selbst zu, deinem Inneren, dann wirst du all das Glück erfahren, nach dem du suchst.

Kein Mensch kann dir dieses Glück von Außen geben, weil nur du es dir geben kannst, indem du endlich dich findest. Sehe, das ist das größte Geschenk. Das größte Geschenk ist, sich selbst zu finden und aus sich selbst heraus alles zu lieben, dann werden dich alle lieben. Alle werden dich lieben, weil sie gar nicht anders können, als dich zu lieben.
Du wirst dann so viel Liebe ausstrahlen.

Solange du aber noch von anderen die Liebe willst, die du dir selbst nicht gibst, saugst du sie aus, um etwas in dir zu füllen, was nur du dir geben kannst. Nur du kannst dir die Liebe geben, die du im Außen suchst. Beschließe jeden Tag, wenn du aufwachst, wenn du aufstehst:

Heute fange ich an, mich selbst zu lieben, mich selbst zu achten und mich selbst zu beachten. Ich bin der wichtigste Mensch in meinem Leben.

Schreibe dir diese Worte auf. Sage sie so oft am Tag, wie es geht, und schaue dich dabei im Spiegel an. Fühle dich damit gut, singe sie heraus, denn das Leben ist ein Fest und ein Freudentanz. Also freue dich auch. Freue dich deines Lebens, denn es ist ein Geschenk. Und obwohl du deine Gefühle zulassen solltest, ist es schade um jeden Tag, den du nicht in der Freude verbringst. Bleibe in deiner eigenen Freude und alles, was dir nicht guttut und dich nicht auf den Weg zu deiner Freude begleitet, solltest du nicht tun.

Finde dich selbst, dann wirst du all das finden, was du

suchst.
Vereinige dich mit deiner Seele.
Suche die Bereicherung in dir selbst.

Alle Antworten liegen da. Alle Antworten wirst du in dir finden und alles Glück der Welt. Es gibt kein größeres Glück, als zu erkennen, dass wir alle eins sind. Hilft dir das oder hast du noch eine Frage?

Wie soll ich jetzt mit meinem Freund umgehen?
Ich kann mir lange einreden, die Liebe in mir selbst zu finden. Ich glaube schon daran, aber wenn ich ihn doch auch so liebe und mit der Situation nicht umgehen kann, so wie es heute Abend war, als er einfach mit den Worten auflegte, dass wir uns heute nicht sehen. Da bin ich fast am Verzweifeln, weil ich nicht weiß, wie ich damit umgehen soll?
Du solltest nicht die Liebe von jemandem brauchen.
Es ist schön und wundervoll, wenn dir jemand seine Liebe schenkt, aber wenn dieser Mensch spürt, dass du seine Liebe brauchst, um zu leben, um zu existieren, damit es dir gutgeht, setzt du diesen Menschen unglaublich unter Druck. Diese Menschen fühlen sich dadurch dafür verantwortlich, dich glücklich zu machen. Das können sie aber nicht und das wissen sie. Sie wissen es. Dadurch kriegen sie so einen Druck in sich, und das kann nur zu Problemen führen. Er spürt, dass du ihn brauchst, und er fühlt sich dafür verantwortlich, dich glücklich zu machen. Er weiß aber umgedreht genau, wie wir es gesagt haben, dass er dich nicht glücklich machen kann, da du es nur selbst kannst. Dadurch entsteht dieser innere Konflikt. Du willst etwas von ihm, was er dir nicht geben kann. Es ist in etwa das Gleiche, wenn du zum Metzger gehst und dort Radieschen kaufen möchtest. Sie haben keine Radieschen. Genauso wie du nicht zum Bäcker gehen kannst und sagen: Ich will eine Gurke kaufen.
Du kannst nicht bei ihm die Liebe einfordern, die du dir nicht

selbst gibst, das ist zu viel für ihn.
Jetzt stell dir das so vor:
Du stehst vor dem Bäcker und schreist: Ich will eine Gurke. Du
fängst an zu weinen und sagst immer wieder: Ich will von euch
die Gurke. Er kann dir aber keine geben, denn er hat nur Brötchen.
Dieser Verkäufer denkt sich: Wie kommt die eigentlich drauf,
dass wir eine Gurke verkaufen?
Ich bin doch nur ein Bäcker.
Er kann dir immer wieder nur sagen:
Ich kann dir keine Gurke geben.
Verstehst du es?
Er kann dir die Gurke nicht geben, auch wenn er es noch so will,
er hat keine. Was er nicht hat ist eine Gurke. Da kannst du lan-
ge weinen und schreien oder mit dem Leben und allem anderen
hadern.
Es hat keinen Sinn, beim Bäcker gibt es keine Gurke.

Deine Liebe findest du nur bei dir und sonst nirgends.

Du kannst nicht etwas von ihm fordern, was er dir nicht geben
kann. Es ist ihm unmöglich, dir das zu geben, was du bei ihm
suchst. Er meint das nicht Böse, er kann es nicht, niemand kann
es. Dein Freund ist austauschbar. Wenn du nicht lernst, die Liebe
bei dir selbst zu suchen und zu finden, dann wird es dir immer
wieder so ergehen, dass du die Menschen überforderst, weil sie
dir nicht geben können, was du willst. So funktioniert es nicht.

Sehe, mein liebes Kind, es ist so gedacht, dass du dich fin-
dest, er sich findet und ihr dann zusammen überfließt vor
Liebe, weil ihr euch selbst gefunden habt. Ihr seid voller
Freude und dann könnt ihr Hand in Hand gemeinsam euren
Weg der Freude gemeinsam gehen.

Die Freude wird ausbleiben, wenn du sie nicht in dir selbst suchst
und findest. Es ist ein sehr kurzfristiges Geschenk, wenn du es

beim anderen für einen kurzen Abend findest. Spätestens am nächsten Tag ist es wieder weg. Wenn du die Freude und die Liebe in dir gefunden hast, kann sie dir keiner nehmen, indem er dich aus seinem Leben stößt, oder in deine Grenzen zurückweist.

Weil die Liebe bei dir ist, in dir, aus dir kommt und aus dir wirkt.

Dein Freund meint es nicht böse. Verstehe dies, denn du verlangst etwas, was er dir nicht geben kann. Er kann es nicht so benennen, wieso ihn das so zurückdrängt. Wir haben es dir nun ausführlich erklärt, damit du es verstehst. Du weißt nun, was gemeint ist.

Ja.
Er schützt sich, einerseits weiß er, dass er dir nicht geben kann, was du suchst, und andererseits beschützt er sich. Er will seinen Raum behalten. Er hat schon mehr zu sich gefunden als du und ist weiter auf dem Weg zu sich selbst. Er will sich nicht mehr für andere verbiegen, um nicht irgendwann dazustehen und zu denken: Das bin nicht ich. Er möchte er selbst bleiben und das tun, wonach ihm ist, was auch gut und wichtig für ihn ist. Er will sich nicht verlieren, womit er auch Recht hat. Er darf das tun, was er tun will, so wie du auch das tun darfst, was du willst. Hast du noch eine Frage?

Wenn er jetzt z. B. sagt, er findet nichts dabei, wenn er sich mit anderen Frauen trifft, muss ich dann sagen: Ja, das ist in Ordnung, obwohl ich es nicht akzeptieren kann?
Du musst überhaupt nichts tun, was du nicht willst, und auch überhaupt nichts in Ordnung finden, was für dich nicht in Ordnung ist. Du kannst es sagen, dass du dieses Verhalten nicht o. k. findest, aber du solltest dir gleichzeitig anschauen, wieso es für dich nicht in Ordnung ist.
Wieso hast du ein Problem damit?
Welche Angst steckt da dahinter?

Wieso ist es für dich nicht in Ordnung?
Ich denke dann, dass er mich betrügt oder ...
*Frage dich: Wo betrügst du dich denn selbst, dass du Angst hast,
er betrügt dich?*
*Wieso hast du Angst, etwas zu verlieren, das dir nicht gehört?
Kein Mensch gehört dir. Du bist verbunden mit jedem Menschen,
verbunden, und darum brauchst du überhaupt keine Angst haben,
weil diese Verbindung geht dir nie verloren. Zu keinem Menschen,
der in deinem Herzen wohnt, wirst du jemals die Verbindung verlieren. Das ist gar nicht möglich. Bitte erkenne an, dass er nicht
dir gehört, er gehört sich, sowie du dir gehörst. Jeder gehört nur
sich selbst, weshalb jeder selbst entscheiden darf, was er tut. Du
kannst ihm gerne deine Gefühle in dieser Situation mitteilen, aber
hinterfrage dich selbst, wieso du damit ein Problem hast.*
*So fühlt es sich an, wenn man das Glück bei jemand anderem
sucht und dann wieder daran erinnert wird, dass man es nur bei
sich finden kann.*

**Du suchst das Glück außerhalb, welches nur du dir geben
kannst.**

*Wisse, wenn du das Glück in dir gefunden hast und du dich selbst
gefunden hast, dann wirst du nie wieder Angst haben müssen,
es zu verlieren. Du spürst es dann in dir und wirst es nicht mehr
von außen brauchen, weil du es in dir gefunden hast. Alle Menschen werden sich von dir wie magisch angezogen fühlen. Hilft
dir das?*
Ja.

**Aber ich weiß ehrlich gesagt trotzdem nicht, wie ich das
hinkriegen soll.**
*Bleibe bei dir, spüre in dich hinein, höre in dich, erkenne dich
selbst.*

Werde eins mit deiner Seele.

Konzentriere dich auf dich und auf alles, was du empfindest. Frage dich nicht: Wieso tut er das? Wieso macht er das? Er – er – er – er – er.

Frage dich stattdessen: Wie geht es mir damit? Wieso habe ich damit ein Problem?

Wieso geht es mir jetzt so? Frage bei dir nach und höre auf, bei ihm zu suchen, denn du kannst ihn nicht ändern. Er ist, wie er ist, und er will auch nicht verändert werden, und du bist, wie du bist, also nehme dich an, wie du bist. Suche und finde dein Glück in dir. Erkenne in dir, was dich glücklich macht, denn er kann dir das nicht geben. Werde glücklich.

Was macht dir Freude? Was macht dir Spaß? Was tut dir gut? Was zu tun tut dir gut?

Wenn ich aber will, dass er mir guttut?

Du sollst dir lieber selbst guttun.

Du willst die ganze Zeit eine Gurke vom Bäcker.

Du willst etwas von ihm, was er nicht hat.

Deine Liebe für dich selbst kann er dir nicht geben.

Dein Glück musst du bei dir selbst suchen und finden.

Du stehst mit der Gurke da und schreist ihn an, gib mir eine Gurke. Verstehst du das?

Ja.

Er denkt sich: Die hat ein Problem, denn sie hat doch eine Gurke. Du siehst und erkennst es nur nicht. Du erkennst es nicht, dass du die Gurke doch schon hast. Dann schau doch einfach mal genauer hin und höre auf, es im Außen zu suchen.

Bleibe bei dir und in dir. Gehe in dich, werde wach für dich und deine Gefühle. Sei gut zu dir, indem du Dinge tust, die dir guttun.

Ich kann nur sagen, dieses Glück, was du da finden wirst, auch

wenn du dir das nicht vorstellen kannst, kann dir niemand von Außen geben. Kannst du dir das vorstellen?
Wenn du sagst, er macht dich glücklich, dann antworte ich dir:
Das was du in dir findest, macht dich noch viel, viel, viel glücklicher.

Ist es das nicht wert, sich auf den Weg zu machen?
Es macht dich viel, viel, viel glücklicher. (Er könnte dir das nur ansatzweise geben.)
Vor allem macht dich das auf Dauer glücklich, und nicht immer wieder unglücklich. Siehst du das ein?
Ja.

Du wirst Zeichen erhalten, du wirst immer wieder Zeichen erhalten, wie du dich auf den Weg zu dir selbst machen kannst. Die Zeit dafür ist mehr als reif. Erkenne erst mal, dass es sehr wichtig ist, den ersten Schritt zu tun. Erkenne immer wieder, wenn du im Außen nach dem Glück suchst und greifst, und nicht in dir, dann komme sofort zurück zu dir, indem du dir darüber klar wirst, was du jetzt eigentlich willst. Du möchtest etwas, das du nur in dir selbst finden kannst. Also suche in dir, bleibe bei dir, in dir und spüre in dich hinein.
Wisse, mein liebes Kind, du bist niemals alleine und verlassen. Wir sind immer für dich da, so viele sind an deiner Seite, um dir zu helfen. Du brauchst vor nichts Angst zu haben, das musstest du nie.

Hilarion

Zu sich selbst finden

Mein liebes Kind, du gutes Kind, hier spricht Hilarion.
Es wird langsam Zeit, in deine Kraft zu kommen sowie in deine
Freude und deine Liebe. **In deine Liebe zu allem, was ist.** *Es*
wird Zeit, die Verbundenheit mit uns deutlicher zu spüren, was
richtig und wichtig für dich und alle Menschen ist. Das trifft für
dich im Besonderen zu, weil es dein Weg zu dir selbst ist. Du
wirst dich dabei selbst finden, du wirst dich dabei selbst erkennen.
Dadurch gelangst du in die Freude und die Liebe zu dir selbst,
mit allem, was ist, indem du alles akzeptierst, wie es ist.

Es ist ein wunderbarer, wunderschöner Weg, der vor dir
liegt. Er wird dich komplett erfüllen, es wird dich komplett
ausfüllen mit Freude und Glück.

Von innen heraus wirst du leuchten und strahlen wie ein Diamant.
Du hast die Begabung, andere Menschen damit anzustecken und
ihnen zu helfen. Du hast einen sehr, sehr tiefen Kontakt zu uns,
nicht nur im Moment, sondern immer. Nutze ihn, sehe ihn und
gebrauche ihn. Zuerst einmal für dich, wende ihn für dich an,
denn du bist der wichtigste Mensch in deinem Leben. Alle anderen
Menschen in deinem Leben helfen dir, dich selbst zu finden. Sie
spiegeln dich, und dadurch kannst und wirst du immer mehr zu
dir selbst finden, aber erkenne, dass es um niemanden anderen
geht als um dich. Wenn du das Ziel erreicht hast, dich gefunden
hast, dich liebst, dich achtest und dich wertschätzt, dann steckst
du alle anderen damit an. Sie werden es auch tun, sie werden
deinem Beispiel folgen.

Erkenne, dass es das Schönste ist, was du im Leben tun
kannst, dich selbst zu erkennen und dich selbst zu lie-
ben.

Damit zeigst du unbewusst den anderen Menschen, dass sie es auch tun können. Damit gibst du ihnen die Erlaubnis. Damit sagst du, schaut her, schaut her, wie gut es mir geht.

Findet euch selbst, dann geht es euch gut, dann seid ihr im Glück, in der Freude, in der Liebe, in der Geborgenheit und ihr werdet erkennen, dass ihr ein Teil des Großen und Ganzen seid.

Es ist so wundervoll, was momentan gerade auf der Erde passiert und jeden Tag deutlicher wird. Du wirst es auch noch spüren, wie fantastisch es ist, und das letzte Wochenende war ein Vorgeschmack auf noch viel Größeres und Wundervolleres. Meine liebe Renata, du weißt genau, es ist dein Weg, zweifle nicht an deinen Fähigkeiten, zweifle vor allem nicht an dir selbst. In dir steckt so viel Potenzial, du musst es nur nutzen. Traue dich, gib dir einen Stoß. Du wirst es niemals bereuen, das können wir dir versichern.

Finde dich selbst.
Zeige allen, wie man sich selbst findet und wie man sich auf den Weg zu sich selbst macht.

Wie ihr alle wisst, ist dies ein Prozess, der bei euch allen nicht von heute auf morgen stattfindet.
Möchtest du noch etwas fragen?

Ja. Ich möchte gerne fragen, ob alles so richtig für mich ist, und was mein Exmann von mir denkt? Ist er stolz auf mich? Ich habe ihn frei gegeben, weil ich weiß, dass es richtig ist. So können wir beide etwas lernen, damit wir uns weiterentwickeln können. Meine Verbundenheit zu ihm und das, was er über mich denkt, sind mir unheimlich wichtig. Geht das Gefühl irgendwann mal weg?
Meine Liebe, wenn du dich selbst gefunden hast, und ich sage

dir, du bist auf dem besten Weg, dich zu finden, zu lieben und zu achten. Bisher bekamst du deine Anerkennung von ihm und hast es nicht gelernt, dich selbst zu achten und zu lieben. Du hast immer die Anerkennung von Außen gebraucht, von deinem Mann oder von anderen. Dieser Weg, auf dem du jetzt gerade bist, schenkt dir eine andere Art der Anerkennung. Du wirst dich finden in deinem Inneren, dadurch kannst du, wenn du es dir bildlich vorstellst, wie ein Brunnen sein, der überfließt vor Liebe und Glück. Du wirst nichts mehr von anderen brauchen, weil du in dir glücklich bist, und du wirst andere daran teilhaben lassen. Bisher war es so: Du hast die Anerkennung von Außen gebraucht, damit du überhaupt das Gefühl hattest, wertvoll zu sein. Jetzt wirst du erkennen, dass du wertvoll bist, so wie du bist, immer mehr, jeden Tag. Wenn es vollbracht ist, dann wirst du es nicht mehr benötigen, dass andere, wer auch immer, dich von Außen anerkennen.
Leuchtet dir das ein?
Du hast es dann nicht mehr nötig, weil du dich selbst erkennst, weil du dich selbst achtest, weil du dich selbst liebst und weil du dich selbst für etwas Wundervolles hältst.
Das, meine Liebe, ist die Wahrheit.

Kannst du mir noch sagen, was ich tun kann, damit meine Kinder glücklich sind, es ihnen gutgeht?
Deine Kinder werden glücklich sein, wenn auch du glücklich bist. Du kannst für sie nichts Besseres tun, kein Geschenk ist für sie ist so wertvoll, wie dass du dein Glück findest. Dein Glück ist nicht nur dein wichtigstes Glück, sondern auch das deiner Kinder. Denn es passiert etwas ganz Besonderes, wenn du dein Glück findest, erlaubst du deinen Kindern, auch ihr Glück zu finden. Sie nehmen dies unbewusst wahr, und das befreit sie von jeglichem Druck. Sie können dann genauso in ihre Kraft kommen wie du, wenn du es ihnen vormachst. Sie müssen dann nicht mehr länger in alten Mustern verharren, siehst du, wie wichtig und wundervoll es für dich und alle anderen ist, wenn du dich findest. Es ist nicht nur

für dich das Größte, sondern für alle anderen auch. Mach dir keine Sorgen um deine Kinder, denn sie sind beide sehr starke Persönlichkeiten, sie sind Kinder der neuen Zeit. Sie wussten vor ihrer Geburt genau, was auf sie zukommt und haben es sich so ausgesucht. Ebenso wie du es dir ausgesucht hast, wie ihr alle es euch ausgesucht habt. Du brauchst vor überhaupt nichts Angst zu haben, denn alles hat seinen tieferen Sinn und seine Berechtigung. Nehme jedes noch so kleine Gefühl an und lerne zu vertrauen, dass alles gut wird und alles gut ist.

Ich habe das Gefühl, meinem Exmann noch so viel sagen und erklären zu müssen, damit er versteht, was es in mir auslöst, oder wie es in mir aussieht. Ich möchte so viel verstehen und klären, aber er kann es nicht annehmen, er ist nicht bereit dazu. Ich weiß nicht, ob ich jemals die Chance erhalte, alles, was noch ungeklärt im Raum steht, aufzulösen.

Versuche immer wieder, mit ihm ins Gespräch zu kommen. Teile ihm mit, was du willst und wie es dir geht. Versuche es immer und immer wieder. Für dich ist es sehr wichtig und heilsam, so zu handeln, und für ihn ebenso. Wenn er sich aber weigert und es nicht will, bleibt dir nichts anderes übrig, als bei dir zu bleiben und dich so oft wie möglich mitzuteilen. Im Grunde genommen ist es nicht so wichtig, dass du es ihm unbedingt persönlich mitteilst. Es ist am wichtigsten, dass du es vor dir selbst erkennst, vor dir zugibst, wo das Problem lag.

Meine liebe Renata, bitte lege es ab und höre auf, seine Mutter sein zu wollen. Höre auf damit, du kannst ihn nicht retten, du kannst nur dich retten. Du vergeudest deine Kraft, wenn du es weiterhin versuchst. Es bringt nichts, ihm sagen zu wollen, wie es dir geht und das zu analysieren oder immer weiter darin herumzurühren, weil das Eigentliche, was dahinter steckt, ist immer noch, dass du versuchst, ihn zu retten, statt dich.

Wenn du dich retten willst, reicht es, wenn du es vor dir selbst zugibst. Kannst du das verstehen?

Ja. Ich habe es verstanden.

Ich habe so vieles in letzter Zeit begriffen. Ich habe so vieles geändert und trotzdem ist der Weg noch weit.

Erkenne meine Liebe, alles ist schon da, alles ist in dir.

Du brauchst nur den Mut, es zu leben und es aus dir herauszuholen. Es ist in Wirklichkeit weder kompliziert noch schwer, es ist alles ganz leicht. Denke also bitte nicht, es ist ein schwerer Weg. Es ist ein leichter Weg.

Jeden Tag lichtet sich der Schleier, deshalb stehe zu dir und denke an dich. Automatisch denkst du dann an alle, die dich umgeben, wie deine Kinder, auch wenn du zuerst an dich denkst. Die Zeit ist reif für diesen Prozess, denn auf höherer Ebene macht dir dein Mann ein unglaubliches Geschenk.

Ja. Das habe ich schon gespürt.

Er gibt dir die einmalige Chance,
dass du zu dir selbst finden kannst.

Ich habe ihn freigegeben, da ich weiß, dass es gut so ist. Ich möchte jedoch, dass er ein Teil von mir bleibt und sieht, was aus mir wird. Ich will, dass er stolz auf mich ist, so wie ich selbst auf mich stolz bin.

Er wird immer ein Teil von dir sein, so wie jeder Mensch ein Teil von dir ist. Wir sind alle miteinander verbunden, deshalb wird immer jeder Mensch ein Teil von dir sein. Trotzdem bist du nur hier, um dein Leben zu leben, um dich zu erkennen. Du lebst weder das Leben deines Mannes noch das deiner Kinder. Du lebst dein Leben und damit hast du auch genug zu tun.

Ist das Channeln für mich ein Weg, weiterzukommen auf meinem Weg, oder ist für mich etwas anderes bestimmt?

Sehr viele Dinge sind für dich bestimmt. Das Channeln ist ein sehr guter Weg für dich, zu dir selbst zu finden und sehr viel zu erkennen. Vor allem ist es ein wunderbarer Weg, mit sich selbst und dem großen Ganzen in Kontakt zu kommen. Es ist ein wun-

derschöner Weg, weil du dadurch immer wieder und immer mehr verbunden wirst mit der Geistigen Welt. Wenn du das wirklich willst, liebe Renata, ist es ein schöner Weg, aber ob du das willst, solltest du selbst entscheiden.

Kannst du noch etwas sagen zu dieser Verbundenheit, die ich zurzeit zu Saint Germain fühle und der mir immer wieder begegnet und sein Name überall auftaucht.
Zu ihm hast du einen guten und starken Draht, wie zu allen in der Geistigen Welt. Du kannst mit jedem Engel, mit jedem Meister sprechen, mit jedem, mit dem du sprechen willst. Jeder wird dir genau die Antwort mitteilen, die du in diesem Moment gerade brauchst und die in diesem Moment gerade für dich wertvoll ist. Sehe, es ist ein wunderbares Geschenk, dass es jetzt zu dieser Zeit so einfach möglich ist. Wie alles in deinem Leben kannst du es nutzen oder nicht, es liegt ganz alleine bei dir. Du hast sehr großes Talent und auch in deiner Entwicklung wird es dich sehr weiterbringen, aber trotz allem solltest du aus dem Herzen heraus entscheiden. Für uns ist jeder Weg, den du einschlägst, sofern du es willst, der richtige.

Lerne, in dich hinein zu spüren und ganz aus deinem Gefühl zu handeln.

Alles, mit dem du dich gut fühlst, ist immer der richtige Weg für dich. Sobald du den Impuls erhältst, dass es dir mit etwas schlecht geht, tue es bitte dir zuliebe nicht länger. Du kannst es lernen, du kannst es ...

Hilarion

Du bist wichtig

Lieber Hilarion, hast du eine Nachricht für den Bruder von meiner Freundin?

Mein geliebtes, wundervolles, wertvolles Kind, entdecke und erkenne deinen Wert. Höre auf, dich mit anderen zu messen und vertraue darauf, dass du, genauso wie du bist, vollkommen und perfekt für dich und die Welt bist.

Du solltest anfangen, dich auf die Dinge zu konzentrieren, die du gut kannst. Lobe und wertschätze dich dafür, was du alles in deinem Leben schon erreicht und geleistet hast, denn das ist wahrlich einiges. Achte dich für jeden Schritt, für jedes Gefühl und jede angebliche Kleinigkeit. Du solltest in kleinen Schritten wieder anfangen zu erkennen, was du gut kannst, denn du hast sehr viel von deinem Selbstvertrauen verloren. Das kannst du wieder aufbauen, indem du anfängst dich für ganz keine Dinge zu schätzen und zu lieben.

Fange klein an wie z. B.: Das habe ich gut gemacht. Das habe ich repariert, ich habe etwas gekocht und das habe ich gut gemacht. Oder auch: Ich hörte 2 Stunden jemandem zu, das hab ich gut gemacht ... und bitte mein Lieber, meine es auch so und sage es nicht nur einfach so. Du hast dich verloren, insofern, dass du das Gefühl hast, du machst es nicht gut genug.

Du denkst nicht, dass du einfach nur sein darfst und auch damit wertvoll und wichtig bist. Du denkst, man muss etwas leisten, damit man wertvoll ist. Dem ist aber nicht so, mein geliebtes Kind.

Du bist ein Teil von Gott, allein dadurch bist du wichtig und wertvoll für die Welt.

Das beste Beispiel sind Zahnräder einer Maschine, die ineinander

greifen. Da gibt es ganz, ganz, große Zahnräder.
Sind die wichtiger als die kleinen Zahnräder?
Wenn man ein mini, mini kleines Zahnrad aus der Maschine
nimmt, dann funktioniert die ganze Maschine nicht mehr. Ob
die fehlenden Zahnräder nun groß oder klein sind, ist egal, denn
jedes Zahnrad ist genau gleich wichtig.

Du bist auch ein Zahnrad und WICHTIG!!!!!!
Genauso wie du bist!!!!!

Erkenne es, welchen Teil du dazu beiträgst, damit alles läuft.

Wertschätze dich, denn du bist unersetzbar!!!!!

Wie jeder Mensch auf dieser Erde eine bestimmte Aufgabe hat.
Erkenne, dass deine Aufgabe vielleicht genau da ist, wo du im
Moment bist. So liebe und achte dich, genauso wie du bist, bist du
wichtig und wertvoll für die Menschen, die dich lieben. Versuche
nicht jemand zu sein, der du nicht bist, weil alles schon ist. Wie
wundervoll das doch ist.

In Liebe

Hilarion

So wie ich vorher schon geschrieben, habe ich sehr viel gelesen und zahlreiche Seminare besucht. Verstanden hab ich trotzdem oft nur mit dem Verstand und nicht mit dem Herzen. Ich weiß nicht, wie viele tausend Male ich hörte und las: „Wir alle sind eins!"

Was ich auch nie angezweifelt habe. Gespürt habe ich es das erste Mal auf einem Seminar vom Robert Betz im November 2008. Ich war so bewegt und berührt darüber, was in dieser Woche mit diesen 90 Menschen passiert ist. Vor allem aber darüber, dass diese mir wildfremden Menschen nach einer Woche mir so nah standen, wie zuvor nur wenige Menschen. Man wurde einfach akzeptiert mit all seinen Problemen und Stärken. Ich hatte das Gefühl, alles darf sein, wie es ist, und hier muss ich mich nicht verstellen. Ich kann nur jedem diese wundervollen Seminare ans Herz legen. Mir hat es sehr, sehr viel weitergeholfen. Am letzten Seminartag habe ich dann diese Nachricht bekommen:

Robert Betz Seminar November 08

Ihr lieben Kinder des Lichts und der Liebe.
Wie wundervoll, dass ihr euch hier versammelt und auf den Weg gemacht habt, euch selbst zu finden, wie wunderbar. Auch wir waren in großer Zahl zugegen und haben euch geschützt und geführt in euren Prozessen. Diese Rituale, die ihr hier vollzogen habt, sind so viel wirkungsvoller, weil ihr die Geistige Welt mit einbeziecht. Dadurch entsteht eine riesige Schöpfermacht, und wir können dadurch und mit euch wirken. Wir sind sehr stolz auf euch und bewundern euer Wirken und euren Mut.

Ihr alle seid göttliche Wesen aus der Quelle allen Seins. Deshalb seht, dass alles, was ihr fühlt, auch wirklich sein darf. Hört auf, euch zu verurteilen, fangt an, euch zu lieben, genau so wie ihr seid.

Wenn ihr nur ahnen könntet, welch wundervolle, vollkommene Wesen ihr seid.

Ihr seid Liebe, ihr seid Freude, ihr seid wundervoll und wertvoll, genauso wie ihr seid.

Vergesst nicht dieses Geschenk, das ihr diese Woche immer wieder spüren konntet.

Ihr alle seid eins.

Also ihr Lieben, nehmt das mit in euren Alltag und macht euch bewusst, dass ihr in jedem Menschen, der euch gegenübertritt, auch immer euch selbst erkennen und spüren könnt.

**Meine geliebten Kinder,
Engel auf der Erde, die ihr seid.**

Erkennt euer wundervolles Wirken auf dieser schönen Welt und eure Einzigartigkeit. Jeder von euch ist ein prachtvolles Unikat, das in seiner vollen Schönheit erstrahlen will und wird. Nehmt diese Woche als Geschenk an euch selbst und die Welt mit und verwandelt euch jeden Tag aufs Neue, immer mehr zu dem, was ihr alle seid:

Ein Teil von Gott und allem, was ist.

Seid liebevoll mit euch selbst und allem, was euch umgibt, jeden Tag aufs Neue. Damit könnt ihr euch und euer Leben verwandeln und euch selbst den Himmel auf Erden erschaffen. Also zögert nicht und entdeckt, wer ihr wirklich seid, ohne über euch oder andere zu urteilen, weil ihr sonst euch selbst verurteilt.
So kommt ihr in den Frieden und in eure Göttlichkeit.
Nehmt das Geschenk des Lebens und der Liebe und lebt und liebt alles und jeden.

Öffnet euer Herz für alle Menschen und Situationen. Lasst alle Dinge, die euch nicht mehr dienen, los und verwandelt euch wie der Schmetterling. Zieht euch zurück, findet euch selbst und ihr werdet entdecken, was für wundervolle vollkommene Wesen ihr seid. Ihr alle seid Schmetterlinge. Wer könnte ahnen, dass in dieser recht unscheinbaren Raupe so etwas Wunderschönes schlummert. Wie wertvoll, wenn ihr euch immer wieder daran erinnert, wer ihr seid und was ihr erreichen wollt. Wir unterstützen euch mit so viel Liebe und Frieden.

In jedem Moment, in dem ihr still werdet, könnt ihr genau spüren: Ihr seid und wart nie alleine.

Ihr lieben Kinder des Lichts und der Liebe, nehmt nun alles, was ihr hier für euch erfahren habt, mit in eure Welt und gebt es weiter.

Denn mit jedem, der erwacht zu seiner Göttlichkeit, werden Wunder geschehen, und er wird Wunder bewirken.

Seid gesegnet aus tiefstem Herzen. Vergesst nicht, wir sind immer bei euch, wenn ihr uns ruft.
Ihr seid nie allein.

In tiefer Liebe,

Hilarion

Zeige es ihm spielerisch Katharina, November 08

Mein liebes Kind, gesegnetes Kind.
Sei ganz bei dir und deiner Aufgabe im Alltag. Du machst alles
so gut, wie du es kannst, und das ist wundervoll. Du bist perfekt,
genauso wie du bist für deine Kinder, deinen Mann und für alle,
die dich umgeben. Zweifle nicht, du liebes Kind, du machst es gut
so, wie du es machst, genauso ist es richtig und wichtig. Denke
nicht, dass du etwas falsch machen kannst, denn das kannst du
nicht. Versuche, immer aus der Liebe heraus zu handeln und in
der Liebe zu sein, dann kommt alles aus dem Herzen. Das ist
immer das Richtige und Wichtige. Achte dich dafür, wer du bist,
und sehe immer wieder, dass du es gut machst und du nichts
falsch machen kannst.

Wir schicken dir Licht und Liebe aus dem Himmel, der deinen
Selbstwert etwas stärken soll, damit du dir ein bisschen mehr
zutraust und ein bisschen mehr zu dir und zu deiner Kraft und
zu der Überzeugung findest, dass alles so gut ist, wie es ist. Selbst
Dinge, die manchmal nicht so einfach erscheinen, besitzen im
Nachhinein einen wichtigen Grund für jeden Menschen. Gerade
daraus kann man manchmal unglaublich viel Stärke entwickeln.
Du bist sehr behütet und beschützt in deinem Kreis, und umge-
ben von liebevollen Menschen, die alle nur das Beste für dich und
deine Familie wollen. Das ist wunderschön, siehe, wie schön es
ist, sich so vielen Menschen so nahe zu fühlen und einen Halt zu
haben. Es ist eine sehr wichtige Erfahrung, die du hier auf dieser
Erde in dieser Inkarnation machen wolltest. Du wolltest gehalten
und getragen sein. Du wolltest schon immer dazugehören und
deinen Platz finden. Das hast du bisher sehr gut gemacht.
Finde noch deinen Platz in dir.
Dabei unterstützt dich das Außen.
Der ganze Halt, den du im Außen findest, solltest du nun für
dich im Innen auch noch finden und erkennen, damit es aus dir

heraussprudeln kann. *Dann empfindest du ein bisschen mehr Freude im Leben. Nicht nur ein bisschen, sondern es wird alles viel freudvoller werden. Wir sehen von hier, dass dir ein bisschen die Freude im Herzen fehlt. Lebe mehr aus dem Herzen und erkenne die vielen Dinge, die du hast. Die vielen wichtigen Menschen um dich herum, von denen du gehalten und getragen bist. So etwas ist wirklich wunderschön. Freue dich also immer mehr darüber. Entdecke wieder deine Freude, jeden Tag mehr und mehr. Freue dich an dem, was du hast. Diese Freude wird sich dann auch auf deine Kinder übertragen, auf deinen Mann, auf alle in deinem Umfeld.*

Es ist so schön, in der Freude zu sein.

Versuche, dich immer wieder zu freuen und zu lachen. Das Leben ist viel zu schön, um es an sich vorbeiziehen zu lassen. Achte jeden Moment und jeden Augenblick und freue dich.

Du liebes Kind, möchtest du noch etwas wissen?

Ja, warum mein Sohn Niklas in der Schule und auch bei den Hausaufgaben so unkonzentriert ist? Warum lässt er sich so leicht ablenken?

Er ist ein Kind der Freude, er ist ein Kind, das gerne alles wissen will. Er hat sehr, sehr viele Interessen, da ihn vieles interessiert, aber die Schule gehört nicht unbedingt dazu. Dort lernt er nicht die Dinge, die ihn interessieren. Er interessiert sich für das Leben, er will leben, er will spüren, er will erfahren, er will alles wissen über sein Leben. Er ist sehr wissbegierig und ihn interessiert viel mehr, wie seine Mitschüler auf irgendetwas reagieren, als irgendwelche Zahlen zu schreiben. Er ist noch ein Kind, und das ist auch gut so, doch leider ist euer Schulsystem im Moment noch nicht so weit, die Kinder in ihrer Vollkommenheit mit einzubeziehen. Daher bekommen die Kinder das, was sie eigentlich brauchen, von der Schule nicht vermittelt. Das ist sehr schade, wird sich in den nächsten Jahren aber ändern. Dein Sohn wäre besser in einer Schule aufgehoben, wo der ganze Mensch berücksichtigt wird. Dort, wo die Kinder als Ganzes gesehen werden und nicht nur als Objekt, dem Rechnen und Schreiben beigebracht werden soll, sondern als dieses vollkommene Wesen, das er ist und der hier seine Erfahrungen machen will auf dieser Welt.

Schaut euch mal nach einer anderen Schule um, in der er auch das bekommen kann, wo er ein bisschen mehr ein Individuum sein kann. Falls das nicht möglich ist, versucht ihn in seiner Freizeit ganz, ganz viele Dinge machen zu lassen, die ihm wirklich Spaß machen. Schickt ihn nur dort hin, wo er seinen Spaß hat. Er sollte möglichst viele Dinge in seiner Freizeit tun, die ihn erfüllen und die ihm Freude bereiten. Auf diesem Weg kann er dann etwas ausgleichen, was in der Schule zu kurz kommt. Es wäre für ihn sehr wichtig, diese Dinge nicht so ernst zu nehmen, da es ihm in der Schule zu ernst ist. Es ist ihm zu wenig verspielt, dieses System ist ihm zu starr. Er sieht auch gar keinen rechten Sinn dahinter und weiß nicht genau, wieso er denn jetzt lernen soll bzw. was es ihm bringt? Deshalb wäre eine andere Schule, wo das Wissen spielerisch an die Kinder vermittelt wird, besser und bereichernder für ihn. Das sollte dir keine schlaflosen Nächte bereiten. Wir wissen, dass du dazu neigst, dir darüber den Kopf zu zerbrechen. Wenn diese Schule eine Stunde von euch entfernt ist, dann bitte tue es nicht, dann probiere das andere, was wir vorher gesagt haben. Du solltest immer wieder darauf achten, dass du es sowieso gut machst, so gut, wie du es kannst, und du dich nicht zerreißen brauchst, um eine gute Mutter zu sein. Du bist eine gute Mutter. Wenn es einen leichten Weg für euch gibt, z. B. im Nachbarort, wenn da eine Schule ist, die das alles so beinhaltet, dann könnt ihr euch das anschauen, es würde ihm guttun, dann fällt der Druck etwas von ihm ab.
Hilft dir das etwas weiter?
Ja, auf jeden Fall.

Hast du noch eine Frage?

Die Lehrer haben uns jetzt geraten, ihn zurück in die Vorschule zu schicken. Wir möchten gerne wissen, was wir tun

sollen? Soll er auf jeden Fall in der ersten Klasse bleiben oder in die Vorschule zurück?

Mein liebes Kind, probiere, ob es eine Schule gibt, die für euch leicht zu erreichen ist, in der er als volles Kind mit einsteigen kann und wo er spielerisch und doch mit Ernsthaftigkeit ins Leben geführt wird.

Unterschätzt den Einfluss der Schulen auf die Kinder nicht. Diese Kinder sind 6 bis 8 Stunden täglich dort und müssen sich immer wieder damit auseinandersetzen, was dort passiert. Es ist quasi ihre zweite Heimat. Deshalb wäre es gut, wenn ihr euch jetzt in eurer Nähe nach einer Schule umschaut, dann ist er von Anfang an dabei. Das ist viel besser als ein Schulwechsel in der 3. oder 4. Klasse oder während des Jahres. Alternativ könnt ihr ihn die Vorschule besuchen lassen. Wisse, ihr könnt nichts falsch machen, egal, was ihr tut. Vergesst das nicht. Nichts ist falsch.

Ihr tut es so gut, wie ihr könnt.

Ihr müsst meinen Vorschlag für euch abwiegen, denn es ist nur eine Empfehlung. Dein Sohn wird sich mit dem jetzigen Schulsystem schwer tun, weil er ein Kind ist, der das alles verstehen will und spielerisch erfasst. Wenn die Schule darauf ausgerichtet ist, dann ist es einfacher für die Kinder, speziell jetzt auch für Niklas. Wenn ihr euch nicht sicher seid, dann lasst ihn lieber die Vorschule besuchen und schaut euch in diesem Jahr nach einer anderen Möglichkeit um. Es gibt inzwischen sehr viele Möglichkeiten, aber wie gesagt, entscheiden und abwägen müsst ihr. Es sollte für euch im Alltag keine allzu große Belastung sein. Die Kinder dieser Zeit sind anders und sie brauchen etwas andere Lehrmethoden, was noch nicht flächendeckend in den Schulen berücksichtigt wird, aber es kommt. Alles kommt, wie es kommen soll.

Da es ganz wichtig ist, möchte ich es nochmals betonen: Ihr könnt nichts falsch machen.

Ihr seid die besten Eltern für euer Kind, er hat euch ausgesucht und ihr habt ihn euch ausgesucht.
Hast du noch eine Frage?

Ja. Wie kann ich ihm bei den Hausaufgaben helfen, damit er sich besser konzentrieren kann oder diese ihm leichter fallen? Soll ich ihm Druck machen oder mit ihm schimpfen, wenn es nicht funktioniert?
Nein, erkläre es, zeige es ihm spielerisch, denn er ist ein sehr spielerisches Kind. Zeichne ihm die Zahl 6 auf ein Papier auf und male eine Sonne daraus. Lege ihm drei Äpfel hin und dann noch mal zwei dazu und zeige ihm das Multiplizieren auf diese Art und Weise.

Mache es immer spielerisch, sodass es ihm Spaß macht.

Er kann es so besser verstehen und annehmen, wenn du es mit ihm ein bisschen spielerisch vormachst, z. B. lustig, da findet er dann Spaß daran. Im Moment hat er keinen Spaß, denn es ist ihm zu trocken und zu zäh. Versuche es verspielt, um ihm da ein bisschen die Freude daran zu zeigen. Drei und zwei Äpfel zusammenzuzählen macht ihm mehr Spaß, wie die Zahl 3 und 2. Sei kreativ. Du wirst sehen, das wird auch für dich interessant, dir solche Eselsbrücken auszudenken. Dir macht es so auch mehr Spaß, ihm das so beizubringen. Er lernt und versteht viel besser mit Bildern. In der Schule, wenn er dasitzt und eine Aufgabe löst, sieht er diesen Korb mit Äpfeln vor sich und kann damit viel besser arbeiten. Bilder prägen sich immer viel mehr ein als Worte, nicht nur bei Kindern, auch bei Erwachsenen. Probiere es und entdecke auch deinen Spaß daran.
Hast du noch eine Frage?

Ich mache nichts verkehrt, wenn ich bei den Hausaufgaben dabei bleibe, oder soll ich ihn lieber alleine lassen, damit er es auch selbst probiert?

Frage ihn. Wir haben nicht das Gefühl, dass er es gerne alleine macht, weil er ein Kind ist, das dich braucht. Er will die Hausaufgaben nicht gerne alleine lösen, weil er kein Einzelgänger ist. Wenn du dir unsicher bist, dann frage ihn. Er wird dir antworten. Unterstütze ihn, so wie es dir möglich ist, und macht euch einen Spaß, daraus zu lernen.

Was kann ich unternehmen, damit er in Deutsch schöner schreibt? Kann ich ihm dabei helfen, dies auch spielerisch zu machen?

Du kannst alles, was mit der Schule zu tun hat, spielerischer zuhause gestalten, wenn es schon in der Schule nicht möglich ist. Schöner zu schreiben ist ein wenig Konzentrationssache, denn er kann sich nicht so gut konzentrieren, und es langweilt ihn ein wenig. Das wird sich aber ganz von selbst legen, also mache dir keine Gedanken. Unterstütze ihn, male eine Sonne und schreibe darunter Sonne. O. k.?

Versuche, immer wieder mit Bildern zu arbeiten. Male einen Bagger oder zeige ihm einen und darunter das Wort Bagger. Diese Wörter, die er schreibt und deren Buchstaben, sagen ihm nichts. Er kann damit nichts anfangen, denn Worte sind für ihn langweilig. Mache es ihm irgendwie ein bisschen spannender und bildhafter. Male die Sonne und schreibe darunter die Worte, dann wird ihn das viel mehr interessieren. Er wird das Bild Sonne vor seinem geistigen Auge sehen und darunter die Buchstaben des Wortes. Das wird ihn mehr motivieren und ihn nicht so sehr langweilen. Er ist ein bildhaftes Kind, das sehr viel in Bildern denkt, da ihn diese interessieren. Erzähle ihm eine Geschichte über die Sonne. Denke dir eine aus, du kannst das! Z.B: Schau mal, die Sonne, die gibt es schon so viele hunderttausend Jahre ... denke dir etwas aus, erzähle ihm eine kleine Geschichte und sag dann, diese Geschichte gehört zur Sonne. Die Sonne schreibt man so ... und du wirst sehen, mit welcher Begeisterung er die Buchstaben dieser Wörter schreibt. Er hat eine Geschichte, eine Sonne, ein Bild, und dann interessiert ihn das auch. Denn nur das Wort Sonne

*langweilt ihn. Nimm dir ein schönes Bilderbuch, und wenn er
dann richtig schreiben lernt, übe mit ihm. Wenn ein Affe da ist,
ein Haus, ein Boot, setze die Buchstaben darunter und du wirst
sehen, dass er die Übung mit Freude lösen wird.*
Hilft dir das, oder hast du noch eine Frage?

**Warum mischt sich Niklas immer in Streit ein? Warum
provoziert er manchmal andere Kinder und lässt sie nicht
in Ruhe?**

*Wenn so was ist, dann lässt er sofort sein langweiliges Schreib-
buch links liegen, weil ihn das einfach mehr interessiert. Er will
wissen, hey, was ist da los? Hey, was habt ihr für Gefühle, wieso
sind die beleidigt miteinander, warum machen die das? Wieso ist
das so? Es interessiert ihn viel mehr als irgendwelche Buchstaben
zu schreiben. Er will alles wissen, er ist ein sehr interessiertes
Kind, und er will einfach alles wissen, was da los ist. Er will helfen, er will am Leben teilnehmen, und für ihn bedeutet es, diese
Buchstaben zu schreiben, nicht am Leben teilnehmen. Deshalb
steht er, wenn irgendetwas anderes ist, sofort auf und geht da hin,
weil ihn das mehr interessiert. Deshalb wäre es sehr wichtig, dass
ihn der Unterricht mehr interessiert, dass der Unterricht spielerischer gemacht wird. Das ist das Problem, dass es den Kindern
noch sehr einfallslos beigebracht wird. Es ist nichts Schlimmes
dabei, er interessiert sich halt, das ist doch in Ordnung. Er mischt
sich gerne ein, also lass ihn das ruhig tun. Er muss seine eigenen
Erfahrungen machen, er will seine eigenen Erfahrungen machen,
wie du deine eigenen Erfahrungen machen wolltest. Lass ihn ein
Stück weit los, lass ihn ein Stück weit seinen Weg gehen, wie er
es für richtig hält. Er macht es gut. Mach dir keine Gedanken.
Probiere, ihm eine starke Mutter zu sein, die hinter ihm steht,
egal, was er tut und was er will, das braucht er.*
Hast du noch eine Frage?

**Soll ich ihm allgemein mehr Grenzen setzen, soll ich stren-
ger werden? Hilft es ihm, wenn ich ihm Grenzen setze?**

Grenzen setzen ist wichtig bei Kindern, setze ihm Grenzen, ganz klare Grenzen. Es gibt eben Dinge, die kannst eben nur du als Mutter entscheiden, und das solltest du auch tun. Es gibt einfach Dinge, da braucht man nicht diskutieren mit einem kleinen Kind, setze ihm liebevoll Grenzen. Sag einfach, das ist jetzt so, basta. Du kannst ihn im Winter nicht mit der Unterhose in den Garten lassen, und das brauchst du ihm nicht zu erklären, warum das so ist, es ist einfach so. Das sind Dinge, die du im Moment noch nicht so machst. Du probierst es ihm zu erklären, was ja nett gemeint ist, aber es gibt eben Dinge, die brauchst du ihm nicht zu erklären, damit setzt du ihm Grenzen. Man braucht ihm nicht erklären, wieso er in die Schule gehen soll. Er muss einfach in die Schule gehen, und da gibt es nichts zu diskutieren, ja? Vergiss nicht, du entscheidest, was wichtig für ihn ist. Wie deine Mutter für dich entschieden hat, was wichtig für dich ist, bis du es selber konntest. Deshalb ist er noch ein Kind, er kann es noch nicht selbst. Also nimm dir das heraus, sag auch mal, so ist es einfach, Punkt. So ist es. Du kannst nicht mit der Unterhose im Winter in den Garten, Punkt! Keine Diskussion. Sag das mal öfter. Einfach, du gehst jetzt ins Bett, Punkt!
Tue es, setze Grenzen, setze liebevoll Grenzen.
Das wird dir auch guttun, und ihm tut es gut, weil er merkt, dass du dann die Große bist, er braucht das. Er braucht das Gefühl, dass du die Große bist, sonst übernimmt er zu viel Verantwortung. Kinder neigen dazu, die Verantwortung für ihre Eltern zu übernehmen, wenn sie das Gefühl haben, dass sie in irgendeiner Form schwach sind. Also versuche, ihn zu entlasten, indem du das tust, was du mit ruhigem Gewissen tun kannst, seine Mutter sein und Dinge für ihn entscheiden. Hilft dir das?
Ja.
Hast du noch eine Frage?

Nein. Ich danke dir, lieber Hilarion.

Sehr gerne, sehr gerne. Wir sind bei euch und möchten noch mal betonen, dass ihr es ganz toll macht, so wie ihr es macht. Es ist sehr viel Liebe bei euch, und das ist wunderschön anzusehen. Die Engel, die lachen und die freuen sich über jede Tat, die aus Liebe getan wird.

Hilarion

Stehe zu dir

Mein liebes Kind, geliebtes Kind, du gutes Kind.
Versuche, bei dir zu bleiben, versuche, in dich hinein zu spüren,
wie es dir geht. Renne nicht so viel außen herum, sondern küm-
mere dich mehr um dich selbst. Du bist der wichtigste Mensch in
deinem Leben. Versuche, es nicht immer allen recht zu machen,
versuche, es auch mal dir recht zu machen. Erkenne, dass du der
wichtigste Mensch in deinem Leben bist, und dass es ganz allein
um dich geht, bei allem. In jeder Situation, die dir begegnet, geht
es um dich.

Alle Menschen, die dir begegnen, wollen dir etwas spiegeln,
sie spiegeln dir, was in dir noch nicht im Frieden ist, womit
du deinen Frieden noch nicht gefunden hast.

Sehe: Keiner meint es böse mit dir. Alle Menschen im Außen wol-
len dir nur einen Schubs in die richtige Richtung geben. Durch
jede Situation, die dir im Leben begegnet, kannst du erkennen,
woran es in dir selbst noch fehlt, wo du in dir selbst noch nicht
ganz geheilt bist und wo du in dir noch einen Mangel hast. Du
bist nicht hier, um es anderen immer nur recht zu machen und
auch nicht um irgendeine Rolle zu spielen, von der du genau
weißt, dass du es nicht bist. Besinne dich darauf, was du wirklich
willst, wer du wirklich bist und stehe auch dazu.
Sage: Nein, ich will das jetzt nicht, oder mir geht es damit nicht
gut. Ich will lieber ...

Stehe für dich ein, sehe und spüre, was dir wichtig ist und
handle auch danach. So findest du deinen Frieden in dir,
wenn du zu dir stehst.
Falls du nicht richtig spüren kannst, was du willst, weil du schon
so lange einfach das getan hast, was von dir immer erwartet
wurde, dann werde ruhig und gehe in die Stille. Gehe in die Ruhe

in dir und frage dich vor irgendwelchen Entscheidungen, wie du es willst.

Wenn du in die Stille gehst, hörst du deine innere Stimme am besten.

Bitte tue nichts, was du nicht selbst auch willst, oder wobei es dir nicht wohl ist, oder bei was du irgendwelche Widerstände in dir spürst. Dann ist es nicht der richtige Weg, denn alles, was du erlebst, sollte dir guttun. Dein Leben ist ein Leben der Freude, ein Leben der Liebe, ein Leben des Glücks und nicht der Belastung. Vor allem ist es schon gar nicht ein Leben der Aufopferung für andere. Versuche, es dir recht zu machen und in kleinen Schritten, Stück für Stück, an dich zu denken.

Sei deine eigene Marionette, die tanzt und singt und lacht und es sich gutgehen lässt. Nehme die Fäden selbst in die Hand und lasse dich nicht mehr von anderen leiten. Übernehme die Kontrolle über deine Fäden.

Sei dir gewiss, alles ist richtig und wichtig, wie es dir im Moment passiert. Zu jeder Zeit war es richtig und wichtig in deinem Leben, dass es dir genauso ergangen ist, weil du dich dadurch weiterentwickeln kannst.

Mit jedem Schritt kannst du mehr zu dir selbst finden. Hadere nicht mit deiner Vergangenheit oder Gegenwart. Alles, was dir widerfährt, ist ein Geschenk für dich, damit du dich selbst spüren kannst. Du kannst in kleinen Schritten lernen, dich zu spüren, weil das nicht von heute auf morgen geht. Sei deshalb nicht ungeduldig mit dir. Lerne dich wieder zu spüren und das, was du willst.

Wir spüren die vielen Fragen in dir, aber gleichzeitig auch sehr viele Ängste, etwas in deinem Leben zu verändern. Wenn man weiß, worum es geht, ist es nicht mehr so einfach, dies zu ignorieren. Mein liebes Kind, du brauchst vor gar nichts Angst zu haben, denn du bist immer von uns beschützt und behütet. Deine Engel und Begleiter sind an deiner Seite, weshalb du dich wirklich um gar nichts zu sorgen brauchst. Wisse, alles ist gut, so wie es ist, deswegen sorge dich nicht. Du kannst alles erreichen, wenn du es willst, denn du hast immer die Entscheidung, das zu tun, was du willst. Du kannst dich gerne dafür entscheiden, so weiterzuleben wie bisher, und niemand wird dir deshalb böse sein, außer vielleicht du dir selbst.

Verändere dich in deinem Tempo so, wie du es wirklich willst. Du brauchst nichts zu überstürzen, aber sehe, wie wichtig du bist, und verstehe, dass du der wichtigste Mensch in deinem Leben bist. Wenn du das erkennst und lebst, bereitest du dir selbst die größte Freude, die du dir je machen kannst.

Dein Herz wird anfangen zu singen und deine Seele wird jubilieren.

Also frage dich: Will ich das?
Kannst du es dir erlauben, dass es dir wirklich gutgeht? Du hast eine Blockade in dir, die dir das nicht erlaubt.
Deine innere Stimme sagt: „Es darf dir nicht gutgehen."
Spüre dies, aber wisse: Es darf dir gutgehen, es darf dir immer sehr gutgehen, den ganzen Tag.
Du hast es dir verdient, und zwar nicht aus dem Grund, weil du etwas geleistet hast, sondern einfach weil du bist, wie du bist.

Du bist ein göttliches Wesen aus der Quelle allen Seins. Du hast alles Glück der Welt verdient, du brauchst es dir nur zu nehmen.

Erlaube dir, Ja zum Leben und zum Glück zu sagen.

Entscheide dich gegen die Schwere und für die Leichtigkeit.
Mein liebes Kind, du kannst gerne noch etwas fragen, wenn du
möchtest. Wir beantworten dir all deine Fragen, zu jeder Zeit. Du
kannst uns danken, denn wir helfen dir und sind immer bei dir,
voller Liebe und voller Wertschätzung für deinen Weg, den du so
mutig voranschreitest. Wir schätzen dich sehr und bewundern,
was du tust.

Sei gesegnet, du liebes Kind.

Hilarion

Bleibe bei dir

Meine lieben Kinder, hier spricht Hilarion.
Ihr lieben, ihr guten, ihr weisen Kinder des Lichts. Bleibt bei euch
in jeder Situation eures Lebens und fühlt immer in euch hinein.
Lasst euch nicht im Außen gefangen halten. Lasst euch nicht
immer wieder von euch selbst wegbringen. Das ist eine sehr wich-
tige Botschaft für euch alle: Bleibt bei euch, in euch zentriert und
fragt euer Innerstes immer zuerst. Hört damit auf, bei anderen
zu verweilen, um ständig bei anderen und mit anderen deren
Probleme lösen zu wollen. Jeder von euch kann diese nur wirklich
in sich selbst lösen. Macht euch nicht länger Gedanken darüber,
wieso tut der und der das und das, wieso verhält er/sie sich so?

Das ist nicht relevant für euch. Es ist nur relevant, wie
ihr euch diesbezüglich fühlt. Wie geht es euch mit diesen
Reaktionen?

Bleibt bei euch. Fragt euch immer:
Was macht es mit mir?

Nur in uns selbst kann wahre Heilung geschehen.

Die wahre Heilung passiert nur in euch. Mit diesem Geschenk,
das ihr euch selbst bereitet, könnt ihr auch die anderen heilen.
Seht das. Ihr seid in einer Zeit aufgewachsen, in der es teilweise als
egoistisch betrachtet wurde, wenn man sich zu viel um sich selbst
kümmerte, was nicht mehr der heutigen Wahrheit entspricht.

Der Schlüssel zu allem, für jede Richtung ist es, bei euch selbst
und in euch selbst zentriert zu sein.
Fragt euer Innerstes und beachtet die Probleme, die es euch selbst
macht und die dadurch in euch entstandenen Gefühle.

Wenn ihr sie anschaut, sie annehmt, sie heilt, dann passiert Heilung auf allen Ebenen, auch im Außen.

Versucht in jedem Moment, in dem irgendetwas mit euch passiert, euch zurückzureißen.
Ihr könnt euch das so vorstellen:
Es entsteht ein Streit. Für euer Innerstes ist das so, als wenn euer Verstand, eure Seele sich sofort auf den Weg macht, euer Selbst zu verlassen und zu eurem Gegenüber geht, um sich sofort von euch selbst zu entfernen. Es geht auf ihn zu, um sich mit den Problemen des anderen zu beschäftigen. Das ist aber das Problem. Wenn ihr merkt, ihr verlasst euch selbst und ihr spürt, wie sich ein Teil in euch aufmacht, zum anderen zu gehen, dann haltet euch zurück, indem ihr sagt:
HALLO, hier spielt die Musik.
Hier in dir findest du die Lösung, nur in dir.
Die andere Person ist nicht die Lösung.
Diese Person drückt den Knopf, der bei euch ist, und nicht bei der anderen Person, die ihre eigenen Knöpfe besitzt, die ihr dann wiederum drückt. Versteht es, versteht es und öffnet euer Herz. Versteht es vor allem nicht nur mit dem Verstand, sondern vor allem mit dem Herzen. Wir sind zwar alle eins, aber jeder ist hier inkarniert, um bei sich selbst anzukommen und sich selbst zu finden, zu sich selbst zurückzukehren. Dann findet er auch zu allen anderen zurück, aber der Weg führt immer nur über euch selbst und nicht über die anderen. Das ist euer Manko, was ihr verwechselt. Ihr denkt, über die anderen findet ihr den Weg zu euch, und das ist nicht richtig. Findet den Weg zu euch, und dann findet ihr auch den Weg zu allen anderen und zum großen Ganzen. Seht, wie groß das Geschenk in dieser Inkarnation für jeden Menschen ist.
Bei jedem geht es um dasselbe:
Zu sich selbst zu finden und dadurch zurück zu uns allen zu finden, nachhause zu finden.

Es ist einfach wundervoll, dass dies passieren darf.
Es ist ein Geschenk des Himmels.
Ein Geschenk an euch, von euch selbst.
Wacht auf, denn durch euch wird es alles geschehen. Durch euch selbst werdet ihr das finden, was ihr eigentlich im Leben sucht. Also zögert nicht länger, diesen Schritt zu gehen und habt vor allem keine Angst davor. Es ist so wundervoll, so bereichernd für euch.

Schreckt nicht länger davor zurück, das Glück in euch selbst zu suchen, denn nur dort werdet ihr es finden. Nur dort werdet ihr es wirklich von innen heraus spüren können.

Dann wird ein Feuerwerk explodieren.
Diese Liebe, die ihr dann empfinden werdet, ist mit nichts vergleichbar, was ihr je erfahren habt und erfahren werdet. Die Liebe zu euch selbst, die Selbstliebe, ist das wundervollste Geschenk. Wenn ihr diese Liebe erfahren habt, werdet ihr so lieben, wie ihr noch nie in eurem Leben geliebt habt. Ihr werdet auch die anderen lieben können, wie ihr noch nie die anderen geliebt habt. Ihr werdet alle und alles lieben, was auf dieser Welt ist, weil ihr erkennt, wie wundervoll und wunderbar das alles ist, was ihr hier erleben und erfahren dürft.

Die Selbstliebe ist ein Geschenk des Himmels, das ihr euch selbst gemacht habt. Vergesst das nicht.

Ihr seid Engel, jeder ist ein Engel, denn wir haben euch immer nur Engel geschickt.

Also nehmt das Geschenk an und erkennt, wie wundervoll es ist. Bestaunt, was für euch auf dieser wunderbaren einzigartigen Erde geschehen kann, die mit jedem Tag ihre Schwingung erhöht und euch automatisch mitreißt. Auch eure Schwingung wird täglich aufs Neue erhöht, wie ihr auch ganz deutlich selbst spüren könnt. Die Wunder geschehen jeden Tag und wir sind jederzeit bei euch.

Mein Lieber, du hast eine Menge Fragen, also fragt.

Hallo geliebter Hilarion, ich möchte gerne wissen, warum ich nach einer gewissen Zeit den Drang verspüre, mich von den Kindern meiner Freundin abgrenzen zu müssen?

Mein liebes gesegnetes Kind. Sei gesegnet für dein Wirken und dein Tun und grenze dich ab. Wieso hast du ein Problem, dich abzugrenzen? Wieso hast du Schuldgefühle, wenn du denkst, du musst dich abgrenzen? Nehme das Gefühl an, wenn du denkst, dich abgrenzen zu müssen, denn du denkst es nicht ohne Grund. In dir entsteht ein Gefühl, dass du dich abgrenzen solltest und du verurteilst dich dafür, dass du dieses bekommst. Nehme dieses Gefühl an, denn du bekommst es nicht umsonst. Dieses Gefühl hast du dir nicht herbeigezaubert, sondern es ist dein Gefühl. Es gehört zu dir, also akzeptiere es, nehme es an, dass du dieses Gefühl hast, dich abgrenzen zu müssen. Sage o. k., ich sollte mich jetzt abgrenzen und verurteile mich dafür nicht mehr länger.

Gibt es einen Grund, warum ich mich abgrenze?

Du hast in deinem Leben aus vielen, vielen Bereichen heraus schon sehr viele Übergriffe in deine Grenzen hinein gespürt. Von deiner Herkunftsfamilie zu Beginn, und auch von deiner jetzigen Familie. Im Moment ist es eben so, dass du sagt: Ich will das nicht mehr.

Ich will mich nicht mehr eingrenzen lassen.

Ich will mich nicht mehr begrenzen lassen.

Ich will freier werden und nicht noch mehr von allen Seiten eingegrenzt werden. Du willst dich von den Grenzen befreien. Mein Geliebter, um dich von den Grenzen zu befreien, musst du sie zuerst annehmen und diese nicht gleich nicht mehr haben wollen.

Du sagst: Ich will keine Grenzen mehr. Damit machst du aber etwas sehr Entscheidendes: Du holst alle Grenzen und Begrenzungen, die du dir selbst irgendwann in deinem Leben auferlegt hast, zu dir. Diese Begrenzungen sind nie von den anderen, diese spiegeln sie dir nur wider. Deine Begrenzungen hast du dir selbst auferlegt. Sei es als Kind, sei es als guter Ehemann oder sei es als Vater deiner Kinder. Es war dein Verstand, der zu dir gesagt hat, du musst es so und so tun, um es allen recht zu machen, um geliebt zu werden, um gut zu sein, um ein toller Mensch zu sein. Damit machst du es natürlich allen anderen recht, aber was ist mit dir?

Wer macht es den dir recht?

Verstehe, du kannst es dir nur selbst recht machen. Wenn es dir hundert Menschen recht machen würden, wäre es dir nie genug, solange du es dir selbst nicht recht machst. Mach es dir erst selbst recht, dann können es dir auch die anderen recht machen. Wenn du es dir selbst recht machst, dann kannst du es den anderen recht machen, und sie können es dir recht machen.

Wie bekomme ich das aber unter einen Hut: einerseits die Abgrenzung, anderseits die Familienzusammenführung?

Du bekommst es am besten unter einen Hut, indem du ständig, immer wieder probierst, über deine Gefühle und das, was du empfindest zu sprechen. Immer wieder zu sprechen und dir darüber klar zu werden. Erkenne an, wie es dir geht. Viele Dinge werden sich automatisch auflösen, schon allein dadurch, dass du sie annimmst, wirst du diese Begrenzungen nicht mehr so spüren. Wenn du Situationen erlebst, wo du merkst, du musst deine Grenzen stecken, dann höre auf, dich dafür zu verurteilen, sondern nehme es an und sage liebevoll:

„Ich habe das Gefühl, ich muss mich abgrenzen."

Vor allem sage liebevoll:

„Ich verurteile mich jetzt nicht mehr dafür, dass ich mich abgrenze."

Damit wirst du dich auf Dauer gar nicht mehr abgrenzen müssen. Verstehst du das?

Ja.

Es geht immer nur um dein Gefühl.

Diese Abgrenzung, dieses Abgrenzungsgefühl will von dir angenommen werden. Es ist ein Teil von dir, der nicht von dir abgelehnt werden will.

Indem du dich dafür verurteilst, dass du dich abgrenzen willst, und wenn dieser Teil auch noch so klein ist in dir, der dies tut, erschaffst du das Gegenteil. Verstehst du das?
Ja.

Urteilt nicht über euch selbst oder das, was ihr empfindet. Hört auf, euch zu verurteilen und nehmt eure Gefühle an. Das ist das Wichtigste überhaupt, wenn ihr Empfindungen habt, egal welche. Steht dazu, auch wenn es sich um Hass, Neid oder was auch immer handelt. Liebt euch und all eure Gefühle, denn alles kommt aus euch, ist in euch. Glaubt nicht, jemand anderes ist besser als ihr, jeder Mensch trägt alle Gefühle in sich. Glaubt nicht, jemand anders hat mehr positive Dinge in sich, das ist nicht richtig. Letztendlich ist es auch nicht wichtig, es braucht nicht alles positiv in euch zu sein.
Ihr seid hier auf der Erde in der Dualität, weil ihr immer beide Gefühle erfahren möchtet. Deshalb erfahrt ihr hier auch alles. Daher ist es sehr wichtig, dies nicht als irgendwelche Gefühle abzutun, geschweige denn als schlecht, weil es nichts Schlechtes gibt. Ihr habt euch die Dualität ausgesucht, und deshalb empfindet ihr auch solche Dinge wie Angst, Wut oder Hass, eben alles, was dazugehört. Wenn ihr diese Gefühle nicht als Teil von euch annehmt, zu euch gehörend, dann werdet ihr diese Gefühle weiterhin haben. Versteht es.

Öffnet euer Herz für eure Gefühle.
Öffnet euer Herz für euer ganzes Sein.
Wie ihr seid, seid ihr richtig und wichtig.
Wenn ihr das nur erkennen und sehen könntet.

Manchmal ist es nicht einfach, dies in der Gesellschaft und mit seinen Lieben umzusetzen.

Mein Lieber, wir wissen das sehr wohl hier oben (lächelt).

Wie können meine Freundin und ich unsere Harmonie stabilisieren? Immer wenn wir neue Themen haben, hält der eine dem anderen den Spiegel vor.

Wir wissen, dass es eine sehr schwere Aufgabe ist.

Wir bewundern euch alle unendlich dafür, da ihr inkarniert seid, um dies zu durchleben. Nicht nur zu dieser Zeit, sondern in jeder Zeit gibt es Hürden, die euch teilweise völlig aus eurem Gleichgewicht bringen können. Erkennt, was für euch sehr, sehr heilsam wäre: es mit Humor zu sehen. Wir wissen, dass es mit das Schwierigste ist, was wir euch mit auf den Weg geben können. Bei euch beiden fehlt der Humor. Wenn ihr häufiger zusammen über diese Dinge lachen würdet. Wenn ihr sagen würdet: Das ist ja zum Kaputtlachen, was wir jetzt hier wieder erleben. Wenn ihr euch wirklich einmal zuerst hinsetzen würdet und einmal darüber lachen würdet, würde euch alles leichter fallen und ihr könntet besser mit der Situation umgehen. Zwingt euch dazu, lacht darüber, auch wenn es euch anfangs noch schwer fällt. Diese Energie des Lachens ist sehr heilsam. Wenn ihr spürt, nicht mehr weiterzukommen, dann setzt euch hin und lacht. Ihr habt das Geschenk in Form von Wissen, das viele, viele Menschen überhaupt nicht erahnen können, dass hier alles nur ein Spiel ist. Euer Erdendasein ist ein von euch selbst inszeniertes Theaterstück. Ruft euch das immer wieder ins Gedächtnis zurück. Vergesst nie: Ihr habt den Vorteil zu wissen.

Wenn ihr nicht darüber lachen könnt, wer dann? Wer, außer euch, sollte denn sonst darüber lachen können? Euer Nachbar, dessen Frau gerade gestorben ist, der keine Kinder hat und denkt, das Leben hört nach dem Tod auf? Wisst ihr, was das für eine Hürde für diesen Menschen wäre, wenn wir zu ihm sagen, er solle über seine Situation lachen?

Nehmt es mit Humor, dann wird vieles leichter und es würde vieles, vieles in euch heilen.

Nehmt die Ernsthaftigkeit aus den Situationen heraus. Es nicht ernst, und ihr seid auch nicht hier, um nur ernst zu sein. Es gehört natürlich auch zum Leben dazu, aber seid doch auch mal lustig, seid fröhlich und nehmt das Leben leicht. Es ist nicht schwer, versucht es leicht zu nehmen.

Danke, lieber Hilarion. Kannst du mir sagen, warum der älteste Sohn meiner Freundin ein Energiedefizit hat?
Was meinst du mit Energiedefizit?

Ich habe das Gefühl, wenn ich eine Zeit lang in seiner Nähe bin, dass er enorm viel Energie von mir abzieht.
Du denkst, er zieht von dir Energie?
Ja.

Mein Lieber, denkst du denn, du lässt dir Energie abziehen?
Ja, das ist die Frage.

Mein Lieber, sehe es so. Der Sohn deiner Freundin, wie alle anderen Menschen in deinem Leben, spiegeln dir einen Teil von dir selbst wider. Du hast Angst, er zieht Energie von dir?
Frage dich: Wo ziehst du dir selbst die Energie, mein Lieber? Niemand kann dir etwas nehmen.
Fällt dir dazu etwas ein? Wo ziehst du dir die Energie? Durch was ziehst du dir selbst die Energie?
Niemand anderes kann dir Energie entziehen, wenn du dir nicht selbst irgendwo Energie ziehst.

Ich habe das Gefühl, dass mir Unruhe Energie zieht.
O. k. Mein Lieber, erinnere dich, du bist alles, wie wir es vorher schon gesagt haben: Du bist Liebe, du bist Hass, du bist Ruhe, du bist Unruhe, du bist alles. Wenn deine Ruhe und deine Unruhe

nicht im Gleichgewicht sind, wenn du sozusagen nie die Unruhe lebst, muss dir irgendjemand diese Unruhe, die auch in dir ist, spiegeln.

In dir ist alles. In dir ist die Ruhe, wie auch die Unruhe.

Wenn du nie Unruhe lebst, sie nicht an deinem Leben teilhaben lässt, zeigen dir andere Menschen, wie z. B. der Sohn deiner Freundin oder wer auch immer, diesen ungelebten Teil in dir. Andere Menschen zeigen dir die Unruhe, die du selbst nicht lebst. Nimmst du selbst deine Unruhe zu dir und gestattest dir, diese Unruhe auch zu leben, dann wirst du im Außen nicht mehr das Gefühl haben, es drückt dir jemand die Unruhe auf. Du hast somit diesen Teil in dir auch respektiert und akzeptiert, der eben unruhig ist.

Sehe:
Alles, was du ablehnst, kommt im Außen ständig zu dir.

Damit will das Leben sagen: Hallo!!! Schau mal her. In dir ist das auch, also lebe es, sonst bekommst du es von Außen gespiegelt.

Wie können meine Freundin und ich ihrem Sohn helfen, seine Ruhe und Harmonie zu finden?
Ihr könnt ihm damit helfen, wenn ihr selbst Ruhe und Harmonie ausstrahlt. Damit kann das Kind dies von euch abschauen. Aber wie ich bereits gesagt habe, es ist nicht nur wichtig, Ruhe und Harmonie zu leben, sondern auch wirklich zu leben. Euer Leben wäre eintönig und ihr auch keine vollständigen Menschen, wenn nicht die anderen Menschen euch diese ungelebten Teile in euch widerspiegeln würden. Seht es und versteht es, dass es nicht das Ziel hier auf der Erde ist, dass immer alles nur noch happy, ohne Probleme und jeder völlig erleuchtet ist. Ohne Unruhe, ohne irgendwelche Gedanken, die nicht dazu passen. Weil dann wärt ihr

im Himmel geblieben. Wenn ihr nicht die Gefühle hier erfahren hättet wollen, die ihr hier erfahrt, dann wärt ihr im Himmel bei uns geblieben.

Ich möchte trotzdem noch etwas anhand eines Beispiels fragen: Wenn wir alle zusammen sind, das heißt unsere Kinder, meine Freundin und ich, und gemeinsam einige schöne Stunden miteinander verbringen, indem wir abends noch zusammen Abendbrot essen, dann schaukelt sich anschließend die Unruhe immer höher und höher. Vor allem bei dem Sohn meiner Freundin. Es wird geschrien, es ist laut und unruhig, sodass ich mich mit meinen Kindern zurückziehen möchte. Wir wollen diese Unruhe nicht länger erleben, sondern mehr in Harmonie.

Mein Lieber, wo ist deine Unruhe?

Wieso lässt du die Unruhe nicht in deinem und in dem Leben deiner Kinder teilhaben? Diese Unruhe gehört auch zu euch, wie zu jedem anderen Menschen. Ihr könnt euch immer dafür entscheiden, das eine mehr, und das andere weniger zu leben. Wenn du sagst, ich will überhaupt gar keine Unruhe, dann bekommst du diese Unruhe im Außen gespiegelt. Sie will dich darauf hinweisen, dass es auch in dir Unruhe gibt. Du bist ein Mensch, der hier inkarniert ist, der alles in sich trägt, wie jedes andere Wesen auch.

Ich verstehe nicht, wie ich die Unruhe in mir lieben soll?

Ja, du sollst sie annehmen. Du sollst sehen, dass du auch diesen unruhigen Teil in dir hast, wie jeder andere Mensch auch. Der auch mal schreien will. Wie du gerade so nett gesagt hast: der auch mal aufdrehen will, der auch mal überdreht sein will, diesen Teil gibt es genauso in dir, mein Lieber ...

Der will geliebt werden?

Er will angenommen werden, weil er auch da sein will. Wenn er da sein darf, dann macht dir das nichts mehr aus, wenn die

Kinder so sind. In dem Moment, wo dir die Unruhe nichts mehr ausmacht, werden die Kinder nicht mehr so überdreht sein, weil sie spüren, dass es für dich o. k. ist und du diesen Teil in dir angenommen hast.

Würde dem Sohn meiner Freundin ein nochmaliges Clearing helfen?
Du sollst nicht ihm helfen, sondern dir. Du bist schon wieder bei ihm, bei ihr, bei denen .... Was ist mit dir? Bleibe doch bitte bei dir, wie wir es vorher gesagt haben. Es geht nicht darum, die anderen zu verändern, verändere dich und dein ganzes Umfeld wird sich verändern. Dies geschieht automatisch durch die Annahme der Dinge, die du in dir hast. Du kannst die anderen nicht verändern, verstehe und akzeptiere das. Du veränderst sie dadurch, indem du dich veränderst.

Verändere dich und du wirst die Welt verändern.
Sei du selbst und du wirst die Welt verändern.

Wisse jedoch: Du bist nicht du selbst, wenn du Teile von dir nicht zulässt.

Diese Teile sind in jedem Menschen. Wieso verurteilst du die Kinder dafür, dass sie so sind, wie sie sind? Nur weil du den Teil in dir nicht angenommen hast. Wenn du diesen Teil in dir annehmen würdest, müsstest du die Kinder dafür nicht verurteilen. Du würdest den Teil in dir nicht mehr ablehnen, dadurch kannst du ihn bei anderen auch akzeptieren.
Sehe, alles führt immer über dich selbst.
Er braucht kein Clearing.
Höre auf, im Außen zu sein, geliebtes Kind. Sehe, alle anderen spiegeln dir nur deine Teile wider, so unglaublich es für euch ist. Sei auch mal unruhig, sei auch mal aufgedreht, sei auch mal quirlig, sei du derjenige, der sich auf den Tisch stellt, der tanzt und schreit. Sei auch du aufgedreht. Wieso erlaubst du es dir nicht?

Wer hat es dir verboten? Wer hat zu dir gesagt, du musst dich immer benehmen, anständig sein, ruhig sein, Rücksicht nehmen, um ein guter Junge zu sein? Jetzt ist der Zeitpunkt gekommen, das zu verändern. Du darfst sein, wie du bist, also nehme auch diesen Teil in dir an, der so ist.

Danke. Kannst du mir sagen, wer mein Geistführer ist, wie er heißt?

Mein Lieber, du bist gehütet und gebettet im grünen Strahl der Heilung durch Erzengel Raphael und mich, Hilarion.

Wer sind meine Schutzengel?

Bei deinem Schutzengel handelt es sich um Ida.

Woher kenne ich sie?

Du kennst sie aus der Geistigen Welt, sie ist dir an die Seite gestellt worden.

Ist es sinnvoll, mit ihr Kontakt aufzunehmen?

Es ist immer sinnvoll, den Kontakt zu seinem Schutzengel aufzunehmen, auch zu uns geistigen Helfern und Führern. Du kannst sie auch immer in dein Leben, deinen Alltag miteinbeziehen, indem du mit deinem Schutzengel sprichst. Bitte ihn, dich zu beschützen. Spreche mit deinem hohen Selbst, bitte um Führung und bedanke dich dafür, dass sie bei dir sind und dich führen.

Hat mein höheres Selbst auch einen Namen?

Dein höheres Selbst hat auch einen Namen.

Wie lautet der?

(Keine Antwort bekommen) Wir kommen momentan nicht durch, bitte frage nächstes Mal noch mal nach.

Haben meine Freundin und ich den gleichen Ursprung? Wo kommt sie her, wo komme ich her, da wir uns so nah sind?

Ihr seid euch auf der geistigen Ebene sehr nah, denn ihr kommt aus der gleichen Monade. Ihr verbrachtet schon sehr viele Inkarnationen miteinander. Ihr seid auf der geistigen Ebene tief befreundet und stammt aus der gleichen Seelenfamilie.

Ist demnächst die Kymische Hochzeit geplant, die Verschmelzung mit meiner Seelenpartnerin?

Über die Kymische Hochzeit gibt es sehr, sehr viele unterschiedliche Infos von verschiedenen Medien, die alle ein Stück Wahrheit enthalten. Den genauen Sachverhalt genau zu erklären ist sehr schwierig, weil der Vorgang auf eurer Bewusstseinsebene nicht so einfach zu erfassen ist, was da ganz genau passiert. Es steht eine Verschmelzung bevor, dessen Datum man nicht so genau benennen kann. Es wäre daher willkürlich zu sagen, dass in ein paar Monaten die Verschmelzung ist. Die Verschmelzung findet dann statt, wenn sie ist. Dies lässt sich nicht auf einen Tag, einen Monat oder ein Jahr genau festlegen. Der Grund dafür liegt in eurer persönlichen Entwicklung, da die Verschmelzung davon abhängig ist. Wie du weißt, besitzt du einen freien Willen, um dich in jedem Moment umentscheiden zu können. Daher steht es dir jederzeit frei, dich dagegen zu entscheiden oder dafür etwas zu tun. Deshalb können wir nicht genau sagen, wann diese Verschmelzung stattfindet. Du kannst dich jetzt, heute entscheiden, heim zu gehen und bei dir zu bleiben, bei dir zu schauen und aufzuhören, an anderen zu schauen. Du kannst es aber auch nicht tun, denn die Entscheidung liegt bei dir. Davon hängt die Seelenverschmelzung, die Kymische Hochzeit ab. Wir sagen dir hier aus der geistigen Ebene, dass es auch nicht relevant ist, den genauen Zeitpunkt zu wissen.

Gibt es abschließend noch etwas, was ihr mir mitgeben möchtet, vielleicht was meinen spirituellen Weg betrifft?

Mein Lieber, du bist schon auf deinem spirituellen Weg. Er wird auf jeden Fall mit Blumen geschmückt sein, voller Geschenke, die dein ganzes Leben erfüllen.

Lass dich von deinem Herzen führen,
lass dich von deinen Gefühlen führen.

Das ist nicht nur für dich, sondern für euch alle wichtig.
Das Wichtigste im Moment für euch alle ist es:
Bleibt bei euch!

Das wollen wir euch noch mal sehr ans Herz legen, zu lernen, bei euch zu bleiben. Wenn euch etwas ärgert oder im Außen passiert, solltet ihr sofort zu euch zurückkehren und euch fragen:
Was hat das mit mir zu tun?

Diese Erkenntnis wird auch auf deinem spirituellen Weg Felsbrocken aus dem Weg räumen. Wenn du ganz in dir und bei dir bist, dann werden sich ungeahnte Wege und Möglichkeiten öffnen. Es ist also nicht nur für dich und deine Seele und uns hier oben ein Fest, wenn du zu dir selbst findest, sondern es wird auch deinen Weg öffnen, mehr noch, als er eh schon offen ist.
Es wird dir noch viel mehr klar werden.

Ich danke dir, mein lieber Hilarion.
Sehr gerne, mein Lieber.

Folge deiner Freude

Wie kann ich meine feinstoffliche Wahrnehmung entfalten?

Mein Lieber, du bist nie davon getrennt. Dies ist das Erste, was wir dir dazu sagen möchten. Du bist gar nie getrennt von diesem feinstofflichen Bereich. Er wird ganz automatisch immer mehr, weil im Moment diese Erdschwingungserhöhung stattfindet. So wird er euch immer mehr in euren Bann ziehen. Das heißt, ihr werdet immer feinfühliger, ihr werdet immer offener für die spirituelle Welt. Was du für dich noch tun kannst, ist immer mehr und immer öfter versuchen, in dich hinein zu spüren. Auch hier ist es so, über dich selbst findet dieser Austausch statt. Nicht im Außen. Befasse dich mit dir, bleibe bei dir, spüre ganz viel bei dir und in dir. Lade die geistigen Helfer des Lichts und der Liebe ein, egal, zu wem auch immer du dich hingezogen fühlst, bitte sie um Unterstützung. Bitte uns darum, deine Wahrnehmung noch zu verstärken und zu verfeinern. Es wird sowieso automatisch geschehen, aber du kannst es beschleunigen, indem du darum bittest, indem du dich mit dir befasst und dich um dich kümmerst.

Ich würde gerne Astral-Reisen unternehmen, um mich weiterzuentwickeln, und habe auch schon sehr viel Energie investiert, um mir dies zu ermöglichen. Ich fühle mich aber blockiert. Ist da etwas in mir blockiert?

Zuallererst, wir aus der Geistigen Welt sehen es nicht unbedingt als so notwendig an, Astral-Reisen zu unternehmen, um euch weiterzuentwickeln. Ihr denkt immer, ihr müsst dieses oder jenes noch tun, um euch zu entwickeln, dem ist aber nicht so. Ihr seid hier auf der Erde nicht umsonst inkarniert, weshalb ihr hier einfach am alltäglichen Leben teilnehmen sollt. Ihr sollt euch hier entwickeln in diesen zwischenmenschlichen Prozessen. Wenn es euer Herzenswunsch ist, Astral-Reisen zu machen, dann könnt ihr dies natürlich tun, niemand wird euch davon zurückhalten.

Vergesst aber nicht, wenn ihr wieder mit der Geistigen Welt ver-
schmolzen seid, aus der ihr kommt, ihr Lieben, dann könnt ihr
Astral-Reisen unternehmen, so viel ihr wollt. Hier auf dieser Erde
zu inkarnieren und euch hier zu erfahren, das ist das eigentliche,
das wahre Geschenk. Also wieso willst du diese kostbare Zeit, die
du hier hast, in der astralen Welt verbringen, aus der du sowieso
kommst? Die jetzt zwar für dich sehr interessant ist, weil du eben
hier inkarniert bist, aber du selbst hast dir das Leben gewählt
und ausgesucht, um hier zu sein.
Mein Lieber, wisse: Die nächsten Jahre wird sehr viel, sehr Wun-
dersames auf dieser Erde passieren. Also sehe auch diese Blockade,
die du da hast, ist ein Teil von dir, der dies nicht wirklich will.
Vielleicht ist es ja auch dieser Teil, der genau weiß, dass es hier
im Leben um dieses Leben geht und nicht um das geistige Reisen.
Aber letztendlich entscheidest das natürlich du.

Was blockiert mich noch?
Es blockiert dich ein Teil in dir, der das nicht wirklich will. Ein
Teil in dir, der erkennt, dass hier auf der Erde das Geschenk des
Lebens ist.
Kannst du das nachvollziehen?

Ja, aber es spricht doch nichts dagegen, einen Abstecher
zu machen.
Nein, es spricht nichts dagegen, denn du kannst nach wie vor
alles tun, was du willst. Wenn es dich dazu drängt, dann tue es.
Vorher schaue dir aber den Teil in dir an, der es blockiert. Fühle
hinein, fühle in deine Gefühle hinein, was hast du in dir, welche
Gedanken hast du darüber? Nehme dir einen Zettel und schrei-
be dir alle Gedanken, die du dazu hast, auf. Mache eine Spalte
für die positiven und eine für die negativen Aspekte. Was willst
du damit erreichen? Was erwartest du davon? Was findest du
positiv daran? Welche Dinge schrecken dich? Vergesse nicht: Es
sind beide Dinge in dir. Wenn du sagst, das stimmt nicht, dann
lügst du dich an, weil immer beide Teile in dir sind. Das ist in der

Dualität so. Werde dir klar darüber, welche Teile von dir es wollen und welche nicht. Diese Teile, die es nicht wollen, die nehme an, die schau dir an.

Wo kommen diese Bilder her?

Diese Bilder, die du bekommst, kommen ganz tief aus deinem Inneren, diese Bilder kommen aus deiner Seele. Die Bilder sollen dich immer mehr zu dir selbst führen. Deute sie dir, wie es für dich stimmt. Bei dir ist es sehr, sehr wichtig, dass du deine eigene Schöpferkraft für dich erkennst. Du solltest noch mehr lernen, auf dich zu vertrauen, in dich hinein zu spüren, hinein zu fühlen, was du damit auch lernen kannst. Vertraue dir selbst, dass du am allerbesten weißt, was gut für dich ist, denn niemand kann es sonst so gut wie du selbst wissen. Gehe deinen Weg. Was für jemand anders gut ist, muss nicht unbedingt für dich gut sein. Deine Bilder sagen eventuell etwas ganz anderes für dich, wie für jemand anderen. Deshalb ist es sehr wichtig, dass du sie dir selbst deutest, dass du selbst bei dir bleibst, immer und immer wieder. So lernst, du dir selbst zu vertrauen, und auch den Bildern, die du bekommst.

Ja, vielen Dank. Meine nächste Frage ist: Wie entwickelt sich meine Beziehung zu meiner Freundin? Jetzt habe ich durch die Antworten davor schon einiges gehört und verstanden. Ihre Ablehnung mir gegenüber ist meine Ablehnung mir gegenüber?

Sehr schön, sehr schön erfasst, mein lieber.
Alles im Außen versteht es. Alle, alle, alle, alle, jeder im Außen spiegelt dir dein eigenes nur wieder.

Das bedeutet: Wenn ich jenen Teil, den ich in mir ablehne, annehme, wird dieses Spiegelbild sich auflösen.

Ganz genau, dieses Spiegelbild, das dir jemand anderes spiegeln muss, weil du dich selbst nicht annimmst. Aber sehe, selbst wenn du diese Erkenntnis umsetzt, heißt das nicht unbedingt, dass ihr dann zusammenkommt. Das heißt, du solltest es zuerst für dich tun. Was wir hier sehen, ist, dass du es gerne tun möchtest, weil du sie zurückbekommen willst. Das ist aber nicht der Sinn der Sache, weil es dann nicht richtig funktioniert. Du solltest es in erster Linie für dich selbst tun wollen, und nicht weil du sie damit wiederbekommen willst. Du solltest es für dich tun wollen. Wenn du dich selbst liebst und annimmst und Teile von dir nicht mehr ablehnst, dann wird dir kein Mensch im Außen das spiegeln müssen, auf jeden Fall nicht in so einer Form. Aber vielleicht wird dann auch noch sehr viel anderes geschehen, nämlich dass du mit dir selbst zufrieden und glücklich bist, dass du gar nicht mehr denkst, du brauchst jemanden, um glücklich zu sein. Das wäre doch auch eine tolle Geschichte. Findest du nicht?

An sich schon.
*Glaube mir, das wäre die Erlösung für das ganze Problem. Dann können neue Menschen in dein Leben treten und dich bereichern, wenn du vollständig du selbst bist. Du benötigst dann nichts mehr von ihnen, denn du hast alles in dir und kannst sogar noch etwas abgeben. Diese Menschen wirst du dann auch in dein Leben ziehen, und ihr könnt euch gegenseitig bereichern. Es sind dann keine Löcher mehr zu stopfen, und jeder ist für den anderen da, ohne immer gucken zu müssen, wo stopf ich ihm sein Loch, wo kann er mir mein Loch stopfen? **Jeder ist in sich selbst, und keiner braucht etwas vom anderen.** Wenn er aber trotzdem etwas bekommt, dann ist das schön. Wenn er nichts bekommt, dann ist das auch o. k. Dadurch fällt von dir – von euch – sehr viel Druck ab.*

Sollte ich die Joga-Ausbildung machen, die ich mir angeschaut habe?
Mein Lieber, tue, was du tun willst, aber gehe den Weg der Freude dabei. Tue alles, was dir Spaß und Freude bereitet. Alles in deinem Leben, was dir Spaß macht und dich mit Freude erfüllt, dein Herz zum Singen bringt, dann tue es. Tue es jedoch nicht, wenn du

*denkst, du musst es tun, du solltest es tun, weil das dann nicht
der richtige Weg, die richtige Motivation ist. Tue nur Dinge, die
dir Freude machen, das ist immer der richtige Weg, und das ist
der Wegweiser, den du von mir bekommst:*

Folge deinem Herzen und der Freude, die du empfindest.

Hilarion

Lebe deine Aufgabe

Mein liebes Kind, geliebtes Kind, es wird Zeit, dass du in deine Macht und in deine Kraft kommst. Du lebst und erfüllst deine Aufgabe jeden Tag, und jede Stunde und jede Minute. Zweifle nicht daran, dass sich alles zum Richtigen bewenden wird und sich schon gewendet hat. Glaube mir, nichts, was dir in letzter Zeit oder überhaupt in deinem Leben passiert, ist Zufall. Alles war so geplant und so gedacht und hat dich auf deinen Weg geführt.

Auf deinen Weg zu dir selbst, auf deinen Weg zu all den Menschen, die dir jetzt begegnen und die dich jetzt auf deinen Weg bereichern. Jetzt und auch in Zukunft wird sich noch sehr viel verändern und du kannst dich jetzt schon darauf freuen. Denn alles ist Teil eines großen Plans, deines Plans, eures Plans, unseres Plans.

Denn wir sind alle eins, wir alle sind eins, vergiss das nicht.

Bleibe bei dir, achte auf dich und achte auf die Zeichen, wie du es bisher schon tust. Wundere dich nicht über die Kraft, die du im Moment besitzt. Es ist die Kraft der Geistigen Welt, die dich das alles tun lässt und die dich ständig auf deinem Weg begleitet und führt und beschützt und stützt. Es gibt Wichtiges zu tun, also werden wir dich immer zu jeder Zeit mit der Kraft versorgen, die du benötigst, um deine Aufgaben zu erfüllen, zu meistern, zu regeln und zu bewältigen. Sehe, es ist kein schwerer Weg, es ist ein leichter Weg, und dein Herz sagt es dir jeden Tag.

Spüre und fühle immer in dein Herz, wenn es um eine Entscheidung geht. Fühlt es sich richtig in deinem Herzen an, dann ist das der richtige Weg für dich und für euch.

Gehe den Weg des Herzens, dann seid ihr bei uns,

dann seid ihr mit uns verbunden.

Es dauert keine Stunden, um mit uns in Verbindung zu treten, sondern ihr seid ständig mit uns verbunden. Ohne diese Verbindung könntet ihr nicht existieren, ihr befindet euch ständig in dieser Verbindung.

Schließt also kurz die Augen und hört auf euer Herz, und schon seid ihr bei uns und mit uns, mittendrin, da braucht es keine großen Taten.

Wir kennen deine Gedanken und Fragen: Wieso es für dich so schwer ist, das zu unterscheiden? Weißt du, geliebtes Kind, genau das ist es, weil du nichts unterscheiden musst.

Deine Gedanken sind unsere Gedanken und unsere Gedanken sind deine Gedanken.

In Wirklichkeit bist du wir, und wir sind du. Es gibt keine Trennung zwischen uns.

Wenn du ganz versuchst, bei dir zu bleiben, in deinem Herzen, wirst du immer mit uns in Kontakt sein, und diese Stimme, die aus deinem Herzen herauskommt, das ist die Stimme von uns allen.

Es gibt nur eines zu unterscheiden, zwischen dem Herzen und dem Verstand.
Das Herz fühlt, während der Verstand dies nicht kann.
Der Verstand denkt, oh je, oh je, das und das hat die und die Gefühle in mir hervorgerufen. Oder das war gar nicht toll, oder vielleicht auch das war ganz toll. Das kann der Verstand sehr gut, er erinnert sich, er analysiert, er überlegt, gehen wir das Risiko ein, oder nicht?

Mein liebes Kind, höre auf dein Herz, dein Herz ist die Stimme, die zu dir spricht, über deine Gefühle, also fühle deine Gefühle.

Wenn dein Herz hüpft vor Freude, dann gehe den Weg, wenn sich dein Herz zusammenzieht, dann gehe ihn nicht. Bleibe bei dir, in dir, geliebtes Kind. Es ist Zeit, dein wahres Ich zu leben und zu integrieren. Jeden Tag mehr und mehr wirst du zu dir und deiner Aufgabe finden. Du kannst sie nicht verfehlen, das ist gar nicht möglich. Du bist schon mittendrin, also mache dir keine Sorgen und keine Gedanken. Habe Vertrauen zu jedem Tag, der so viele wundervolle Botschaften für dich bereithält.

Die Botschaften des Lebens, die Botschaften der Fülle, die Botschaften der Energie, der neuen Energie, die Botschaften von Atlantis, dem Atlantis, das dem Untergang geweiht war. In diesem Leben könnt ihr in eure Kraft kommen und das vollenden, was eure Seelen dort schon gerne vollbracht hätten. Nun ist es endlich so weit, weil ihr so weit seid. Endlich ist es so weit, hinter die Kulissen zu schauen von Gut und Böse, Macht und Ohnmacht. Weisheit, so viel Weisheit, die ihr jetzt an die Oberfläche holen und leben könnt. Jetzt könnt ihr eure ganze Weisheit, die in euch steckt, endlich leben. Versteckt sie nicht länger, holt sie heraus, denn die Zeit ist gekommen, um das zu leben, was euch bestimmt ist.

Mit Liebe, ohne Angst, ohne Schuld, ohne Scham, aus dem Herzen heraus.

Baut die Brücke jeden Tag mehr nachhause zu uns in die Geistige Welt.
Das ist eine große Aufgabe, und eure Seele ist sich dessen bewusst, was hier passiert, ist nicht mehr zu stoppen. Wie wunderbar und wundervoll, dass dies jetzt nach all der Zeit geschehen darf und geschehen wird. Freut euch darauf und achtet darauf, dass

ihr alles, was ihr tut, mit Liebe tut, von Liebe beseelt. Denn die Liebe ist das Wichtigste, also achtet auf sie und hütet sie wie einen Schatz.

Verschenkt eure Liebe an alle, damit sie euch ihre Liebe wieder zurückschenken können.

Das ist das, was passieren wird, dass ist das, was geschehen wird: Ihr werdet euch mit eurer Liebe gegenseitig beschenken.

Ihr werdet jeden Tag erkennen, mehr und mehr, dass ihr alle eins seid und immer eins wart.

Ihr lieben Kinder des Lichts, mein liebes Kind Palagenja, ihr seid wunderbar. Nimm hier und jetzt deine Aufgabe zu dir und spüre die Freude, die dich erfüllt, wenn du endlich aus dem Herzen deinen Weg gehen darfst. Erlaube dir, das zu tun, was du schon immer tun wolltest.

Sei beseelt, du liebes Kind.
Hier war Hilarion

Erkenne deine Schönheit

Mein liebes Kind, geliebtes Kind, du schönes Kind, erkenne deine Schönheit, deine Vollkommenheit in dir selbst.

Erkenne deine Weisheit, deine Einzigartigkeit, sehe endlich, wie wundervoll du bist.

Höre auf, an dir zu zweifeln.
Bleibe bei dir voll und ganz.

Erkenne und entdecke dich selbst in deinem wahren Kern, in deinem wahren Sein, in deinem wahren Tun.

Du weißt, was für eine Aufgabe du hier hast, was du erledigen willst, was du erreichen willst und welche Dinge du auf dieser Erde erfahren willst.
Es ist an der Zeit, dass du deine Schönheit erkennst, die Schönheit deiner Seele, die weit, weit über dich hinaus wächst, und dein ganzes Sein einnimmt. Vertraue dich deiner Seele an, lasse dich von ihr unterstützen. Dein Herz weiß den Weg, wie es dir gutgeht. Sie kennen den Weg, wo er hinführt in deinem Leben und was du erreichen willst.

Du wundervolle Seele, erkenne deine Schönheit und deine Einzigartigkeit.

Es ist mir sehr wichtig, dies hier noch mal zu wiederholen. Es ist sehr entscheidend, dass du erkennst, was für ein wichtiger Teil des Ganzen du bist. Du bist für alle, die dich umgeben, wichtig, und auch alle Erfahrungen, die du hier machst, sind wichtig für dich und für dein Leben. Für das Leben deiner Seele und deren Weiterentwicklung.

Du hast dir dein Leben ausgesucht, also lebe es vollkom-
men. Bleibe bei dir, denn um niemand anderes geht es in
deinem Leben, nur um dich.
Solange du das nicht erkennst,
wirst du immer zu kurz kommen.
Es geht nicht um die anderen,
es geht immer nur um dich selbst.
Bei allen Dingen, die dir geschehen
und widerfahren, geht es immer um dich.

Du hast in letzter Zeit sehr viel erfahren und verstanden. Ver-
suche dieses noch ganz in dein Herz zu integrieren und es auch
mit dem Herzen zu fühlen, zu erleben. Versuche es jeden Tag zu
leben und in dein Leben zu integrieren. Du bist auf einem guten
Weg, dies alles für dich zu verinnerlichen, wenn du es jetzt noch
wirklich aus dem Herzen heraus lebst, dann wird es für dich viel,
viel leichter werden. Ebenso auch freudvoller und alles viel, viel
klarer. Meine Liebe, was hast du für Fragen?

Wegen meines Sohnes.
Was möchtest du denn gerne wissen?

Seine Ablehnung mir gegenüber, sein Verhalten. Warum
verhält er sich so?
Warum er dich ablehnt?
Du hast das Gefühl, dass er dich ablehnt? Als Erstes solltest du
in so einer Situation immer schauen, was macht die Ablehnung
mit dir? Du fühlst die Ablehnung deines Sohnes. Was macht das
nun mit dir? Welches Gefühl der Vergangenheit wird dadurch
in dir wachgerufen? Wer hat dich früher einmal abgelehnt? In
welchen Situationen hast du dich abgelehnt gefühlt? Nimm diese
Situationen an und auch dieses Gefühl, das da bei dir in diesem
Moment präsent ist. Dann braucht dir dein Sohn dir dieses Ge-
fühl nicht mehr spiegeln. Es ist dein ureigenes Gefühl, das in dir
sitzt. Er kann nicht irgendwelche Knöpfe in dir drücken, die nicht

vorhanden sind, also sind diese Gefühle schon in dir vorhanden. Der Samen ist gesät und jetzt wird es Zeit, dass du diese falschen Samen, die dich belasten, dir noch einmal genau anzuschauen, um sie in Liebe zu dir zu nehmen. Bitte achte und ehre sie, damit du sie dann loslassen kannst.

Es hat also zu allererst etwas mit dir zu tun, und es ist ein Geschenk für dich, dass er da ist und diese Knöpfe bei dir drückt. Dadurch, dass er dir diese Ablehnung widerspiegelt, wirst du darauf aufmerksam gemacht. Hier gibt es noch etwas zu erlösen, was nur von dir selbst erlöst werden kann.

Nicht von ihm, nicht von irgend jemand anderem, nur von dir selbst.

Es ist dein Gefühl, es gehört niemand anderem, es gehört nur dir.

Dein Gefühl gehört zu dir, wie deine Finger oder dein Fuß. Bitte sage nicht weiterhin, dass es nicht zu dir gehört, denn es gehört zu dir. Dein Sohn wird aufhören, dir Ablehnung zu spiegeln, wenn du aufhörst, dich selbst abzulehnen.

Wo lehnst du dich noch ab? Wo lehnst du dich selbst noch ab? Was für eine Geschichte hast du noch in dir, die es dir so schwer macht, dich anzunehmen, wie du bist?

Ich sehe sehr viele Schuldgefühle, darüber, dass du glaubst, es nicht gut genug zu machen und nicht gut genug zu sein.

Mache es dir selbst recht, mache es dir selbst gut genug.

Dann wird dir niemand mehr im Außen spiegeln, dass du es nicht gut genug machst. Bleibe in der Freude, bleibe bei den Dingen, die du kannst. Fange bei den Dingen an, die du wirklich gut kannst. Freue dich jeden Tag daran, auch wenn sie noch so klein sind.

**Lobe dich aus dem Herzen
und nicht mit dem Verstand.**

Lobe dich aus dem Herzen heraus, denn das macht den Unterschied.
Jedes Lob vom Verstand kommt im Herzen nicht richtig an. Deshalb versuche dich mit dem Herzen zu loben. Dies bedeutet, spüre in dich hinein, fühle in dir die Freude darüber, wenn du irgendetwas erreicht hast. Wenn du irgendetwas geschafft hast, deine Arbeit gut erledigt hast, dann sei stolz auf dich und freue dich darüber.

Versuche, dich im Herzen zu freuen.

Geliebtes Kind, dein Sohn ist dein Spiegel, dein Knöpfedrücker. Du brauchst dich nicht schon wieder damit zu befassen, was mit ihm ist oder mit irgendjemand anderes. Dadurch lenkst du dich nur von dir selbst ab. Da es wirklich nur um dich selbst geht, ist es schade um die Zeit, die dadurch für dich verloren geht. Du kannst ihn nicht verändern, nur dich kannst du verändern, wenn du es willst.
Möchtest du dazu noch etwas wissen?

Ja. Es trifft mich überall und ich komme nicht zur Ruhe, überall Angriffe und Kämpfe ...
Du kommst nicht zur Ruhe? Was lässt dir keine Ruhe? In welche Kämpfe in dir selbst bist du noch verstrickt? Kämpft die Kleine mit der Großen? Oder die Gute mit der Bösen? Welcher Kampf ist in dir noch, dass du im Außen gespiegelt bekommst, noch kämpfen zu müssen?
Mit welchen Teilen in dir hast du das Gefühl, du musst kämpfen? Was willst du unterdrücken? Fällt dir dazu etwas ein?

Ich muss viel Wut unterdrücken.
Warum musst du das?
Hast du kein Recht, wütend zu sein?
Wer hat dir das verboten?

Es gibt nichts, überhaupt gar nichts, was du nicht sein darfst. Jede Emotion in dir sollte geachtet, geehrt und gewürdigt werden.

Das zu erkennen ist sehr wichtig. Deshalb, wenn du wütend bist, dann darfst du wütend sein. Wenn du dir das selbst in dir erlaubst, ohne es in dir zu verurteilen, dann wird dir das sehr helfen. Wieso verurteilst du dich für deine Wut? Glaubst du, sie ist grundlos da?

Ich sage dir hier aus der himmlischen Ebene: Sie ist nicht ohne Grund da. Jedes Tröpfchen Wut hat seine Berechtigung, deshalb nehme sie an.

Sage nicht weiterhin, du willst sie nicht spüren. Verurteile sie nicht weiterhin als etwas nicht Gutes in dir. Das ist nicht die Wahrheit.

Die Wahrheit ist: Du bist alles.

Du bist Glück, du bist Wut, du bist Freude, du bist Hass, du bist Neid, du bist alles.

Du bist Liebe, vollkomme Liebe. Alles ist in dir.
Genau das alles ist wundervoll, weil es zu dir gehört.

Bei uns im Hier gibt es diese Verurteilungen von gut und schlecht, richtig und falsch nicht. Nur ihr auf der irdischen Ebene habt diese Unterteilung. Bei uns ist einfach alles Vollkommenheit und alles ist in Ordnung, wie es ist. Wenn du die nächsten 20 Jahre deine Wut weiterhin unterdrücken willst, ist es für uns auch in Ordnung.
Niemand wird dich dafür bestrafen.
Du bestrafst dich damit nur selbst.
Nehme deine Wut an, denn sie hat ihre Berechtigung.

Sie will dir etwas sagen.
Sie will auf etwas aufmerksam machen.

Achte dich, ehre dich, liebe dich, auch mit deiner Wut.

Du wirst sehen, geliebtes Kind, wenn du nach dir schaust und
bei dir bleibst, wird sich auch das mit deinem Sohn auflösen. Du
gehst sofort in die Rolle und fragst dich: Was ist mit ihm? Was
habe ich falsch gemacht? Die Lösung wäre, sofort, wenn so etwas
ist, bei dir zu bleiben. Sofort sollte dir die Frage durch den Kopf
schießen: Was macht das mit mir?
Fühle dann diese Gefühle und nehme sie an.
Möchtest du dazu noch etwas wissen?
Nein.

Frag ruhig, liebes Kind, alles, was dir auf dem Herzen liegt. Wir
werden dir so gut wie möglich Auskunft geben, damit du besser
verstehst, was der Hintergrund ist.
Es ist alles beantwortet.

Mein liebes Kind, du darfst dich ruhig auch mal wichtig
nehmen. Nicht mit dem Verstand, sondern mit dem Herzen.
Nehme dich mit dem Herzen wichtig.
Dann erst können die Menschen dich auch von Herzen wichtig
nehmen. Im Kopf weißt du, dass du wichtig bist, aber fühlst du
es in deinem Herzen?

Entdecke deine Wichtigkeit mit dem Herzen, dann werden dich
auch alle anderen wichtig nehmen. Du bist zu sehr Verstand mit
deiner Meinung darüber, dass du wichtig bist. Aber das können die
Menschen so nicht erkennen, und du selbst vor allem auch nicht.
Wenn du mit dem Herzen spürst und fühlst, dass du wichtig bist,
dass du ein toller wertvoller Mensch bist, dass du eine Seele bist
und du schon so viel Gutes getan und bewirkt hast, und du spürst
es richtig von Herzen. Dann können dich die Dinge im Außen

nicht mehr so aus der Bahn werfen, weil du in dir die Sicherheit hast. Ich sage dir, du brauchst vor gar nichts Angst zu haben.

Könntest du es von meiner Warte aus sehen, würdest du herzlich lachen. Du würdest dich freuen, dich amüsieren und denken, wie wundervoll das alles ist. Aber glaube nicht, dass wir keine Achtung vor dir haben, oh nein, wir achten euch alle sehr dafür, dass ihr das auf euch nehmt. Wir wissen sehr wohl, dass es nicht leicht ist. Deshalb sei stets gesegnet und dir immer unserer Hilfe bewusst. Bitte uns und wir werden dir helfen. Sei dir dessen gewiss.

*Ich bin Hilarion
und ich stehe dir immer zur Seite, wenn du mich brauchst.*

Bleibe im Jetzt

Angelika, Januar 09

Mein liebes Kind, geliebtes Kind, lasse all deine Erwartungen los, die du an dich selbst und andere hast. Du setzt dich tagtäglich einem großen Druck aus, der dich in eine Einbahnstraße bringt, als weiter voran.

Setze dich hin und spüre in dich hinein.
Fühle in dich hinein.

Sei im Hier und Jetzt.
Verankere dich in dir selbst, im Hier und Jetzt.

In jedem Moment, indem du in die Zukunft oder die Vergangenheit rutschst, verzettelst du dich erneut.

Versuche in jedem Moment, indem du das spürst,
im Hier und Jetzt zu bleiben,
dich zu spüren, dich anzunehmen mit allem,
was jetzt in diesem Moment mit dir ist.
Darum geht es.

Denn du kannst weder die Vergangenheit verändern noch in die Zukunft schauen. Deshalb bleibe ganz getrost und voller Vertrauen im Hier und Jetzt. Akzeptiere einfach, was in diesem Moment jetzt in dir stattfindet und mit dir passiert. Alleine durch diese Annahme wirst du ruhiger werden. Allein durch, dass du dich immer wieder im Hier und Jetzt zentrierst, wirst du dir viel Druck nehmen können.

Geliebtes Kind, verstehe:
Es gibt nichts, was du erreichen musst.
Du bist genauso, wie du bist, gut und wichtig und richtig für dich selbst und die Welt. Setze dich nicht unter Druck, indem

du immer wieder denkst, du musst etwas Bestimmtes erreichen. Das musst du nicht, weil du so wundervoll, wertvoll und perfekt bist, so wie du jetzt bist.

**Bleibe bei dir, in dir zentriert
und akzeptiere alles, was jetzt ist,
damit kann es sich dann auch verändern ...**

... in die Richtung, die du dir auf deinem Weg ersehnst und wünschst. Dazu solltest du aber aufhören, dich zu verzetteln, insoweit, dass du vor lauter Bäumen den Wald nicht mehr siehst. Es gibt viele, viele wundervolle Möglichkeiten, aber um zu sehen und zu wissen und zu spüren, welchen Weg du gehen solltest, musst du in dich hinein gespürt haben, ob es der richtige für dich ist. Das ist die allerwichtigste Botschaft, die ich dir im Moment geben kann für dich.

**Im Hier und Jetzt zu bleiben.
Und erst einmal zu spüren, welchen Weg will ich überhaupt gehen?
Welcher Weg bringt mein Herz zum Singen?
Mit welchem Weg empfinde ich Freude und Glück?**

Da du dir darüber nicht im Klaren bist und dir das nicht klarmachst, fühlst du dich im Moment verwirrt und verzettelt. Es ist, als wenn du ins Wasser gehst, anfängst zu schwimmen und unterwegs merkst, ich kann es gar nicht, ich will es gar nicht, ich habe es gar nicht gelernt, und dann gehst du unter. Deshalb bleibe im Hier und Jetzt bei dir, in dir und versuche dir erst darüber klar zu werden, indem du in dich hinein spürst, was du jetzt im Moment willst. Gehe nicht länger einen Weg, von dem du gar nicht weißt, ob er der richtige für dich ist. Wenn du dich gut fühlst und sich ein Weg vor dir auftut, dann fühle im Hier und Jetzt in dich hinein. Oh toll, das ist ein schöner Weg, auf diesen Weg freue ich mich, das kann ich mir vorstellen, dass dieser Weg mich erfüllt, *dann ist es der richtige. Wenn deine Vorstellungskraft von diesem Weg dich schon glücklich macht, dann gehe diesen.*

So wie du es jetzt im Moment tust, ist es einfach so, dass du die Wege ein Stück entlang gehst und dann gleich sofort wieder denkst, oh nein, oh nein, das ist es nicht. Dann tut sich der nächste Weg auf, und du gehst ihn ein kleines Stück, bis du denkst, oh nein, oh nein, das ist es nicht. Es gibt so viele Wege, und du weißt nicht, welchen du einschlagen sollst. Du gehst alle ein kleines Stück, was zwar sehr mutig von dir, ehrenwert und bewunderungswürdig ist, dass du dies immer gleich tun willst. Mein Rat lautet: Bleibe trotz aller Möglichkeiten zu allererst bei dir. Du hast die Kraft und die Möglichkeit, dir vorher schon sehr viel Leid zu ersparen, indem du einfach Vertrauen zu dir hast und in dich hinein spürst, welcher Weg der richtige ist und dir dann vertraust. Vertraue dir und sehe, dass du der einzige Mensch bist, der entscheiden kann, was gut für dich ist und was dir guttut, und niemand sonst.

Bleibe bei dir im Hier und Jetzt.

Wenn du das machst, kann sich alles und jeder um dich herum im Kreise drehen, du aber wirst die Füße auf dem Boden behalten und völlig verwurzelt und stabil sein. Solange du dich aber von deiner Außenwelt in diesen Strudel mit hineinziehen lässt, wird das nicht möglich sein für dich. Du kannst diesen Strudel ganz einfach stoppen, indem du bei dir bleibst, in dir, wie der Fels in der Brandung.
Mein liebes Kind, hast du hierzu noch eine Frage?

Ja, was kann mich unterstützen, im Hier und Jetzt zu bleiben? Ich weiß sehr wohl, dass ich immer in der Vergangenheit bin, aber es fällt mir so schwer.
Mein liebes Kind, es ist wirklich nicht verwunderlich, dass es dir so ergeht. Du hast es so gelernt und es jahrelang beibehalten. Du dachtest, es ist der richtige Weg, sich um die Vergangenheit, und die Zukunft zu kümmern und zu sorgen.

Vor lauter Kümmern und Sorgen um die Zukunft und den Verstrickungen in der Vergangenheit hast du vergessen zu spüren, was im Hier und Jetzt ist.

Spüren, was mit dir im Hier und Jetzt ist.

Das hast du eben auch teilweise getan, weil du es nicht spüren wolltest. Es ist immer sehr viel einfacher, sich mit der Zukunft oder der Vergangenheit zu befassen, weil man damit ja wieder weg von seinen momentanen Gefühlen kommt und sich nicht so sehr damit befassen muss, wie es einem jetzt in diesem Moment geht.

Geliebtes Kind, wenn du das tust und dich immer wieder fragst:
Wie geht es mir JETZT?
Was spüre ich JETZT?
Was will ich JETZT?
ICH BIN JETZT!!!!!!!

Wenn du das tust, geliebtes Kind, dann kannst du weder in der Zukunft noch in der Vergangenheit sein.

Weil du dann nur im JETZT bist und dich nur im JETZT fragst, wie es dir geht.
Dadurch kann kein Gedanke an die Zukunft oder die Vergangenheit aufkommen, weil deine Gedanken schon mit deinem JETZT beschäftigt sind. Also höre auch bitte auf, dir sofort wieder Vorwürfe zu machen und gleich wieder zu denken: Oh je, ich bin in der Vergangenheit, oh je, ich bin in der Zukunft. Oh je, oh je. Höre bitte auf damit.

Es ist einfach so gewesen, es war bis jetzt so und du kannst es nicht mehr ändern. Wie es in der Zukunft sein wird, das gestaltest du im JETZT, also bleibe im JETZT.

Geliebtes Kind, du kannst es ganz gewiss ändern, die Lösung deiner momentanen Probleme ist das JETZT.

In jeder Situation, in der du anfängst, in die Zukunft oder in die Vergangenheit zu schweifen, höre auf, mit dir zu schimpfen oder mit dir zu hadern. Sondern sage nur:
„Nein, ich bin JETZT."
„Ich bin nur JETZT."
„Wie fühle ich mich JETZT?"

Dadurch verscheuchst du sofort die Gedanken an die Vergangenheit, die Zukunft und bist im JETZT.

Im HIER und JETZT
Fühle deine Gefühle im HIER und JETZT.

Was macht das HIER und JETZT mit dir?
Mein liebes Kind, hast du dazu noch eine Frage?

Ja. Warum rede ich mich immer aus Situationen heraus? Habe ich Angst vor meinen Gefühlen? Ich entweiche den Situationen. Wie kann ich mir selbst helfen?
Hilf dir damit, dass du wirklich immer versuchst, dich ganz tief in dir, mit dir in Mutter Erde zu verwurzeln. Wenn du merkst, du schweifst ab, wenn du merkst, du denkst an deine Eltern oder an deine Kinder oder an deinen Mann oder an wen auch immer. Oder du denkst, wie soll ich das machen?
Wenn du merkst, du fängst an, dich zu verzetteln,
dann stell dich hin,
dann setze dich hin,
bleibe bei dir,
in dir und spüre
und fühle in dich selbst hinein.
Lasse Wurzeln in die Erde wachsen und sage dir, ich bin im Hier und Jetzt.

„ICH BIN HIER UND JETZT."

Sage dir das 10 Minuten, 15 Minuten lang, und du wirst erkennen, wenn du völlig zentriert im Hier und Jetzt bist und das tust, wird es sich verändern. Wenn du das in jeder Situation tust (und das sind einige am Tag, geliebtes Kind) und versuchst umzusetzen, wirst du aus diesem Kreislauf herauskommen.

**Setzte dich hin und sage dir immer wieder:
Ich bin im Hier und Jetzt.**

Du kannst nicht 50 Gedanken auf einmal denken. Bleibe bei dem einen Gedanken und sage dir immer wieder: Ich bin im Hier und Jetzt. Dadurch verscheuchst du deine anderen Gedanken, die ständig dafür sorgen, dass du dich im Kreis drehst. Und bitte, ich sage es noch mal: Schimpfe nicht mit dir dafür, dass du das immer wieder getan hast und es dir auch immer wieder passieren wird, weil du es nicht von heute auf morgen abstellen kannst. Habe Verständnis mit dir, es war nun mal die letzten Jahre so. Deine ganze Vergangenheit ist belastet von diesen Gedanken, deshalb achte dich dafür, habe Verständnis für dich und verurteile dich nicht deshalb, dass es so war. Versuche, aus dem Gedankenkreis herauszukommen, durch diese Übung, die ich dir jetzt gerade gesagt habe. Du hast noch ein paar andere Fragen?

Ja. Wie kann ich mich beruflich verändern, wenn ich im Hier und Jetzt bin, denn da muss ich doch in der Zukunft sein?
Nein, du musst nicht in der Zukunft sein, um dich beruflich zu verändern. Im Gegenteil. Es werden dir Situationen und Menschen begegnen, die dich immer wieder in eine bestimmte Richtung schubsen wollen. Hier ist es ganz wichtig, im Hier und Jetzt zu bleiben. Du darfst dir natürlich das vorstellen, was du dort zu tun hast, aber achte darauf, im Hier und Jetzt zu bleiben, um dir das vorzustellen. Genau wie ich es dir gesagt habe. Setze dich hin und sage: Ich bin jetzt. Ich bin hier. Ich bin gut. Ich bin hier. Ich bin

im hier und jetzt. Dann stelle dir diesen Weg und die Möglichkeit für dich vor, wenn du das machst, dann spüre in dich hinein.
Würde mir das gefallen?
Würde mir das Spaß machen?
Wenn du es nicht weißt, geliebtes Kind, ob es dir Spaß machen würde, dann sagt das doch schon sehr viel darüber aus, ob es dein Weg ist oder nicht. Wenn du nichts spürst, nichts fühlst und nicht weißt, ob es richtig ist ... ich sage dir, wenn es richtig wäre, würdest du es spüren, würdest du es fühlen, du würdest voller Freude dabei sein, voller Glück und voller Liebe und Wertschätzung. Die Gewissheit würde dich ausfüllen, deine ganze Unsicherheit darüber, welchen Weg du gehen sollst und welchen nicht, kommt auch davon, dass du nicht im Hier und Jetzt verwurzelt bist, sondern durch die vielen Wege, die du auf einmal beschreitest, damit zwar deinen Horizont weitest, jedoch von dir selbst wegkommst und nicht mehr bei dir bist.

Sehe, geliebtes Kind, im Hier und Jetzt zu bleiben ist jetzt im Moment deine wichtigste Aufgabe. Wenn du das tust, wirst du die größten Schritte zu dir selbst hin in deine Richtung machen.

Also gut. Ich bin im Hier und Jetzt. Was will mir die Situation mit meinem Sohn Kevin aufzeigen? Was zeigt mir Kevins Vater?
Dein Sohn und auch dein Mann, alle Situationen in deinem Leben bieten dir immer wieder neue Gelegenheiten, dich aufs Neue zu verzetteln. Erkenne, dass du nicht wirklich viel verändern kannst. Du kannst andere Menschen nicht verändern, du kannst nur wirklich 100 % nach dir schauen. Dadurch wird sich dein Umfeld sowieso verändern. Indem du aber schon wieder bei ihm bist oder bei wem auch immer, verlässt du dich ständig, mein liebes Kind, wodurch du schon wieder nicht bei dir und in dir bist. Das ist zwar eine schöne Ablenkung, aber du kommst eben damit nie wirklich bei dir an. So kommst du nie wirklich in deine Kraft und in deine Macht, weil du dich immer wieder mehr von dir

entfernst. *Wenn du aber ganz zentriert bei dir und in dir bist, dann werden die anderen Menschen deine Kraft, deine Würde, deine Achtung und alles, was du in diesem Moment ausstrahlst, spüren. Sie werden dann ganz schnell versuchen, dass sie es dir nachmachen, dass sie es dir gleichtun, weil sie spüren, dass es dir damit gutgeht. Aber mache es nicht wegen der anderen, sondern wegen dir selbst. Bleibe bei dir selbst, im Hier und Jetzt. Lasse dich von diesen Menschen und Situationen, die dir begegnen, nicht immer wieder von dir wegziehen und aus dem Hier und Jetzt bringen. Sehe, es sind Tests, ob du es kannst, ob du bei dir bleiben kannst. Bisher konntest du es nicht, aber du wirst dich wundern, jetzt, wo du es verstanden hast und siehst, wie wichtig es ist, wie schnell du es kannst. Verstehst du das, oder hast du noch eine Frage hierzu?*

Ich möchte mir gerne Unterstützung in der Geistigen Welt holen. Ist das im Moment ein Thema für mich? Ob ich weiß, wer nach mir schaut, woher ich Hilfe bekomme?

Geliebtes Kind, du bist immer geschützt und gestützt von der Geistigen Welt. Es sind sehr viele Helfer an deiner Seite, die dich unterstützen, halten und auf deinem Weg führen. In der Situation, in der du im Moment bist, kannst du uns eben sehr schlecht spüren. Wir sind immer hier, um dich herum, aber dadurch, dass du bisher dabei warst, dich von früh bis spät in deinem Leben zu verzetteln, warst du nicht bei dir und konntest uns nicht spüren. Auch das wird sich verändern, wenn du bei dir bleibst. Nur in dir und durch dich selbst, durch dein Herz kannst du uns fühlen und spüren. Auch deshalb ist es ein Geschenk, wenn du das tust, was ich dir gesagt habe. Es ändert nichts daran, dass wir sowieso immer hier sind. Es ändert nur etwas, dass du es auch besser spüren kannst, wenn du bei dir, in dir bleibst. Gehe in die Ruhe und die Gelassenheit, dann wirst du uns sehr viel besser spüren. Rufe uns zu jeder Zeit und beauftrage uns, dir zu helfen, denn nur dann dürfen wir es tun. Rede mit uns, sprich mit uns, bitte uns, danke uns und sei dir dessen gewiss, dass wir immer da sind.

Sei dir auch gewiss, wenn du diesen Weg einschlägst, der zu dir selbst führt, wirst du es auch immer deutlicher spüren können. Es wird dann nicht nur mehr ein Wunsch sein, sondern du wirst es fühlen können. Möchtest du noch etwas wissen?
Alles beantwortet.

Möchtest du mir noch etwas mitteilen?

Geliebtes Kind, tue dir selbst und allen in deinem Umfeld diesen Gefallen, dass du bei dir bleibst im HIER und JETZT. Du wirst sehen, das wird dich ein ganz großes Stück in deinem Leben weiterbringen, wenn du das tust. Das heißt nicht, dass man nicht mal an die Vergangenheit denken darf, und es heißt auch nicht, dass du keine Träume mehr haben solltest. Ich denke, du weißt sehr genau, wie es gemeint ist. Es sind einfach zu viele Wege, die du dir für die Zukunft ausmalst, und dadurch wird kein einziger für dich umsetzbar. Tue dir also zuerst den Gefallen und bleibe im Hier und Jetzt. Zentriere dich, wie ich es vorher gesagt habe, und wenn du ein Angebot hast, dann spüre in dich hinein, wie es dir im Hier und Jetzt damit geht, wenn du dir vorstellst, das zu tun. Du wirst sehen, das wird dich sehr viel weiter bringen. Dieser Fleiß, den du tagtäglich immer wieder an den Tag legst und immer wieder bemüht bist, für andere zu tun und zu machen.

Verwende deine Kraft einmal für dich und bleibe im Hier und Jetzt. Was mit dir ist? Frage dich dies immer wieder aufs Neue.

Hole dich von allen Abschweifungen zurück, die dir das Leben immer wieder schicken wird, um zu testen, ob du bei dir bleiben kannst, ob du es dir erlaubst, bei dir zu sein, in dir und aus dir heraus zu handeln. Sei geachtet für deinen Weg, gehe ihn weiter in Liebe für dich.

Hilarion

Gehe deinen Weg Simon, Januar 09

Mein liebes Kind, geliebtes Kind, hier spricht Hilarion.
Und die Botschaft für dich ist, dass du endlich erkennen sollst,
wie wundervoll du bist. Wie wunderbar, dass du ein Teil des
großen Ganzen bist und dass es nichts gibt, was du erreichen
musst, obwohl es so ist, dass du alles erreichen kannst, wenn
du es willst.

Du musst dich nur dafür entscheiden, den Weg zu gehen.

Die Entscheidung dafür deinen Weg zu gehen,
dazu solltest du aber wissen:
Wo soll dich dein Weg hinführen?
Was willst du erreichen?
Was würde dich glücklich machen?
Mit was würdest du dich wohlfühlen?
Was ist deine Aufgabe?
Was willst du?
Mit was geht es dir gut?

Im Moment ist das die Hauptaufgabe, dies für dich zu entdecken
und zu spüren, in dich hinein zu spüren und zu fühlen, mit was
es dir gutgeht.

Was macht dich glücklich?
Wobei empfindest du Freude, Glück und Zufriedenheit?

Sehe, geliebtes Kind, das ist das Ziel.
Das Ziel ist, dass du glücklich bist, voller Freude und Liebe
für alles und jeden.

Wenn du das nicht willst, musst du es natürlich nicht tun, denn
du musst überhaupt nichts. Werde dir dessen bewusst, dass du

170

nichts musst, aber das ist der Weg, wieso du hier bist und wieso auch alle anderen Menschen hier sind:

Um sich zu finden, sich zu erkennen, sich zu spüren, sich wahrzunehmen, hier auf dieser wundervollen Erde. Es sollte euer Ziel sein, das Beste aus dem Leben zu machen, die Seele weiterzuentwickeln, die Seele und dein ganzes Sein, voll zu leben und auszuleben. Dazu gehört auch, das zu tun, was dich erfreut und dir Freude bringt. Sehe es, du bist nicht hier, um Schuldgefühle zu haben oder um irgendetwas erledigen zu müssen. Du darfst ganz frei sein davon, dass du dir das einmal auferlegt hast, und es bedarf nichts weiter, als dass du dir das jetzt ganz bewusst erlaubst. Es liegt ganz allein an dir, dir das zu erlauben.

Ich darf glücklich sein.
Ich darf mich freuen.
Ich darf, ich darf ...

Erlaube dir alles, mehr bedarf es nicht, als deiner eigenen Erlaubnis.

Du blockierst dich selbst, weil du es dir nicht erlaubst.
Du denkst, du hast es nicht verdient, deshalb erlaubst du es dir nicht.

Ich sage dir hier und jetzt,
dass du es dir nur erlauben brauchst.

Sehe, wie wundervoll es hier auf der Erde sein kann, hier zu leben und hier glücklich zu sein. Es ist ganz leicht, indem du einfach die Vergangenheit Vergangenheit sein lässt und dich voll ins Hier und Jetzt begibst. Genieße jede Minute dieses Lebens, egal, was kommt. Alles ist wichtig und richtig in diesem Moment, auch wenn er dir von deinem Verstand her noch so klein und unbedeutend vorkommen mag. Genieße jeden Moment, denn ich sage dir hier, kein Moment, nichts in diesem wertvollen Leben, dass du hier lebst auf dieser Erde, ist unbedeutend. Nicht jede noch so kleine Arbeit, jedes noch so unbedeutende Gefühl, jedes Gefühl und wenn es dir noch so klein erscheint, ist wichtig, dass du es wahrnimmst.

Denn eure Gefühle sind eure größten Geschenke, die größten Geschenke des Himmels, die ihr mitgebracht habt.

Eure Gefühle sind die besten Wegweiser für euch. Sie haben so viel Wundervolles bewirkt und erreicht und können jeden Tag Wunder in eurem Leben vollbringen, weil sie euch genau euren Weg weisen, wohin er hinführt. Wenn ihr euch an eure Gefühle haltet und darauf achtet, was macht mir Freude, was macht mir Spaß, was macht mich glücklich, dann könnt ihr nicht fehlschlagen und fehlgehen in eurem Leben. Auch wenn ihr auf die, wie ihr so schön sagt, negativen Gefühle achtet, werden sie euch den Weg weisen, weil diese negativen Gefühle sagen euch nichts anderes, als dass dies im Moment nicht der richtige Weg ist. Wenn ihr euch mit etwas nicht wohlfühlt, dann ist das nicht der Weg der Freude und des Glücks, den ihr euch gewählt habt, hier zu erfahren. Ich will nicht sagen, dass ihr immer nur glücklich sein sollt, und ich will auch nicht sagen, dass es nicht genauso das Gegenteil in eurem Leben gibt, nämlich das Traurigsein. Diese ganzen Gefühle, die ihr hier erlebt, dass ihr euch nicht wertgeschätzt fühlt oder euch irgendwelchen Dingen nicht gewachsen fühlt. Diese Gefühle dürfen genauso da sein, denn sie gehören auch zu euch. Ich will nur betonen: Ihr seid nicht nur hier, um euer Leben lang diese Gefühle zu erfahren. Sondern ihr seid hier, um durch diese „negativen Gefühle" zu euren „positiven Gefühlen" zu kommen und zu finden. Der Weg geht nun mal meistens durch die Trauer zur Freude, durch die Lieblosigkeit zur Liebe, durch die Verlassenheit zum Einssein. Ihr könnt es sehen, wie ein Geschenk, das dann danach auf euch wartet, durch die Verlassenheit zum Einssein zu kommen. Das ist euer Geschenk für die Gefühle der Verlassenheit, *für die Gefühle der Trauer und das Unglücklichsein. Also seht das Geschenk hinter jedem Gefühl, das negativ ist. Freut euch darauf, durchzugehen und dahinter schon das Geschenk aufblinken zu sehen, das euch dann erwartet. Zum Beispiel durch das Unglück zum Glück, durch die Trauer zur Freude.*

Geht durch und seht, in dem Moment, wo ihr durchgeht, schon das Geschenk, das dort auf euch wartet.

Hast du noch eine Frage hierzu?

Ja. Bin ich auf dem richtigen Weg?
Mein liebes Kind, du bist jederzeit auf deinem für dich richtigen Weg. Immer, jeden Tag bist du auf deinem für dich richtigen Weg. Jeden Tag machst du die Erfahrung, die du dir herausgesucht hast, zu machen. Vertraue auf das Leben und vertraue auf alles, was ist. Nichts passiert ohne Grund. In jedem Moment kannst du dich entscheiden, geliebtes Kind, ob du es so weiterhin haben willst. Eines eurer größten Geschenke ist die Entscheidungsfreiheit zu erkennen, ob es weiterhin für euch angebracht ist, so zu leben.

Du kannst es jeden Tag aufs Neue entscheiden.
Du kannst dir morgen sagen:
Ich will heute glücklich sein.
Ich will heute fröhlich sein.
Ich will mich heute ausruhen.
Ich will heute traurig sein.
Ich will dies tun.
Ich will das tun.
Ich will in den Urlaub fliegen.
Du kannst jeden Tag entscheiden, was du aus diesem Tag machen willst. Du bist der Schöpfer deines Tages, also schöpfe ihn, schöpfe ihn dir in vollen Zügen aus. Tue dies ganz bewusst und erkenne, dass du jeden Tag die Wahl hast, was du aus diesem Tag machen willst. Es wird dir niemand böse sein, auf jeden Fall

nicht hier oben, wenn du dich dafür entscheidest, nicht den Weg des Glücks zu gehen. Du kannst diesen Weg wählen, jeden Tag. Du kannst natürlich den Weg der Freude und des Glücks wählen, und darüber würden wir uns hier oben sehr freuen. Aber es ist immer jeden Tag deine Entscheidung. Keiner, keiner, keiner zwingt dich zu irgendetwas. Du bist ein guter Mensch, du bist wundervoll, du bist wertvoll, du bist ein Teil von uns allen. Du kannst, und wenn du es noch so willst, unseren Zorn nicht auf dich ziehen, weil wir keinen Zorn kennen, und wir haben keinerlei Erwartungen an dich. Deshalb tue, was du willst und mit was es dir gut geht, oder auch nicht. Wie du es willst, wir sind immer bei dir, wir sind immer hinter dir, wir stehen immer zu dir, egal was du tust, egal wie du dich entscheidest. Wenn du dich für den Weg entscheidest, der dich nicht glücklich macht, stehen wir dir genauso zur Seite, wie bei dem Weg, der dich glücklich macht. Vergiss das nie, wir sind immer bei dir und du bist nie allein, auch wenn dir das manchmal so vorkommen mag. Das ist eine Illusion, eine sehr wirklichkeitsgetreue Illusion zwar, wie wir alle sehr gut wissen, aber glaube mir, es ist eine Illusion. Möchtest du noch etwas wissen?

Kann ich mich einfach führen lassen?
Ja, du kannst vertrauen, du kannst dich zurücklehnen und du kannst dich führen lassen. Wie ich zu Anfang schon sagte, ist die Entscheidung sehr wichtig, dass du entscheidest, du es willst, du dich für diesen Weg entscheidest.

Wenn du die Entscheidung getroffen hast, glücklich zu sein, dann wird es auch so kommen, aber du solltest die Entscheidung treffen. Du solltest dich vor allem für einen Weg entscheiden, den du gehen willst. Diese Dinge, die dir Spaß machen, solltest du selbst für dich herausfinden. Es ist grundsätzlich so, dass dir keiner die Entscheidungen abnehmen wird. Du wirst immer wieder an Wegkreuzungen ankommen, wo du dich entscheiden musst, in irgendeine Richtung zu gehen, sonst drehst du dich im

Kreis. Du drehst dich sonst im Kreis, und dieses Gefühl kennst du sehr gut und sehr wohl, mein Lieber. Wenn du dich aber nicht entscheidest, wird nichts weiter passieren, als dass du auf dieser Wegkreuzung stehst und dich weiterhin im Kreis drehst. Also ist es sehr wichtig, dass du dich irgendwann entscheidest, einen Weg zu gehen. Wenn du diesen Weg gehst, wirst du sehr, sehr schnell merken, ob es der richtige oder der falsche Weg ist. Du kannst nichts dabei verlieren, außer dass du genau weißt, das ist nicht der richtige oder das ist der richtige Weg für mich.

Also lass dich getrost führen von uns und vom Leben.

Aber erkenne, dass du deine Entscheidungen an der Wegkreuzung selbst treffen musst. Du wirst zwar immer wieder in irgendeine Richtung geschubst, wenn irgendeiner auf dem Weg steht und schreit:
Hallo, komme hier herein, komme hier herein, aber du musst dann entscheiden, ob du den Weg gehst. Von überall, von jeder Kreuzung, von jeder Straße rufen sie dir zu, komme hier herein, komme hier herein, aber entscheiden musst du.
Welcher Weg ist der Weg meines Herzens?
Welcher Weg tut meiner Seele gut?
Bei was empfinde ich Spaß und Freude und Glück?
Sehe, wir führen dich immer, aber du neigst dazu, dich im Kreis zu drehen, weil du dich nicht entscheiden willst. Dadurch verpasst du dann manchmal Chancen, weil du sie nicht ergreifst. Hilft dir das? Hast du dazu noch eine Frage?

Gibt es noch irgendetwas, was mich belastet?
Eine Altlast aus meinem vorherigen Leben?
Es gibt noch einige Dinge, die dich belasten, die dich auf deinem Weg stoppen, die dich auf deinem Weg behindern, von denen du dich frei machen kannst und frei machen solltest. Aber es ist wie mit allem, immer deine Entscheidung, dies zu tun. Du kannst uns bitten, dass wir dir helfen, du kannst uns bitten, dass wir deinen

Weg begleiten, du kannst uns bitten, dass wir dir die Menschen zuführen, die dir dabei helfen können, aber es ist, wie ich gerade gesagt habe, deine Entscheidung.

Du stehst gerne auf der Kreuzung und drehst dich im Kreis und kannst dich nicht entscheiden, verschiedene Dinge zu tun. Probiere es doch einfach mal aus, wenn wir dir diese Menschen zu dir schicken, tun wir das schließlich nicht umsonst. Probiere doch mit jemanden aus, etwas bei dir zu lösen, probiere, was bei dir zu erlösen, zu verarbeiten ist. Dann wirst du sehen, wie gut dir das tut, oder auch nicht. Doch dazu musst du es eben probieren. Dazu musst du einmal einen Schritt eben auf dieser Straße gehen, die eventuell für dich nicht unbedingt die richtige ist, vielleicht ist es auch die richtige. Ganz wahrscheinlich ist es die richtige, denn sonst würde das Leben diese Person nicht zu dir führen.

**Aber entscheide es. Du entscheidest es.
Du bist der Meister deines Lebens.**

Niemand, gar niemand wird dir diese Entscheidungen abnehmen. Für uns ist es o. k., was du tust. Wenn du sagst, du willst dich dein ganzes Leben lang im Kreis drehen, dann dreh dich weiter im Kreis, für uns ist das völlig in Ordnung. Aber wir freuen uns natürlich, wenn du den Mut findest und den Mumm hast, einen Weg zu gehen, egal welchen.
Möchtest du dazu noch etwas wissen oder etwas anderes?

Was fühlt meine Mutter momentan?
Mein liebes Kind, du weißt schon, dass es in jeder Situation in deinem Leben nicht darum geht, was die anderen fühlen, sondern darum, was du in Bezug auf diese Personen fühlst. Deine Frage sollte also lauten: Was soll ich aus dieser Sache mit meiner Mutter erkennen? Wie sollte es mir ergehen? Was sollte ich aus der Sache mit meiner Mutter lernen? Es ist nun einmal einfach so, dass du nicht hier bist, um irgendjemandem zu helfen, dass du dich nicht

verantwortlich fühlen solltest für das, wie es ihr geht, denn es ist ihr Leben. Sie kann genau wie du jeden Tag selbst entscheiden, ob sie sich im Kreis drehen will, oder diesen oder jenen, den guten oder schlechten, den wie auch immer Weg, gehen will. Sie kann es selbst entscheiden, und sie muss es genau wie du auch jeden Tag aufs Neue selbst entscheiden, was sie tun will.

Du bist nicht hier, um sie zu retten.
Du bist hier, um deinen Weg zu gehen,
und sie ist hier, um ihren Weg zu gehen.

Du kannst sie gerne anschubsen. Du kannst ihr gerne irgendwelche Hilfe anbieten, aber die Entscheidung liegt bei ihr. Genauso wie für dich niemand entscheiden kann, welchen Weg du zu gehen hast. Die Menschen können sich immer nur auf die Straße stellen und dir winken und sagen, komm, geh diesen Weg. Genauso kannst du es bei deiner Mutter auch tun. Du kannst dich auf die Straße stellen und sagen, komm, geh diesen Weg, aber ob sie ihn geht oder nicht, ist ihre Entscheidung.

Also mein liebes Kind, frage nicht: Wie geht es ihr?
Frage dich immer: Wie geht es dir in Bezug auf sie?
Das ist das, worum es wirklich geht in deinem Leben. Du bist nicht hier, um sie zu retten, du bist hier, um zu erfahren, wie es dir damit geht, wenn die Dinge bei euch so geschehen. Kannst du verstehen, was ich meine?
Ja.

Hast du noch eine Frage dazu?
Die Fragen sind beantwortet.

Hast du keine Fragen mehr im Moment?
Du kannst ruhig fragen, du darfst dich ruhig trauen, du kannst alles fragen, was du willst.

Die wichtigsten Fragen, die ich gestellt habe, sind gut beantwortet.

Es freut mich sehr, dass du den Weg hierher gefunden hast, und es würde mich sehr freuen, wenn du uns, die Geistige Welt, noch viel mehr einbeziehen würdest in dein Leben. Wenn du uns um Hilfe bittest, denn nur dann dürfen wir dir helfen und an deiner Seite stehen und dir den Weg weisen, dich in die Richtung schubsen. Wir schicken dir Menschen, die dich auf deinen Weg bringen und dir auf deinem Weg helfen.

Wenn du uns nicht rufst und um Hilfe bittest, dann dürfen wir das nicht tun. Rufe uns in jedem Moment, wo du denkst, du brauchst jemanden. Rufe einfach uns und beauftrage uns. Dafür sind wir hier, um dich zu halten, dich zu stützen, dich zu unterstützen. Deshalb wäre es sehr schön, wenn du es noch viel mehr tun würdest und noch viel mehr in dein Leben integrieren würdest. Dann wirst du sehen, dass sehr viele Wunder passieren für dich, und alle, die mit dir in Berührung kommen und in Kontakt sind. Fange an, an dich zu glauben und an deine Einzigartigkeit, denn du bist einzigartig für jeden Menschen, der mit dir in Kontakt tritt. Jeder ist ein Unikat, auch du hast hier deine ganz eigene Aufgabe, die nur du erfüllen kannst, und sonst niemand. Werde dir darüber klar, dass es so ist. Du kannst es ruhig glauben.

Hilarion

Folge deinem Herzen

Ich grüße dich, hier spricht Hilarion. Ich freue mich sehr, hier mit dir in Kontakt zu treten. Es ist uns eine große Freude, dass du dich so verändert hast, so vielfältig bist und jeden Tag mehr zu dir selbst findest, zu dem, was dich erfüllt, und zu dem, was dich glücklich macht. Jeden Tag mehr und mehr öffnet sich dein Weg vor dir. Ganz automatisch. Du brauchst gar nichts zu tun und du spürst selbst jeden Tag, wie leicht es ist. Wie es immer leichter und leichter wird, weil du die Leichtigkeit in dir trägst, mit dir trägst, denn sie ist ständig präsent in deinem Leben. So bleibt dir gar nichts übrig, Geliebter, liebes Kind, wie das auch zu tun, und zwar mit Leichtigkeit so wie es dir jeden Tag an die Seite gestellt wird. Es ist wundervoll und eine Freude, von hier aus dabei zuzuschauen, was sich da alles entwickeln darf bei dir, und vor allem in dir. Wie sich dein Herz mehr und mehr öffnet für die Welt und für alles, was dich umgibt. Wie du so wundervoll erblühst und erstrahlst wie eine Blume, die endlich erkennt, dass sie eine Blume ist. Endlich siehst du es.
Ich möchte es einmal so sagen, wie ihr es sagen würdet:
Es hat einfach geschnackelt. Es hat sich einfach bei dir etwas getan. Du hast einfach ganz tief in dir in deinem Herzen etwas verstanden, mit deinem Herzen hast du es verstanden.

Nämlich, dass es ganz wichtig ist, auf sein Herz zu hören und deinem Herzen zu folgen, dem Rufe seines Herzens.

Vor allem auch, dass dir gar niemand auf der Welt das geben kann, was es dir gibt, wenn du dem Ruf deines Herzens folgst. Auch das, mein Lieber, erkennst du jeden Tag mehr und jeden Tag immer wieder aufs Neue, dass nichts sonst auf der Welt diese Zufriedenheit in einem selbst hervorrufen kann.
Dem Weg des Herzens zu folgen, dem Weg der Freude, dem Weg des Glücks und der Vollkommenheit.

Wie wunderbar, wie wundervoll es doch alles ist.
Sei gewiss, sei dir sicher und sei getrost, alles ist gut, so wie es ist.
Zweifle nicht, dass du es verdient hast, glücklich zu sein, sondern im Gegenteil, erlaube es dir jeden Tag immer wieder aufs Neue. Lasse dich nicht beeinflussen von irgendwelchen Dingen, die dir im Außen geschehen, die dir im Außen irgendjemand aufs Auge drücken will. Du brauchst nichts zu tun, was du nicht willst, und das hast du auch schon sehr gut erkannt.

Also achte dich und liebe dich für alles, wie du bist, jetzt im Moment, und für alles, was du jemals getan hast.

Denn all das ist wunderbar und wundervoll und du hast es immer aus dem Herzen getan. Das ist wundervoll, also behalte es bei, aus dem Herzen zu leben, nur diesmal nicht für andere, sondern für dich. Das ist ein wunderbarer Weg, mit dem du deine Seele erfreust, uns hier oben und vor allem dich selbst.
Mein Lieber, willst du noch etwas wissen?

Ja. Das ist alles wunderschön, aber es bereitet mir auch irgendwo Angst.
Wovor hast du denn Angst? Spüre mal in dich hinein! Fühle mal in dich hinein, wovor du Angst hast.

Andere zu enttäuschen, oder mich selber zu enttäuschen?
Hast du das Gefühl, dass du dich im Moment selbst enttäuschst?

Nein. Es steckt so viel Energie, ich spüre so viel Energie momentan in mir. Ich weiß nicht, wie ich damit umgehen soll, ob ich bereit bin für alles.
Mein Lieber, das ist doch wirklich wundervoll, dass du diese Energie hast. Siehe es einmal so, es ist doch wirklich wundervoll und wunderbar, dass du die Menschen mit dieser Energie anstecken

kannst, dass du sie mitreißen kannst. Dass du auf dem Pferd voranreitest und dass du schreist, hey, juhu, folgt mir, ich habe einen Weg gefunden, ich habe etwas gefunden, was Freude und Spaß macht, empfindet das auch. Du kannst es immer nur vormachen, jeden Tag. Ob sie es dir nachmachen, das kannst du nicht ändern, das liegt nicht in deiner Macht, denn jeder hat ein eigenes Pferd. Jeder ist sein eigener Reiter. Jeder ist sein eigener Bestimmer. Jeder entscheidet täglich selbst und jeden Tag aufs Neue, wie er sein Leben gestalten will. Ob er es feiert oder ob er es sich jeden Tag schlecht reden will. Das darf jeder selbst entscheiden, also achte es, dass manche Menschen sich vielleicht auch nur kurz gegen diesen Weg entscheiden. Sie springen vielleicht nicht gleich auf dieses Pferd auf, aber das Pferd steht da und ist startklar. Sie brauchen nur noch hinterher zu reiten, aber sie tun es nicht, und du kannst es nicht ändern, weil du schon weggeritten bist, und das ist auch gut so. Mache es vor, und die anderen werden es dir nach tun. Wenn du stehen bleibst und ihnen sagst: Komm, spring doch auf das Pferd auf! Komm! Du probierst, sie zu unterstützen und sagst: Komm, mach doch, springe auf das Pferd auf, dann reiten wir davon. Diese Menschen um dich herum wissen gar nicht, was auf sie wartet. Aber wenn du davonreitest, wenn du vorausreitest, wenn du vorausschreitest, dann sehen sie, wow, der macht das einfach. Das ist ja toll. Dem geht es gut. Er ist voller Freude auf diesem Pferd und reitet, schreit und sagt: Komm, folgt mir, das ist so toll! Mir geht es so gut, macht das auch, und dann können sie es dir nachtun, weil du gehst ihnen mit einem Beispiel voran und sie können es dir nachtun. Verstehst du, wie das gemeint ist?

Ja, das verstehe ich.
Was ich mich aber auch noch frage, ist: Warum mache ich mir immer noch Gedanken wegen meiner Frau? Wie es ihr geht oder mache mir Vorwürfe, obwohl ich eigentlich immer gedacht habe, ich bin komplett weg von ihr.
Mein Lieber, du hast dich selbst immer noch nicht aus der Ver-

antwortung entlassen, die du dir selbst auferlegt hast, deiner Frau gegenüber. Frage dich, warum du diese Verantwortung noch bei dir hast.

Weil ich generell Verantwortung bei mir habe? Ich weiß nicht genau.
Wieso ist es dir nicht möglich, dich von dieser Verantwortung zu befreien?

Weil ich Verantwortung im gewissen Sinne auch liebe und sie irgendwo an mich ziehe. Nicht nur bei meiner Frau, sondern auch im Geschäft und bei allem.

Das ist auch gut so.
Es ist gut, wenn man Verantwortung übernehmen kann. Du hast es gelernt und du kannst stolz darauf sein. Es ist eine wunderbare Eigenschaft und eine wunderbare Tat, die du da vollbringst. Das solltest du sehen und an dir schätzen und auch wertschätzen. Das ist wirklich wunderbar. Bitte achte auch darauf, es den anderen Menschen auch zu ermöglichen, überhaupt in ihre eigene Verantwortung gehen zu können. Du siehst ja bei dir selbst, wie viel es dir auch selbst gibt, in der Verantwortung zu sein. Es ist also nicht nur eine Last, Verantwortung zu haben und Verantwortung zu tragen, sondern man zieht sich auch sehr viel Selbstwertgefühl aus dieser Verantwortung heraus. Man zieht sich generell sehr viel für sich selbst heraus, wenn man Verantwortung trägt. Wenn du den Menschen um dich herum die Gelegenheit nimmst, die Verantwortung selbst für sich zu tragen, nimmst du ihnen gleichzeitig auch etwas. Es ist dir nicht bewusst, mein Lieber. Du denkst, wenn du ihnen die Verantwortung nimmst, tust du ihnen etwas Gutes. Du denkst, du tust ihnen nur Gutes. Dem ist nicht so.

Das ist mir in der Zwischenzeit bewusst. Besser wie früher, aber dieses Strickmuster habe ich einfach noch nicht

richtig losgelassen.

Du kannst dich davon befreien.

Du kannst aus diesem Muster ausbrechen, indem du dir in diesen Situationen klarmachst, dass jeder Mensch selbst hier ist, seine Verantwortung für sich zu übernehmen, und du wirst dich wundern, wie diese Menschen auf einmal in ihre Kraft kommen, wenn sie Verantwortung bekommen. Dadurch, dass sie vorher keine Verantwortung hatten, fühlten sie sich ständig schwach und unterlegen. Wenn du bereit bist, sie in ihre Eigenverantwortung zu entlassen, dann können sie in ihre eigene Kraft kommen. Es ist deine Aufgabe, sie zu entlassen, weil sie sich davon nicht selbst befreien können. Ich will es so sagen: Es ist der schwerere Akt. Für dich ist es leichter, ihnen ihre Verantwortung zurückzugeben, als wenn sie versuchen würden, sich zurückzuholen, denn es ist ihnen fast unmöglich. Also sehe, du kannst ihnen sehr, sehr viel weiterhelfen, wenn du ihnen ihre Verantwortung zurückgibst.

O. k. Das probiere ich.

Versuche in jedem Moment, indem du es merkst, achtsam zu werden mit dir. Wenn du merkst, du beginnst Verantwortung zu übernehmen, dass du beginnst zu fühlen und zu spüren: „Oh, ich müsste da jetzt helfen", oder du dich verantwortlich fühlst, dann probiere, einen Schritt wegzugehen und dir das Ganze anzusehen. Versuche ganz bewusst zu sagen: Nein, es ist deine Verantwortung. Es ist nicht meine Verantwortung. Sage es ruhig auch zu den Menschen, denen du es bisher noch nicht gesagt hast. Befreie dich selbst aus der Verantwortung, dann wird es für dich leichter, und den Menschen, denen du es sagst, wird es auch leichter.

O. k. Das werde ich tun.
Ich möchte gerne noch etwas wissen: Diese Angst, sag ich mal, ist natürlich auch gegeben. Der Spaß, diese Freude, diese Gefühle gegenüber von Frauen sind sehr groß, und der Drang danach, aber gleichzeitig auch wiederum eine

gewisse Angst, das auszuleben, nach vielen Frauen und nicht nach einer.

Hast du Angst davor, deine Freude und dein Glück mit anderen Frauen zu teilen oder hast du Angst vor einer Beziehung? Vor was genau hast du Angst? Kannst du das noch etwas genauer beschreiben?

Ich vermute die Angst ist, so wie es bei meiner Frau war, dass ich diese Freude jemanden gebe, diese Energie, die ich spüre, oder diesen Drang, den ich gegenüber anderen Frauen spüre, dass die dann sozusagen wieder an mir hängen und mich somit meiner Kraft berauben möchten.

Du hast Angst, noch einmal in die Verantwortung gedrückt zu werden, noch mehr in die Verantwortung zu kommen, in der du ja sowieso schon bist. Mein Lieber, das liegt wirklich immer nur an dir, inwieweit du dich für jemanden verantwortlich fühlst. Wenn du natürlich immer schreist, hier, ich nehme dir das ab, ich tue das für dich, ich mache das, ich mach es, ich, ich, ich ... dann kommst du natürlich aus dieser Verantwortung nicht heraus. Du solltest jetzt, wenn du jemanden kennenlernst, darauf achten, dies nicht automatisch wieder einreißen zu lassen, weil es quasi ein Verhalten ist, welches dir in die Wiege gelegt wurde. Mit diesem Verhalten bist du aufgewachsen, dieses Verhalten hast du dir nicht irgendwann mit 30 Jahren angeeignet. Es begleitet dich schon dein Leben lang. Deshalb ist es für dich auch so schwer, das aufzugeben und dich davon zu entfernen.

Also achte jetzt darauf, wenn du jemanden kennenlernst, dass du alles tust, was dir Freude und Spaß macht. Wenn du jedoch spürst, du gehst in irgendeiner Form in die Verantwortung, dann versuche es zu unterlassen.

Damit meine ich nur die Verantwortung.
Sehe, dass du schon wieder in die Verantwortung dafür gehen willst und entscheide dich dagegen. Nicht gegen die Person, nicht

gegen eine Beziehung, ein Verhältnis oder was auch immer du mit diesem Menschen haben willst, sondern entscheide dich nur dafür, dass du sagst: Nein, ich möchte für diesen Menschen keine Verantwortung übernehmen. Ich trage nur die Verantwortung für mich.

Das ist gut. Das ist ein gutes Gefühl, dies einzugehen und leben zu wollen. Ich spüre, dass es mir guttut und deshalb probiere ich es aus. Dieser Drang danach ist unwahrscheinlich groß, viel mit verschiedenen erleben zu wollen, aber auch natürlich die Enttäuschung, jemanden anderes zu geben, der sich darauf einlässt, sofort ist natürlich auch wieder die Angst da. Das kommt, wie du schon sagst, mit der übernommenen Verantwortung, sobald ich diese für denjenigen übernehme, dann enttäusche ich ihn wahrscheinlich auch.

Tue eins, mein Lieber, es wird dir, das sage ich dir hier sofort, nicht leicht fallen, die Verantwortung abzugeben. Es ist für dich ein Prozess, der wirklich, wie gesagt, nicht von heute auf morgen passieren wird. Bitte sei mit dir nicht ungeduldig, sondern einfach nur wachsam. Stelle dich neben dich hin und beobachte dich in verschiedenen Situationen, wo du schon wieder viel für andere tun willst und ihnen schon wieder viel zu viel abnehmen willst. Versuche in solchen Situationen vielleicht auch einmal etwas ganz Untypisches für dich zu tun. Wenn es normal für dich wäre, eine Frau zu einem Rendezvous abzuholen, dann mache das einfach einmal nicht. Sage einfach mal, wir treffen uns dort. Gehe nicht schon wieder in die Verantwortung, sie abzuholen, sie heim zu bringen und diese ganzen Dinge, die du vielleicht bisher immer getan hast. Du willst schließlich nicht nur gemocht und geliebt werden, weil du immer die Verantwortung übernimmst. Du willst um deinetwillen geliebt werden und nicht, weil du die Verantwortung übernimmst. Du willst geliebt werden mit deiner Freude, mit deinem Glück, mit deinem Herzen, mit allem, was dich erfüllt, und mit allem, was du bist, und nicht für diesen Teil, der die Verantwortung übernimmt, denn dafür bist du schon geliebt worden, das brauchst du nicht wirklich noch einmal zu erfahren. Mache dich frei davon, dass du das jetzt noch einmal erfahren musst. Versuche dich in den kleinen winzigen Situationen jeden Tag, die dir ständig gegeben werden, auch bei dir auf der Arbeit überall, zu ertappen, wie du schon wieder in die Verantwortung gehst. Spüre es, sehe es und sage: Heute gehe ich nicht schon wieder in die Verantwortung. Dieses Mal habe ich bemerkt, dass ich gerade in die Verantwortung gehen will für sie, für ihn oder für wen auch immer. Heute mache ich es nicht. Es ist nicht schlimm, wenn es dir passiert, aber achte darauf, dass du dich beobachtest, und wenn es dir passiert, kannst du dich immer in diesem Moment auch wieder dagegen entscheiden.

Ja gut, das probiere ich auf jeden Fall, denn das ist auch mein Weg. Dann habe ich noch eine Frage wegen des Anstiegs mit der vielen Energie. Bin ich bereit, mich auch mit euch in Verbindung zu setzen?
Mein Lieber, du bist sehr bereit, dich mit uns in Verbindung zu setzen. Glaube nicht, nur weil du nicht in einem Kanal bist, dass du keine Verbindung zu uns hast. Du hast ständig Verbindung zu uns, wir sind ständig bei dir, und wir sind immer um dich herum. Wir flüstern dir ins Ohr und bringen dir Geschenke, den ganzen Tag. Auch wenn du oft nicht erkennst, dass sie von uns sind. Du hast ständig Kontakt, du kannst diesen Kontakt überhaupt nicht kappen, weil du dich dadurch vom Leben verabschieden würdest. Du kannst nicht, und wenn du es noch so willst, kein Mensch auf dieser Welt bringt es fertig, den Kontakt zu uns, zum großen Ganzen und zum Göttlichen abzubrechen. Er kann ihn nicht wegschieben, er wird immer diesen Kontakt haben. Er kann sich das nur einreden, keinen Kontakt zu haben, aber in Wirklichkeit hat er ihn immer.

Gut, das rede ich mir auch immer ein. Ich spüre dies und das ist es auch, was ich meine. Mein Kontakt zu euch ist

so enorm stark geworden.

Jeden Tag, an dem du dich mehr zu dir selbst hin entwickelst, zu deinem Herzen hin, wird der Kontakt stärker, weil der Kontakt zu dir stärker wird.

Wir sind du, und du bist wir. Wir sind alle eins.

Das ist eben ganz extrem spürbar, bedingt durch den Weg, den du zu dir gehst, durch den Weg, den du beschreitest, um dich zu finden.

Je mehr du dich findest, desto mehr wirst du auch uns finden. Dies geschieht Hand in Hand. Finde dich und du findest uns, und somit findest du den Weg zu uns.

Ich danke dir, es hat mir sehr gutgetan. Ich hoffe, wir lernen uns irgendwann einmal direkt kennen.

Mein Lieber, sei gewiss, wir kennen uns.

Wir kennen uns schon sehr lange, über deine momentane Vorstellungskraft hinaus, dessen kannst du dir gewiss sein. Es ist ein starkes Band, was uns verbindet, ein sehr starkes Band. Du musst mich nicht kennenlernen, weil du mich schon kennst. Wir sind immer bei dir. Alles ist gut, so wie es ist. Du machst es gut, also zweifle nicht an dir, sondern fange an, dich ein wenig zu beobachten, dann wird es auch noch etwas leichter für dich. Wir freuen uns über jeden Kontakt und über jedes Mal, wenn du unsere Hilfe in Anspruch nimmst, die wir dir von Herzen jeden Tag zuschicken wollen. Beziehe uns ruhig noch mehr in dein Leben, in deinen Alltag mit ein. Frage und bitte uns, wenn du unsere Hilfe brauchst und wir werden immer da sein.

Hilarion

Deine Entscheidung Diana, Januar 09

Mein liebes Kind, geliebtes Kind, du wundervolles Kind. Hier spricht Hilarion und ich freue mich sehr, hier bei dir zu sein und dass du den Weg gefunden hast. Das ist wundervoll und wunderbar, so wie du es auch bist, geliebtes Kind, wundervoll und wunderbar. Bleibe bei dir, in dir, in deiner Kraft und bei dem, was du von ganzem Herzen gerne tust. Bringe die Menschen zum Lachen. Du kannst so wundervoll lachen, mit dir können alle so wundervoll lachen. Du kannst so viel Freude und so viel Glückseligkeit zu den Menschen bringen, sie damit anstecken und ihnen dabei helfen, dass auch sie dies in ihr Leben integrieren können. Du hast ein wundervolles Talent in dir, sehe dieses Talent, und sehe, wie wichtig es für dich und alle, die dich umgeben, ist. Für all deine Freunde, Bekannten, für deine Familie, es ist wirklich sehr wundervoll. Mit deiner Energie und Tatkraft kannst du sehr viele Menschen mitziehen, ihnen helfen, und sie finden durch dich ihren Weg zu sich selbst und zu ihrer Freude. Sie können es bei dir abschauen, wie man das tut, wie man zu seiner Freude findet, wie man zu dem findet, was einen erfüllt. Sei ein Vorbild.

Du bist ein wunderbares, strahlendes, glänzendes Vorbild für so viele Menschen.

Es ist so wunderbar, das mit anzusehen, wie du vorausgehst. Du bist ein Fackelträger, du bist ein Lichtträger, geliebtes Kind, also bringe dein Licht zu den Orten und zu den Menschen, die dir selbst guttun. Du wirst wundervolle Geschenke erhalten von allen, die dich umgeben. Ihr werdet euch wunderbar und wundervoll ergänzen, jeden Tag aufs Neue. Ihr entdeckt so viele Geschenke in eurem Leben, wie ihr es noch nie für möglich gehalten habt, denn die Zeit ist dafür reif. Ihr habt schon so viel investiert, ihr habt schon so viel getan, ihr habt schon so viel Kraft gelassen, jetzt ist die Zeit gekommen, wo ihr euch gegenseitig bereichern könnt und die Früchte erntet von den Samen, die ihr schon jahrelang sät.

Mein liebes Kind, du hast schon sehr viel gesät, sehr viel, dessen du dir gar nicht bewusst bist. Jetzt wird es Zeit, dass du auch einmal etwas erntest. Also gestatte es dir, vor allem auch mal etwas anzunehmen, das dir guttut und dich weiterbringt. Es ist wundervoll, dass du so eine wundervolle, wunderschöne tolle Fackelträgerin bist. Jetzt ist es an der Zeit, dass du auch mal etwas von anderen nimmst. Du hast das Recht, dass du dich auch mal anstecken lassen darfst und nicht die anderen immer nur anstecken musst. Das kann auch wunderschön sein. Sehe, wie wunderschön es ist, geliebtes Kind, lerne auch einmal etwas anzunehmen. Lass dich fallen, lass dich verwöhnen, lass dich ganz im Vertrauen darauf ein, was dich erwartet, denn es wird einfach wundervoll werden. Sei dir gewiss, du bist auf dem richtigen Weg für dich, und genau zur richtigen Zeit werden sich die Zeichen, die du erhalten sollst, vor dir ausbreiten. Die Wege werden sich öffnen, deshalb sei nicht ungeduldig. Es ist meistens so, dass wenn du die Zeichen siehst, du erkennst, dass du schon lange auf dem richtigen Weg bist. Manchmal siehst du dies erst im Nachhinein, dass das genau der richtige Weg war, und du wusstest es noch gar nicht, dass er es ist. Du warst dir darüber ein ganzes Stück des Weges noch nicht im Klaren, dass genau dies der richtige Weg ist, und im Nachhinein hast du gedacht, das war genau richtig. Glaube mir, du kannst Vertrauen haben, zu DIR selbst und zu DEINEM Weg, weil es immer der richtige Weg für dich ist. Selbst wenn es manchmal nicht so auf den ersten Blick erscheint, aber auf den zweiten oder den dritten ganz gewiss.
Was möchtest du gerne fragen?

Wo soll ich hingehen, wo zieht es mich hin?
Mein liebes Kind, das ist eine Frage, die du dir nur selbst beantworten kannst. Ich kann dir von hier nur ein paar Tipps in die Richtung geben, in die es dich zieht.
Es ist so:

Du solltest dich auf jeden Fall nach deinem Herzen richten und den Weg der Freude gehen.

Den Weg der Freude und den Weg des Glücks, das ist der richtige.

Den Weg, auf dem du deine Freude, die du so tief in dir hast, verspürst und die so tief aus deinem Herzen heraussprudelt, solltest du unbedingt gehen.

Die Freude in dir ist ein sehr wichtiges Geschenk, das du der Welt zu geben hast. Dieses solltest du immer als Zeichen dafür nehmen, was für dich richtig ist, die Freude aus dir, die du aus dem tiefsten deines Herzens heraus spüren kannst, dann ist es immer der richtige Weg für dich. Achte also auf dieses Zeichen, mit dem du glücklich bist, denn dies ist der Weg für dich.

Warum hat mich Hermann letztes Jahr so berührt?
Mein liebes Kind, inwiefern hat er dich berührt?

Er hat mein Herz berührt.
Er hat dein Herz berührt, wie wundervoll, mein liebes Kind!
Wann berührst du dein Herz?
Wann schaffst du selbst es mal, dein Herz zu berühren?
Weißt du, es ist wunderschön, wenn andere Menschen dein Herz berühren. Es ist wundervoll und wunderschön, und man sollte diese Menschen auch als etwas Besonderes ansehen, sie im Leben behalten und erhalten und ganz besonders hinschauen, was sie einem zu sagen und zu geben haben. Es geht aber nicht darum, dass andere dein Herz berühren, es geht darum, dass du dein Herz berührst, dass du dein Herz findest, dass du deinen Weg findest, dass du dein Glück findest. Wann, meine Liebe, hast du dein Herz berührt, wann hast du selbst dein Herz verspürt?
Spüre dein Herz, berühre dein Herz, aber berühre du selbst dein Herz. Lasse dich selbst dein Herz berühren.

Das ist unter anderem eine sehr wichtige Botschaft, die er dir vermitteln wollte.

Er hat dein Herz berührt, berühre du auch deins, dann wirst du wiederum viele, viele, viele Herzen berühren können.

Wenn du es selbst schaffst, dass du dein Herz berührst, dann wirst du wiederum die anderen berühren, noch mehr, wie du es sowieso schon tust. Du tust es sowieso schon Tag für Tag, aber dann wird dieses noch mehr dein Leben verändern. Er war ein wichtiger Botschafter für dich, weil durch ihn du dein Herz spüren konntest. Es sollte dich dazu ermutigen und ermuntern, dein Herz zu spüren. Auch ohne ihn solltest du das tun, bewegt sein, dein Herz berühren. Damit beschenkst du dich unendlich, damit erschaffst du dir ein unendlich wertvolles Geschenk.

Was habe ich mit Hermanns zu tun?

Was willst du denn genau über diese Hermanns wissen? Das ist eine schwierige Frage, weil jeder Hermann ein anderer Hermann ist. Auch wenn du das denkst, kannst du sie nicht über einen Kamm scheren. Weil sie Hermann heißen, bedeutet es trotzdem nicht, dass sie alle die gleiche Botschaft für dich haben. Sie sind wichtige Botschafter, jeder dieser Hermanns hatte eine andere Botschaft für dich und hat auch in Zukunft eine andere Botschaft für dich. Also irre dich nicht, indem du denkst, dass jeder Hermann mit der gleichen Botschaft zu dir kommt. Jeder Hermann hat zwar den gleichen Namen, aber eine andere Botschaft. Es kann sein, dass ein Hermann, ein Peter und ein Ralf die gleiche Botschaft haben, mit verschiedenen Namen. Also lasse dich nicht täuschen. Jeder Hermann hat eine andere Botschaft, über welchen Hermann möchtest du jetzt noch etwas wissen?

Über Hermann aus G. Ist das abgeschlossen?

Mein liebes Kind, ist es denn für dich abgeschlossen?

Nein.
Wir bekommen diesen Hermann als einen sehr liebevollen Menschen vermittelt. Der dir sehr viel auf seine eigene Weise gegeben hat, wie er es eben konnte und vermochte.

Hat er mit meinem weiteren Weg noch etwas zu tun?
Mein liebes Kind, das ist deine Entscheidung.
Du hast jeden Tag die Möglichkeit, dich für oder gegen einen Hermann zu entscheiden. Geliebtes Kind, im Endeffekt spielt es keine Rolle, denn es sind alles nur deine Wegbegleiter, die dich ein längeres oder kürzeres Stück begleiten. Sie geben dir etwas und sie spiegeln dir etwas. Egal, wie deine Wegbegleiter heißen, sie bringen dich immer weiter auf deinem Weg. Es geht im Endeffekt gar nicht um sie, sondern immer nur um dich. Du bist der einzig wirklich wichtige Mensch für dich und deinen Weg. Alle, die dich mit Freude und Liebe und mit dem, was du leben willst, in deinem Leben begleiten, lasse in dein Leben und heiße sie herzlich willkommen. Wenn sie dir nicht guttun, belaste dich nicht länger mit ihnen. Denn das ist nicht der Grund, warum ihr hier seid, um euch mit irgendetwas zu belasten. Ihr seid hier, um Freude, Glück und euch selbst zu finden. Du kannst dich natürlich immer entscheiden, diese Menschen weiterhin in dein Leben zu lassen, aber du wirst es selbst spüren, wann der Zeitpunkt gekommen ist, diese Menschen loszulassen. Wenn er dir also in irgendeiner Form guttut, dir etwas gibt, wenn es dich befriedigt, wenn du damit glücklicher bist, dann gibt es gar nichts, was dagegen sprechen sollte, weiterhin Kontakt zu halten oder mit ihm zusammen zu sein. Was auch immer du tun willst, was dir guttut, das ist für dich das Richtige.

Eine Frage habe ich noch, auch wenn das letzte Jahr wundervoll mit ihm war. Soll ich den Kontakt fortsetzen oder lieber neue Männer in mein Leben lassen?
Geliebtes Kind, dazu kann ich dir wirklich einen sehr guten Tipp geben, der dich weiterbringt. Du hast dich im letzten Jahr so ra-

sant entwickelt und so riesengroße Entwicklungssprünge für dich gemacht, dass in deinem Umfeld nur sehr wenige Menschen mithalten können. Durch diese, lass es mich mal so sagen, Quantensprünge, die du da für dich gemacht hast, hast du viele, viele Menschen in deinem Umfeld gnadenlos abgehängt, sie können dir nicht mehr folgen. Deshalb ist es vielleicht einfach an der Zeit, manches in Liebe loszulassen, was dich so lange begleitet hat, um dich für eine ganz andere Schwingung, in der du dich schon Tag für Tag befindest, zu öffnen. Sie führt dir ganz andere Menschen an deine Seite, die nämlich genau auf dem Stand sind, wo du auch bist. Das bedeutet, nicht alle Kontakte abzubrechen, die dir am Herzen liegen. Das heißt nur, dass auf dich etwas wartet, was du dir im Moment noch gar nicht vorstellen kannst. Nämlich eine ganz andere Art von Beziehung, eine ganz andere Art von Tiefgründigkeit, jemand, der einfach auf deinem „Level" ist.

Weißt du, es ist so: Wenn du einen Profischwimmer als Partner hast, der eine Medaille nach der anderen holt, und du selbst eine Skilangläuferin bist und eine Medaille nach der anderen holst, dann seit ihr zwar jeder auf seinem Gebiet unglaublich gut, habt aber relativ wenig sportliche Gemeinsamkeiten. Der eine ist ein guter Schwimmer, und der andere ein guter Skilangläufer, um beim Beispiel zu bleiben, aber ihr habt nicht viele Gemeinsamkeiten, und das ist es, worauf du vielleicht in Zukunft bei einer Beziehung ein bisschen achten solltest. Mehr Übereinstimmung und mehr Gemeinsamkeiten wie bisher, so viele wie möglich!

Soll ich in Deutschland bleiben?

Geliebtes Kind, dein Weg ist der Weg des Herzens, und der Weg, wo du bist und dich wohlfühlst, kann an jedem Ort sein. Ob das im Ausland ist oder in Deutschland oder in Österreich, es ist egal. Wenn du komplett mit deinem Herzen, mit deiner Liebe, mit deiner Freude, mit dem, was du tust, mit Begeisterung dabei bist, kannst du dich überall auf der Welt niederlassen. Es stehen dir alle Wege offen, fühle, spüre in dein Herz hinein, was du wirklich willst, wo du dich im Endeffekt wirklich wohlfühlst. Wenn du dich in dir wohlfühlst, wirst du dich überall auf der ganzen Welt wohlfühlen können. Es gibt keinen vorgeschriebenen Weg. Es steht nicht geschrieben, du musst in Deutschland bleiben, es steht auch nicht geschrieben, dass du irgendwo hingehen musst.

Du musst gar nichts – aber du kannst alles. Das ist das größte Geschenk, welches ihr bekommen habt. Ihr dürft zu jeder Tages- und Nachtzeit immer wählen, wo euer Weg hinführen soll.

Ihr könnt wählen, gehe ich den Weg der Freude oder den Weg des Unglücklichseins, das könnt ihr jeden Tag neu entscheiden. Immer wieder aufs Neue. Dies ist aber auch das größte Geschenk, welches ihr bekommen habt. Wählt es also, wähle es für dich. Womit fühlst du dich gut? Diese Entscheidung können wir dir hier nicht abnehmen. Du kannst uns bitten, dass wir bei dir sind (was wir ohnehin schon sind, da wir immer da sind), aber rufe uns und wir werden dir den Weg weisen, stehen dir bei, unterstützen dich und stehen an deiner Seite. Du wirst die Zeichen erkennen. Also bitte uns, und wir sind bei dir, aber wir können dir nicht sagen, welcher Weg für dich der richtige ist, und wo du bleiben sollst, weil es deine Entscheidung ist, was du in deinem Leben erfahren möchtest. Wenn du meinst, irgendwo hingehen zu müssen und du bist nicht glücklich damit, hast du jederzeit die Gelegenheit zu sagen: Okay, ich habe es verstanden, dies war nicht mein Weg, ich komme zurück und gehe einen anderen, oder ich bleibe ein Jahr hier und dann gehe ich doch woanders hin.

Es ist immer deine Entscheidung. Wir können dir nur von hier oben diesen Tipp geben, dass du deinem Herzen und deiner Freude folgen solltest. Folge deinem Herzen und deiner Freude und dem, was dir guttut.

Soll ich weiterhin die klassische Physiotherapie ausführen?

194

Macht es dir denn Freude?
Ja, nein.
Sagt dir deine eigene Antwort nicht schon genug?

Nicht genug, um sicher zu sein, ob ich den Wellness-Weg einschlagen soll?

Liebes Kind, tue nichts, wo du dir noch nicht sicher bist, sei dir schon sicher, achte darauf. Wobei du wie gesagt nichts falsch machen kannst, du kannst den Weg gehen und wieder verlassen, wenn es dir nicht gefällt, das ist gar kein Problem. Aber glaube mir, die Sicherheit wird kommen für den einen oder den anderen Weg. Wenn du im Moment noch in einer Unsicherheit bist, dann ist es im Moment so. Nehme deine Unsicherheit an, dann ist das in diesem Moment auch gut so, und daraus kann sich dann das andere entwickeln. Es kann sich aber nur entwickeln, wenn du ihm auch die Chance gibst.

Es wird sich dein Weg genau zum richtigen Zeitpunkt für dich öffnen

und du wirst wissen, was zu tun ist. Solange du dir sicher bist, voller Freude, voller Glück, voller Elan und allem, was dazugehört, bist, weißt du genau, dass es der richtige Weg ist. Es ist ein ähnliches Gefühl, wie du es bei deiner TT-Ausbildung hattest, als du sagtest, ja genau, das will ich, das will ich, das will ich. Also achte darauf, was du von Herzen willst! Was willst du, und was bringt dir Glück und Freude, was tut dir gut? Dann geh diesen Weg und sei nicht ungeduldig. Du wirst sehen, alles kommt zur rechten Zeit, genau zu dem Zeitpunkt, wie es für dich gut ist. Solange das andere noch in deinem Leben ist und existiert, soll es auch noch da sein. Dann hast du auch noch nicht damit abgeschlossen, also lass es einfach auch noch da sein. Glaube mir, du hast keine Eile. Es wird sich noch früh genug alles so fügen, wie es sein soll, vielleicht schneller als du denkst, geliebtes Kind. Alles wird sich fügen, es macht dann nur noch – plopp, und alles ist verändert, es dauert dann nicht mehr ewig. Du weißt nicht, was es für einen Grund hat, warum alles so ist, wie es ist. Vielleicht sind wichtige Menschen und Begegnungen dabei, die dir noch bevorstehen, die du noch kennenlernen sollst, mit denen du noch Kontakt bekommen sollst, durch diese Arbeit, die du im Moment noch tust. Also lasse sie so lange in deinem Leben teilhaben, bis du voller Freude den nächsten Weg und das nächste Ziel vor Augen hast. Möchtest du dazu noch etwas wissen?

Nein, im Moment ist es so weit gut. Ich bleibe in der Ruheposition. Herzlichen Dank.
Sehr schön, geliebtes Kind, in der Ruhe liegt die Kraft, wie du weißt. Habe einfach etwas mehr Vertrauen zu dir und noch etwas mehr Vertrauen zum Leben. Denn das Leben ist im Fluss, alle Zeit, und du solltest dich nicht mit den Anforderungen an dich selbst überfordern. Es wird alles zur rechten Zeit geschehen, da kannst du dir ganz sicher sein, bleibe einfach im Vertrauen. Es ist ja nicht so, dass du dich zuhause aufs Bett legst und drei Wochen dort liegen bleibst und sagst, na ja, es wird schon alles geschehen. So etwas ist damit auch nicht gemeint, das weißt du sehr wohl. Lebe dein Leben so, wie es jetzt im Moment ist und achte auf die Zeichen. Dann wird alles so passieren, wie es passieren soll und in dem Tempo, wie es gut für DICH ist.

Mach dir keine Gedanken, du wirst deinen Weg finden.

Hilarion

Fühle deine Gefühle

Mein liebes Kind, geliebtes Kind, wie wundervoll, dass du den Weg hierher gefunden hast, damit ich, Hilarion, zu dir sprechen kann, um dir eine Botschaft zu übermitteln für deinen weiteren Weg. Es ist an der Zeit, dass du lernst, zu dir selbst aufzuschauen, damit du siehst und erkennst, wie wundervoll du bist, was für ein göttliches Wesen du bist.

Erkenne und sehe, wie groß in Wirklichkeit dein ganzes Sein ist.
Du bist wunderbar und wundervoll, genauso wie du bist.
Zweifle nicht daran, sehe es endlich!

Es ist Zeit, dass du aufwachst und die Selbstzweifel, die in dir nagen, annimmst und in Liebe verwandelst. In Liebe zu dir selbst und in Liebe zu allem, was ist. In jeder Situation, die dir im Leben begegnet, ist wahrlich ein wundervolles Geschenk für dich versteckt. Nun gilt es, in jeder Situation für dich dies zu erkennen. Erkenne die Geschenke des Lebens an dich, die Geschenke des Himmels und die Geschenke, die du dir vor allem selbst machst.

Erkenne sie in jeder Situation. In jeder Situation in deinem Leben ist ein Geschenk für dich verborgen. Erinnere dich in jeder Situation daran, dass es so ist, auch wenn dir etwas vermeintlich Schlechtes passiert.

Du meinst es in diesem Moment nur, indem du denkst: Oh je, warum ist mir das jetzt passiert?
Halte sofort inne und halte sofort Ausschau nach dem versteckten Geschenk. Mit den Augen, mit dem Verstand kannst du dieses Geschenk oft nicht sehen, nur mit deinem Herzen kannst du es fühlen, welches Geschenk für dich in dieser Situation verborgen liegt.

Versuche mit dem Herzen hin zu fühlen. Versuche zu erfüh-
len: Was hat diese Situation nun Gutes für mich in meinem
Leben bewirkt? Auf welchen Weg hat sie mich gebracht?
Was steckt da dahinter?

Versuche es zu fühlen, weil du mit dem Verstand, mit dem Kopf
oftmals keine Antworten finden wirst, die dich in diesem Moment
befriedigen. Aber dein Herz fühlt ganz genau, dass diese Situation
jetzt wichtig für dich ist, sonst würde sie dir nicht passieren.

Lerne, dir zu vertrauen, dem Leben zu vertrauen, dem Gött-
lichen und allem, was ist. Alles hat seinen Sinn und seine
Berechtigung.

In deinem und in eurer aller Leben ist jeder Moment ein kostbarer
Moment, ein kostbares Geschenk.

Wenn dir also etwas passiert, suche sofort mit deinem
Herzen nach dem Geschenk in dieser Situation für deine
Seele.

Es geht in diesem Leben nicht darum, alles mit dem Verstand
verstehen zu wollen, sondern es geht darum, dass sich deine
Seele hier erfahren darf. Wenn der Verstand es dann gleichzeitig
noch verstehen kann, ist es sehr schön. Aber es geht nicht haupt-
sächlich um den Verstand, was sehr viele von euch noch nicht
richtig verstanden haben. Daher müsst ihr nicht den ganzen Tag
euren Verstand befriedigen, indem ihr versteht und versteht und
versteht und auch wieder nicht versteht.

Geht stattdessen den Weg eures Herzens. Geht den Weg
eurer Freude, denn das ist gleichzeitig auch der Weg eurer
Seele.
Dann versteht ihr auf einer viel tieferen Ebene, um was es eigent-
lich geht. Der Verstand kann dieses Verständnis nicht bekommen,

der Verstand ist ein Wegweiser für dich. Ganz sollte man ihn auch nicht ignorieren, denn er ist ja nicht umsonst da.

Versuche, nach deinem Herzen zu leben. Gehe den Weg der Freude, dann findest du ganz automatisch zu dir selbst und deiner Bestimmung.

Ohne dass es in irgendeiner Form schwer für dich ist, es ist dann alles ganz leicht.

Der Weg des Herzens, der Weg der Freude, ist immer ein leichter Weg und der richtige Weg.

Niemand von euch ist hier, um sich das Leben schwer zu machen. Ihr seid hier, um euch zu erfahren, um den Weg der Freude und des Glücks zu gehen, um zu euch selbst zu finden, zu dem, was ihr seid, was ihr sein wollt, und das könnt ihr jeden Tag selbst entscheiden. Du kannst jeden Tag selbst entscheiden, ob es ein glücklicher, ein freudiger Tag wird, ein Tag, indem ich dem Ruf meines Herzen folge oder will ich heute einfach nicht gut drauf sein. Das kannst du jeden Tag für dich selbst neu entscheiden, wenn du dich fragst:
Will ich einen Weg gehen, bei dem ich mir unsicher bin? Keiner wird dich dafür jemals verurteilen, außer du selbst. Es ist schade um jeden Tag, den ihr nicht in Freude verbracht habt. Wie ich hier noch einmal betonen will, ist es eure Entscheidung, dies zu tun und euren eigenen Weg zu finden.
Mein liebes Kind, hast du noch eine Frage?

Wie sieht der Weg meines Herzens aus?
Mein liebes Kind, es ist so: Der Weg deines Herzens ist immer der Weg der Freude und des Glücks. Achte in jeder Situation darauf:
Was macht mich froh?
Mit was geht es mir gut?

Über was freue ich mich?
Über was freut sich mein Herz?
Mit was kann ich jubeln?

Mit was fühle ich mich gut? Das ist der Weg deines Herzens. Diesen Weg musst du für dich selbst finden und suchen. Aber (und dies ist eine kleine Hilfestellung) versuche immer in dich – dein Herz – hinein zu spüren. Wenn du an irgendwelchen Wegkreuzungen stehst, dann geh den Weg der Freude, den deines Herzens. Du wirst es spüren, wenn du dich fragst, was dir Spaß macht, was dir Freude bringt und mit was dein Herz jubiliert. Also erlaube es dir. Es geht sehr, sehr oft bei euch darum, dass ihr es euch nicht erlaubt, den Weg der Freude und den Weg des Glücks zu gehen, weil ihr denkt, ihr habt es nicht verdient. Das dürft ihr nicht. Das ist oft eine riesen Blockade, die euch von eurem Weg fernhält.

Geht ohne schlechtes Gewissen den Weg der Freude und damit den Weg des Herzens.

Ihr dürft dabei freudig sein, ihr dürft glücklich sein, euch darf es gutgehen. Nun spüre einmal ganz bewusst in diese Worte hinein, ob du dir erlaubst, dass es dir gutgehen darf, dass du den Weg der Freude gehen darfst. Spüre hinein in dich, in dein Herz, ob irgendetwas in dir noch „Nein" zu solch einem Weg sagt. Welcher Teil in dir erlaubt es dir noch nicht, den Weg der Freude und des Glücks für dich anzunehmen und zu gehen?
Schau dir diesen Teil noch einmal liebevoll an, voller Wertschätzung, weil er ist nicht umsonst da. Er ist durch irgendeine Situation in deinem Leben entstanden.
Hilft dir das weiter oder hast du dazu noch eine Frage?

Ist es auch genau das, was meine Heilung blockiert?
Es ist auf jeden Fall das, geliebtes Kind, was dich blockiert auf deinem Weg zu dir selbst. Was fühlst du, blockiert dich in deiner

Heilung? Was möchtest du denn jetzt wissen? Kannst du es noch etwas genauer sagen?

Ich habe das Gefühl, meine Heilung wird durch irgendetwas blockiert. Ist es ein Teil in mir? Was genau blockiert die Heilung meiner Wirbelsäule?
Geliebtes Kind, du hast das Gefühl, dass auf deiner Wirbelsäule eine Blockade liegt, die eine Heilung verhindert. Was in dir, geliebtes Kind, welchen Teil in dir, erlaubt es nicht, dass er heil wird? Welcher Teil in dir ist verletzt? Welcher Teil in dir? Welchen Teil in dir hast du noch nicht liebevoll mit seiner Verletzung angenommen. Fällt dir dazu etwas ein, geliebtes Kind?

Ist es eine Verletzung aus diesem Leben oder aus einem vorigen Leben?
Geliebtes Kind, es hat schon in sehr, sehr vielen Leben immer wieder auf die gleiche Art und Weise Verletzungen gegeben. In vielen Inkarnationen ist dies geschehen und passiert. Es handelt sich aber um eine Verletzung aus diesem Leben, was nicht heißen soll, dass es dir in vergangenen Leben nicht ebenso widerfahren ist. Lass es mich so formulieren: Es ist wie ein Restbestand, der auch schon in vorherigen Leben ein Thema bei dir war. Es geht sehr grob darum, immer wenn eine Krankheit oder irgendetwas in dir ist, um innere Anteile in dir, die geheilt werden wollen. Die Wirbelsäule steht für sehr, sehr viele Dinge wie z. B. für Beweglichkeit, für Ausgeglichenheit ... hauptsächlich geht es allerdings darum, welchen Teil in dir hast du noch nicht liebevoll angenommen?
Welchen Schmerz in dir hast du noch nicht liebevoll angeschaut? Welcher Druck liegt noch auf dieser Stelle?

Schließe die Augen und spüre in dich hinein! Welcher Schmerz ist darunter noch verborgen, der sich in deinem Körper zeigt, den deine Seele nicht fühlen will oder den du dir nicht zugestehst?

Siehst du, du spürst es nicht!
Kannst du es spüren, kannst du es fühlen, wie sogar deine ganzen
Gedanken in diese Richtung blockiert sind, mein liebes Kind.
Es ist nicht nur der Rücken, der blockiert ist, deine Gedanken,
dein Verstand hat eine Blockade, weil er das nicht zulassen will.
Spürst du das?

Es sind sehr verschüttete Gefühle, die du dir nicht erlaubt hast zu
fühlen. Auch jetzt willst du nicht eingestehen, dass diese Gefühle
überhaupt vorhanden sind. Du hast diese Gefühle in eine Dose
gesteckt und mit dem Deckel verschlossen. Gleichzeitig hast du
vergessen, dass du diese Gefühle in diese Dose reingesteckt hast
und der Deckel immer noch verschlossen ist.
Du wolltest es nicht spüren und nicht fühlen.
Du solltest hiermit sehr behutsam vorgehen. Du solltest jetzt
erst einmal verstehen und sehen, dass da in dir etwas ist, was
du nicht angenommen hast. Gefühle der Trauer, Gefühle der
Enttäuschung, des Ungeliebtseins. Sehr, sehr viele tiefe Gefühle,
die du einfach von dir weggeschoben hast, die du einfach in diese
Dose gesteckt hast und nicht fühlen wolltest. Öffne deinen Ver-
stand zuallererst dafür, dass diese Dose existiert. Sie existiert.
Öffne dich mit deinem Verstand zuallererst dafür, dann kannst
du irgendwann beginnen, diese Dose ein kleines Stück zu öffnen.
Du bist wie abgespalten von diesen Gefühlen und traust dir nicht
mit dem Herzen, da hin zu fühlen, weil dein Verstand davor steht
und sagt „Nein", da ist nichts.
Ich sage dir: Da ist etwas.
Da ist eine Dose, die du zugemacht hast, dort sind deine Gefühle
drin. Wenn du versuchst, an diese Gefühle heranzukommen und
diese Gefühle zuzulassen, Stück für Stück, dann wird dich das
auch von diesen anderen Schmerzen befreien.

Diese Gefühle wollen von dir angenommen werden. Sie wollen
von dir wie kleine Babys in den Arm genommen werden und wol-
len gern gesagt bekommen, dass sie da sein dürfen. Solange sie

aber in dieser Dose eingesperrt sind, dürfen sie nicht da sein. Du siehst sie ja nicht einmal! Du solltest zuerst einmal deinen Verstand dafür öffnen und anfangen, sie zu sehen. Kannst du das annehmen oder fällt es dir zu schwer?

Ich weiß nicht, wie? Wie kann ich es annehmen?
Kannst du dich zuerst dafür öffnen, dass es so ist? Ich sehe, es fällt dir sehr schwer. Ich sehe es auch im Moment als die Hauptaufgabe, dass du dich zuerst für den Gedanken öffnest, dass in dir Gefühle sind, die du immer probiert hast, nicht zu fühlen. Du hast so getan, als ob sie nicht da sind, um sie nicht zu fühlen. Deshalb hast du dir eingeredet, sie sind nicht da. Sie sind aber da. Du könntest genauso hinaus in die Natur gehen und sagen: Ich sehe hier keinen Baum. Ich sehe hier kein Gras. Ich sehe hier kein Auto. Damit würdest du dich genauso anlügen.

Sehe, mein liebes Kind, es gab eine Situation in deinem Leben, wo diese ganzen Gefühle, die ich vorher erwähnt habe, hochgekommen sind, Verlassenheit, Trauer, Angst, tiefe, tiefe Verletzungen. Ich möchte jetzt sagen, dass es ein Schock für dich war und du nicht damit umgehen konntest. Du hast sofort diesen ganzen Ballen Gefühle genommen und in eine Dose gesteckt, weil du nicht fähig warst, diese zu fühlen. Deckel drauf und weggestellt. Diese Gefühle klopfen die ganze Zeit jetzt an diesen Dosendeckel und wollen hinaus. Sie wollen nichts anderes als einfach nur gefühlt werden von dir, sie wollen von dir angenommen werden, denn sie gehören zu dir. Du bist jetzt erwachsen und kannst sie heute fühlen, einfach nur fühlen und sie durch dich durchlassen, sie zu dir nehmen. Das ist dir heute möglich. In der Situation, als sie entstanden sind, warst du zu klein, zu jung, und vor allem hat dir keiner gesagt, wie du damit umgehen sollst. Hätte dir das in dieser Situation jemand sagen können oder hättest du es gewusst, hättest du es damals schon machen können.

Mein liebes Kind, tue es auf jeden Fall, Stück für Stück.

Überfordere dich damit nicht.
Ganz wichtig für dich ist, dass du erst einmal siehst, dass es diese Gefühle in dir gibt, weil du sehr, sehr, sehr lange nicht bereit dazu warst, diese Gefühle überhaupt zu sehen und wahrzunehmen, anzuerkennen, dass sie überhaupt da waren.

Du hast gesagt: „Nein, da ist nichts, nein, nein!",
du hast dich dagegen gewehrt, du hast sie überhaupt nicht zugelassen, du hast gedacht: „Ich mache die Keksdose zu, und werfe sie ins Meer, dann ist sie weg!"
Sie ist aber nicht weg, sie ist immer noch bei dir.

Du kannst diese Gefühle nicht einfach wegwerfen, weghaben wollen, weil das einfach nicht funktioniert.

Man kann so was lange verdrängen und von sich selbst wegschieben oder fernhalten. Es ist aber nun mal so, dass dann der Körper Signale sendet, wie du schon bemerkt hast. Der Körper gibt dir die Signale, da etwas nicht stimmt. Wenn du nicht wachsam wirst, was der Körper dir sagen will, dann gibt er dir mehr Signale, und noch mehr Signale, und immer mehr Signale. Er ist ein wundervolles Werkzeug für die Seele, sich auszudrücken. Einfach zu sagen:
Da stimmt etwas nicht.
Da ist etwas noch nicht in Ordnung.
Da ist etwas noch nicht angenommen.
Da lebst du etwas noch nicht.
Mir ist es sehr wichtig, dass du erst einmal wirklich annehmen kannst, dass es diese Keksdose mit diesen Gefühlen gibt. Wenn du das annehmen kannst, dann kannst du dich für die Gefühle öffnen, um diese Stück für Stück anzunehmen.
Du solltest aber jetzt nicht hingehen, die Keksdose öffnen, und sagen: „O. k., so wird alles gut. So ist alles gut." Öffne dich zuallererst dafür, dass du diese Gefühle empfunden hast, dass es deine Gefühle sind.

Du bist einfach ein bisschen zu schnell erwachsen geworden und hast sehr, sehr früh gemerkt, dass du ganz gut mit dem Verstand klarkommst und dir das alles hilft, dich durchzuschlagen.

Dabei hast du aber dein Herz vergessen, dein Herz in den Hintergrund gestellt. Du hast dein Herz hinter den Verstand gestellt.

Das Ziel ist aber eigentlich umgekehrt:
Das Herz sollte vor dem Verstand stehen.

Du solltest immer zuerst in dein Herz hinein spüren und dann vielleicht, wenn du unsicher bist, den Verstand um Hilfe fragen und nicht umgekehrt. Ich wünsche mir sehr, dass du das für dich annehmen kannst. Es wäre uns eine große Freude, das hier zu sehen, damit du in die Kraft deines Herzens kommst, und nicht mehr zuerst mit dem Verstand, sondern mit dem Herzen reagierst.
Hast du dazu eine Frage?

Wie kann ich den Weg zu meinem Herzen finden?
Versuche, zuallererst dein Herz immer in deine Entscheidungen mit einzubeziehen. Wenn du jetzt dein ganz normales Leben lebst, jeden Tag, frage dich immer wieder: Was sagt mein Herz?
Versuche einen Kontakt herzustellen. Versuche zu unterscheiden, was in dir jetzt redet, ist es dein Verstand, oder ist es dein Herz?
Dein Verstand reagiert immer mit logischen Argumenten und ganz ohne Gefühl. Du erkennst dein Herz daran, dass es fühlt. Es fühlt Freude, es fühlt Trauer, es fühlt Wut, es fühlt alles mit dem Gefühl. Das ist dein Herz.
Man könnte auch sagen: „Das fühlende Herz."

Also richte dich danach, wenn du in Situationen kommst, wo der Verstand reagiert, probiere immer auch zu fühlen, was sagt mein Herz jetzt. Öffne dich dafür, dein Herz wieder in deine Entscheidungen mit einzubeziehen. *Wie fühle ich mich jetzt, wenn meine Freundin keine Zeit für mich hat?*

Wie geht es mir damit?

Was sagt jetzt mein Herz?

Wie geht es meinem Herz?

Fange mit diesen Dingen an. Fange sehr klein an. Wenn meine Freundin keine Zeit für mich hat, wie geht es mir damit?

Was sagt mein Herz?

Hast du dich das jemals gefragt?

Bei dir kommt sofort der Verstand. „Ja o. k., sie hat keine Zeit."

Aber was ist mit deinem Herzen?

Dein Herz ist auch da.

Dein Herz hat dazu ein Gefühl.

Wie geht es dir mit diesem Gefühl?

Was macht es in dir?

Wie fühlst du dich?

Nehme das an:

„Ich bin enttäuscht, ich bin traurig, aber ich würde sie doch so gerne sehen." Diese ganzen Gefühle kommen aus deinem Herzen. Diese Gefühle sind es, die du sehr selten zulässt, annimmst, spürst, weil sofort dein Verstand kommt und sich einmischt.

Also, versuche in dieser Situation, in diesem Beispiel, was ich dir gerade genannt habe, alles zu sehen.

Wie reagiert jetzt mein Verstand?

Was empfindet mein Herz?

Erlaube dir vor allem einmal, das zu fühlen, was dein Herz fühlt, öffne dich dafür.

Sage, o. k., mein Verstand sagt jetzt dies und das:

„Ja, sie hat keine Zeit. Da haben wir doch Verständnis dafür, ist doch ganz klar!"

Als Nächstes fühle in dich: Was macht das mit mir?

Wie geht´s mir damit, wenn sie keine Zeit für mich hat? Wie fühle ich mich damit?

Lasse dann diese Gefühle zu, sie dürfen da sein.

Sage dir: Ich oder mein Herz fühlt sich jetzt traurig, zurückge-
stoßen, abgewertet, nicht wichtig.
Fühle diese ganzen Gefühle. Du darfst auch weinen, du musst es
ihr nicht unbedingt sagen. Es geht dabei nur darum, diese Gefühle
für dich und in dir anzunehmen und nicht darum irgendjemand
anders deshalb Vorwürfe zu machen.

Es geht nur um dich und deine Gefühle
und um dein Herz.

Also übe es mit Situationen, die dich nicht vom Hocker reißen
und nicht in die Knie zwingen. Übe es mit Situationen, wie in
dem von mir genannten Beispiel. Damit öffnest du dich dann
Schritt für Schritt, ganz langsam zu deinem Herzen und deinen
Gefühlen.
Hilft dir das?

Ja. Schaffe ich es auch so, an die Gefühle der Keksdose zu
gelangen?
An erster Stelle für dich steht jetzt einmal, diese Gefühle im Alltag
für dich zuzulassen und zu integrieren. Wie gesagt, es ist nicht
sehr sinnvoll, an die Keksdose zu gehen, den Deckel aufzumachen
und sich von diesen Gefühlen überschwemmen zu lassen. Das
sollte sehr behutsam gemacht werden, eventuell in einer Thera-
pie. Es geht jetzt darum, dass du in deinem Leben lernst, deine
Gefühle zuzulassen, dass du es eben nicht mehr so weitermachst,
wie bisher. Dadurch häuft sich natürlich immer, immer mehr
an und du stellst immer mehr Keksdosen auf. Das ist natürlich
eine gute Strategie von dir gewesen, das alles auszuhalten, aber
es bringt dich weg von dir selbst und nicht zu dir selbst. Zu dir
selbst bringt es dich, wenn du dein Herz spürst, und das, was du
fühlst, spürst. Das bringt dich zu dir selbst zurück. Versuche also
im Alltag es so zu machen, wie ich es dir gerade gesagt habe. Als
Erstes sehe die Keksdose, nehme sie wahr und mache es dann mit
jemandem zusammen, dich an die Keksdose heranzuwagen.

Hast du noch eine Frage?

Nein, zurzeit nicht mehr. Ich danke dir sehr herzlich.
Sehr gern, geliebtes Kind, sehr gern. Wie ich anfangs schon sagte, freue ich mich wirklich sehr, dass du den Weg zu dir suchst und dass du dich aufgemacht hast. Wenn du dich auf den Weg ge-macht hast, auf dem Weg zu deinem Herzen und dein Herz finden willst und dein Herz suchen willst, dann wirst du dein Herz auch finden. Der erste Schritt ist immer, sich aufzumachen und es zu wollen, dann wird es auch genauso geschehen. Bitte rufe dir die Engel oder die Meister, dass sie dir helfen und dich unterstützen. Sei dir gewiss, du bist nie allein, du warst nie allein. Sei dir auch immer gewiss, dass alles einen Grund und seine Berechtigung hat. Nehme es immer in Liebe an, zu dir und zu deinem Weg, den du dir ausgewählt hast, hier zu gehen.

Hilarion

Geschenk des Himmels

Andrea & Tochter
(5 Monate alt), Januar 09

Meine lieben Kinder des Lichts, und der Liebe. Wie wunderschön dass ihr den Weg hier her gefunden habt, um euch begleiten und leiten zu lassen, von meiner Liebe. Es ist wundervoll und wertvoll diesen Schritt getan zu haben. Seid immer so wundervoll und wertvoll und bleibt bei euch selbst. Genießt die Zeit die Ihr miteinander habt, denn es ist eine wundervolle Zeit die euch geschenkt wird. Es ist ein himmlisches Geschenk, mit diesem himmlischen Wesen aufzuwachsen und es heranwachsen zu sehen, und so viel lernen, und wahrzunehmen zu dürfen von seinen Gefühlen und Gedanken. Spürt immer wieder die himmlische Verbindung, die dieses kleine Wesen noch hat.

Dadurch seid ihr auch viel mehr bei euch und in euch, bei euren Gefühlen, in eurem Innersten, und in eurem Herzen: Dadurch könnt ihr euer Herz öffnen nicht nur für euer Kind, sondern für alle Menschen die euch umgeben.

Euer Kind öffnet euer Herz.
Das ist mit das größte Geschenk,
welches ihr durch euer Kind bekommt.

Eurer Herz wird aufgemacht, geöffnet, *und ihr könnt voller Glück und Freude und Wertschätzung das Leben in einem ganz neuen Licht betrachten, wie ihr es vorher noch nicht konntet.*

Weil ihr diesen Schatz geschenkt bekommen habt.

Diesen Schatz eurer Liebe, diesen Schatz unserer Liebe, unserer aller Liebe: Achte das Geschenk und beachte das Geschenk, das ihr durch dieses Kind jeden Tag wieder erfahren dürft, in eurem ganzen Leben und jeden Tag erfahrt. Beachtet auch ganz genau,

209

wenn irgendetwas mit diesem wundervollen Wesen ist, was es mit euch macht.

Eure Kinder sind eure Spiegel.

Eure Kinder spiegeln euch entweder eure Gefühle oder die Dinge, die ihr bei euch selbst noch nicht erlöst habt.
Also achtet ganz genau darauf, wenn irgendetwas ist: Was macht es mit euch, wenn euer Kind dies oder jenes tut?
Wie geht es euch damit? Was habt ihr für Gefühle?
Dadurch kommt ihr zu euren Gefühlen und bei euren Gefühlen an. So könnt ihr Sachen und Seiten an euch entdecken, wie ihr es zuvor noch nie entdecken konntet. Ihr seht das jetzt alles aus einem anderen Blickwinkel. Dies ist wunderschön, das ganze Leben bekommt eine neue Richtung und das ganze Leben bekommt einen neuen Sinn. Sehe, nicht nur das Geschenk eures Kindes ist es, was euch die neue Richtung gibt, sondern vor allem auch das Geschenk, das ganz unbewusst in dem Geschenk liegt. Nämlich dass ihr jeden Tag immer mehr zu euren Gefühlen finden könnt und dem, was ihr fühlt und denkt und empfindet.

Mein geliebtes Kind, hast du eine Frage?

Ja. Ich habe geträumt, dass mein Kind ertrinken wird, es hat aber in diesem Traum überlebt. Hat das etwas zu bedeuten?

Mein liebes Kind, frage dich, was hat dieser Traum mit dir zu tun? Deine Träume haben meistens etwas mit dir zu tun und sind direkte Botschaften von deinem Unterbewussten an dich. Für euch sind diese manchmal nicht sehr leicht zu deuten, weil sie in Bildern sprechen, die ihr mit eurem Bewusstsein nicht wirklich versteht. Beachtet diese und versucht eine Deutung, indem ihr euch immer wieder bewusst macht, dass sie etwas mit euch zu tun haben. Wo fühlst du dich als Ertrinkende? Welcher Teil in dir fühlt sich als Ertrinkende in einer bestimmten Situation?

Es ist meistens nicht mit den im Traum vorkommenden Personen gekoppelt, denn es hat immer etwas mit dir zu tun. Wenn
du träumst, dein Kind ertrinkt, dieser kindliche Teil in dir fühlt
sich, als ob er ertrinkt. Fühle für dich hinein, spüre hinein, was dir
dieser Traum sagen will, weil er hat immer was mit dir zu tun. Es
ist selten der Fall, dass dir etwas vorausgesagt wird oder irgendwelche Dinge passieren werden. Es handelt sich immer um einen
unbewussten Teil in dir, der beachtet werden will, der geachtet
werden will, der dir einfach sagen will: Wenn es so weitergeht,
dann fühle ich mich so, als ob ich ertrinke. Dieser Traum will dich
auf etwas in dir aufmerksam machen, was nicht stimmt in dir.

**Ich möchte etwas wegen unserer Wohnsituation fragen.
Ich denke, es hat auch etwas mit dem Ertrinken zu tun.
Ändert sich daran bald etwas?**

Geliebtes Kind, was möchtest du denn, dass es sich ändert?

**Ich möchte mit meiner Familie, meinem Kind und meinem
Mann in Ruhe leben, in einer schönen Wohnung, in einer
schönen Umgebung.**

*Mein liebes Kind, werde dir erst einmal darüber klar, was du
wirklich willst. Frage dich: Was willst du mit deiner Familie?
Was willst du erreichen? Wie willst du leben? Werde dir ganz
klar darüber, wie du dir es vorstellst. Stelle es dir dann wirklich
bildlich vor, wie es sein soll, sodass sich dein Herz daran erfreuen
kann. Stelle es dir alles in Gedanken vor. Dies ist die beste Mani-
festation, die du dir selbst entgegenbringen kannst. Du kannst es
manifestieren, indem du es dir lebhaft vorstellst, wie du es gerne
haben möchtest. Wenn du keine Vorstellung davon hast, wie du
es dir wünschst, dann kann das Universum dir deine Wünsche
auch nicht erfüllen. Also stelle es dir vor, male es dir aus, wenn
du z. B. abends ins Bett gehst. Lege dich hin und male es dir aus,
wie du es dir wünschst. Male es dir aus, wie in einem Film, wie*

es für dich sein sollte, dann wird sich dein Wunsch auch erfüllen. Im Moment ist es so, dass du gar nicht weißt, wie es genau
funktionieren soll. Daher mein Tat: Male es dir aus, genauso wie
es dein Traum ist, wie du es dir von Herzen wünschst. Du darfst
ruhig übertreiben, du darfst dir Dinge vorstellen, wo du vielleicht
mit deinem Kopf denkst, das kann ja gar nicht sein, dass wir so
ein Glück haben. Wir können dir nichts erfüllen und bei keiner
Wunscherfüllung auf der Erde helfen, wenn kein Wunsch da ist
oder eine genaue Vorstellung davon. Also stell es dir vor, wie du
es dir wünschst.

**O. k. Was mir noch wichtig ist, die Beziehung zu meiner
Schwiegermutter. Wie wird es weitergehen?**
*Geliebtes Kind, wie es weitergeht, liegt ganz genau in deiner Macht
und in deiner Entscheidung. Wie weit lässt du sie deine Grenzen
überschreiten? Wie weit fühlst du dich ihr verbunden? Wie weit
lässt du dir in das hineinreden, was du denkst und fühlst. Grenze
dich ab, grenze dich in Liebe von ihr ab. Es ist eine sehr starke
Verbindung zwischen euch, getragen von Liebe. Sie will nur helfen
und hat überhaupt nichts Böses im Sinn. Sie ist mit dem Herzen
bei euch und will euch nur unterstützen. Sehe es, sie meint alles
nur gut, aber finde trotzdem deine Grenzen für dich. Grenze dich
in Liebe ab und sehe ganz klar, sie tut alles, was sie tut, auch nur
aus Liebe, aus Liebe zu dir und aus Liebe zu euch. Es ist jetzt an
der Zeit, deinen eigenen Weg zu gehen. Das ist auch der Grund,
wieso dir das passiert und warum du dich teilweise eingeschränkt
fühlst. Du sollst deinen eigenen Weg gehen und auch mal sagen:
Nein, das fühlt sich für mich nicht so an. Für mich fühlt es sich
anders an. Ich gehe einen anderen Weg, weil ich auf mein Herz
höre und auf das, was ich fühle. Aus diesem Grund ist es auch
sehr wichtig für dich, dass sie vielleicht manchmal irgendwelche
Dinge sagt, die du nicht so gut findest, damit du einfach sagen
kannst: Das passt für mich jetzt nicht.*

Damit ich das lerne, ach so, jetzt verstehe ich. Die Bezie-

hung mit meinem Mann ist gerade etwas abgekühlt durch die ganze Situation und Stress. Kann ich da etwas ändern? Wird diese wieder besser? Was kann ich dazu beitragen?

Ihr habt jetzt noch ein kleines himmlisches Wesen, das auch einen sehr, sehr großen Teil eurer Liebe beansprucht. Dadurch habt ihr weniger Zeit für euch, weil ziemlich viel eurer Liebe zu eurem Kind fließt, die normalerweise für euch gegenseitig übrig war, die ihr für euch aufgewendet habt und die normalerweise euer ganzes Sein eingenommen hat. Deshalb habt ihr im Moment das Gefühl, dass für euch nicht mehr so viel da ist. Seht, dieses Kind, dieses wundervolle Kind ist die Verbindung zwischen euch. Es ist ein Stück von dir, und es ist ein Stück von ihm. Werde dir einfach darüber im Klaren und sei dir bewusst, dass es jetzt sehr wichtig für das Kind in diesem Alter ist, dass es eure ganze Liebe bekommt. Aus diesem Grund ist es auch so. Achtet weiterhin darauf, euch nicht zu entfremden. Versucht, alles gemeinsam für euer Kind zu tun, und treffe du nicht immer alleine die Entscheidungen. Beziehe deinen Mann mehr mit ein, denn es ist nicht nur dein Kind, es ist euer gemeinsames Kind. Frage ihn, vertraue ihm, denn es ist genauso sein Augapfel, wie deiner. Das ist auch der eigentliche Grund für sein Verhalten, denn er fühlt sich ausgeschlossen, er fühlt sich, als ob er nicht viel zu sagen hat. Er fühlt sich manchmal etwas ausgegrenzt, weil er merkt, dass ihr eine sehr starke Verbindung habt. Beziehe ihn also mehr mit ein in deine Entscheidungen. Das ist genauso sein Kind, und sein Herz hängt genauso an seinem Kind, wie deines. Also nehme dir ganz bewusst immer wieder vor, bei Entscheidungen, die du bisher immer alleine getroffen hast, ihn erst zu fragen, ihn erst mit einzubeziehen. Damit nimmst du ihn ernst, damit nimmst du ihn für voll, und das ist das, was ihm im Moment etwas fehlt. Nur so spürt er, dass er genauso wichtig ist.

Besteht die Beziehung zwischen uns noch? Hat er auch noch genug Gefühle für mich?

Ja, er hat genug Gefühle für dich. Wie gesagt, es ist eher umge-

dreht, er denkt, du hast nicht mehr genug Gefühle für ihn. Er denkt, er kommt nach dem Kind. Er denkt, deine ganze Liebe fließt nur noch zu eurem Kind und er fühlt sich vernachlässigt.

Ich denke, wenn wir alleine wohnen, geht es uns besser. Ist das so?

Geliebtes Kind, das musst du entscheiden, das müsst ihr gemeinsam entscheiden. An der Situation, wieso ihr euch im Moment nicht so nahe fühlt, wird es nicht so viel ändern, denn es ist so, wie ich es gerade gesagt habe. Wenn es dein Wunsch ist, alleine zu wohnen, deine Familie für dich zu haben, dann ist das ganz bestimmt auch der Weg, mit dem es dir besser geht.

Leider schläft meine Tochter nicht durch. Meine Lösung ist bis jetzt Stillen, Stillen und noch mal Stillen. Hast du einen Rat für mich?

So ein kleines Kind fordert manchmal die ganze Kraft, die man noch hat. Trotzdem gehört es dazu und ist ganz normal. Es ist jetzt im Moment einfach so, wie du schon bemerkt hast. Es lässt sich nicht auf Knopfdruck abstellen und du bist rund um die Uhr Mutter, von morgens bis abends und die ganze Nacht durch. Dein Kind, in seinem ganzen wahren göttlichen Sein, will dich nicht ärgern, sondern es kann seine Bedürfnisse nicht aussprechen. Deshalb schreit es, wenn es Hunger hat, oder es quengelt, wenn es unzufrieden ist. Was für euch so wunderbar an dieser Sache ist, ihr erlebt und bemerkt ganz genau, wie die ursprünglichen Gefühle und Bedürfnisse von Kindern gelebt werden. Ihr wart doch schließlich auch mal solch ein kleines Wesen, mit denselben Bedürfnissen. Es soll euch spiegeln, dass alles o. k. ist. Euer Kind will angenommen sein, mit seiner Kindlichkeit, all seinen Problemen, Ängsten und mit seinem Hunger, Durst und allem, was dieses Kind hat. In den ersten Jahren wird es so von den Eltern angenommen, wie es ist. Das Ziel der Sache dabei ist jedoch, dass ihr für euch immer wieder erkennt und spürt, dass ihr auch diese Bedürfnisse habt. Du hast vielleicht auch mal das

Bedürfnis, deine Ruhe zu haben. Tue dir selbst auch einmal bitte den Gefallen und gebe dein Kind ab, um dir etwas Ruhe gönnen zu können. Gib es deinem Mann, gib es deiner Schwiegermutter und nimm dir die Zeit für dich. Wenn du entspannt und relaxt bist, dann ist es das Kind auch. Wenn du probierst, dir aus den Knochen die letzte Kraft herauszuziehen, die du überhaupt noch hast, dann spürt das dein Kind auch und wird unzufrieden. Das heißt: lieber eine Mutter, die einen Mittag keine Zeit hat, als eine Mutter, die denkt, sie muss alles selbst tun, um es gut zu machen. Du darfst sie ruhig auch einmal abgeben und dir Zeit für dich nehmen. Ruh dich aus, gehe schwimmen, in die Sauna, tue mal was für dich und deine Seele, wo du entspannen und relaxen kannst, wo du Kraft tanken kannst. Gehe spazieren, allein für dich, und probiere, womit du für dich wieder Kraft tanken kannst, dann bist du wieder kräftig, fröhlich und glücklich, weil du auch mal etwas für dich getan hast. Dein Kind wird auch wieder entspannter sein, weil es genau spürt, dass du entspannter bist. Deine Unzufriedenheit, egal in welcher Form die stattfindet, überträgt sich immer auch auf das Kind, deshalb schaue immer zuerst nach dir, dass es dir gut geht, automatisch geht es dann deinem Kind auch gut. Es ist ein Irrglaube eurerseits, indem ihr denkt, ihr müsst euch für euer Kind oder für euren Partner oder für eure Eltern aufopfern ... damit tut ihr euch und den Menschen nichts Gutes, für die ihr das aus Liebe tun wollt. Schaut erst einmal nach euch, damit es euch gutgeht, dann wird sich das auf alle in eurem Umfeld übertragen.

Seit meine Tochter geboren ist, wurde mein Neurodermitis wieder schlimmer. Kann ich etwas tun, damit es besser wird?

Du solltest dich immer fragen, egal was du hast, was dir das sagen will. Was will dir dieses Hautproblem signalisieren?

Es stimmt etwas nicht. Die Haut ist euer größtes Organ, es ist ein Ausscheidungsorgan. Es transportiert Giftstoffe von innen nach außen. Wenn du da eine allergische Reaktion zeigst, ist das wie ein Stau, wie etwas, das du nicht richtig loslassen willst. Es will sich da etwas in dir reinigen, und du willst es nicht richtig loslassen. Es will etwas „ausgeschieden" werden, es will etwas verarbeitet, bearbeitet werden und du bist nicht wirklich bereit dazu.

Kannst du damit etwas anfangen?
Gibt es dazu eine Situation, wo du das Gefühl hast, du solltest es loslassen und konntest es nicht?

Ja.
Dann schaue dir diese Situation genauer an, geliebtes Kind. Werde dir klar darüber, was du über diese Situation fühlst und denkst. Spüre sie und wenn du es kannst, dann lasse sie in Liebe gehen.
Ich versuche es.

Beschäftige dich damit.

Ich habe im Moment keine Frage mehr, nur eine Bitte. Kannst du nach meiner Tochter, meinem Mann, meinem Papa (dem es zeitweise nicht so gut ging) und nach mir schauen und mir etwas dazu sagen?
Geliebtes Kind, du hast so viele geistige Helfer um dich herum, sowie auch deine ganzen Lieben, dass du dir überhaupt keine Sorgen zu machen brauchst, denn wir sind immer da. Das einzige Problem ist, dass ihr uns einfach nicht genug bittet, euch zu helfen. Wir dürfen euch nicht helfen, wenn ihr uns nicht darum bittet, also beziehe das mehr in dein Leben mit ein. Schicke ab und zu ein Gebet, wen auch immer du bittest, ob es Erzengel Michael ist oder ob du mich rufst oder irgendeinen anderen Meister oder Engel. Es ist ganz egal, wen du rufst, du darfst auch einfach nur bitten und warten, wer dir hilft, denn es hilft dir immer jemand. Aber wenn du nicht bittest, dann dürfen wir nicht in dein Leben eingreifen. Du darfst uns um jede Unterstützung bitten, und wir sind immer bei euch, halten und tragen euch durch euer Leben

und helfen, so gut wir können. Wir geben euch immer wieder kleine Zeichen, auf die ihr achten solltet, aber an denen ihr oft vorbeilauft und sie nicht wahrnehmt. Wir schicken euch ständig Zeichen, nur seht ihr sie oft nicht, ihr hört sie oft nicht, und das ist sehr schade. Wir begleiten euch ständig auf eurem Weg und sind immer bei euch, aber nur wenn ihr uns bittet, dürfen wir auch eingreifen, dann dürfen wir euch einen stärkeren Schubs geben oder ein Zeichen senden, das ihr auch wirklich versteht. Wir helfen euch auch dabei, dass sich etwas manifestiert, aber wir brauchen eure Erlaubnis dafür. Wir brauchen eure Bitte oder auch schon euer Dankeschön dafür, dass es passieren darf.

Wenn es eine Aura gibt, dann würde ich gerne daran glauben, dass ich auch eine habe. Meine Frage ist: Wie kann ich diese schützen?

Du kannst deine Aura schützen, indem du dir einfach vorstellst, um deine Aura liegt ein goldener Schutzmantel. Diesen Schutz kannst du dir jeden Morgen vorstellen, wie du in ihn hineinschlüpfst, wie in deine Kleidung. Du kannst deine Aura schützen und es gibt natürlich eine Aura. Du hast mehrere Körper in dir und um dich herum, die für das normale menschliche Auge nicht sichtbar sind. Dass dies stimmt, kann man inzwischen auch schon mit der Aura-Fotografie beweisen. Diese unterschiedlichen Körper haben ganz, ganz viele verschiedene Aufgaben. Höre auf dein Herz, spüre in dein Herz hinein. Du kannst dir gerne jeden Morgen vorstellen, dass du in diesen Mantel aus Gold schlüpfst, der dich schützt. Es ist aber so, dass du immer in dein Herz hinein fühlen solltest, mit was du dich gut fühlst und mit was du dich weniger gut fühlst, und dass du danach handelst, auch damit schützt du dich. Du schützt dich und deine Aura, indem du vermeidest, ständig Dinge zu tun, die du eigentlich nicht tun willst. Wenn zu dir jemand etwas sagt, was du machen sollst und du tust es gegen deinen Willen, dann ist das für dich und deine Aura nicht sehr dienlich. Also versuche dich im alltäglichen Leben zu „schützen", indem du einfach den Weg deines Herzens gehst.

Schaue dir an, was dir guttut und was dir weniger guttut, diese Dinge kannst du ruhig auch einmal weglassen. Geliebtes Kind, achte mehr auf dich, schaue ein bisschen mehr, was du brauchst. Beziehe deinen Mann mehr in deine Entscheidungen mit ein. Gebe ihm das Gefühl dazuzugehören. Es ist ja schließlich so, dass er genau das gleiche Recht hat wie du und mitbestimmen kann, was mit eurem Geschenk des Himmels passiert, in welcher Form auch immer. Versuche, ganz bewusst ihn mehr in deine Entscheidungen mit einzubeziehen oder auch mal ganz bewusst ihn entscheiden zu lassen. Vertraue ihm.

Sage zu ihm „Entscheide du", oder „Das darfst du heute entscheiden".

Dadurch wirst du sehr schnell sehen, dass sich in eurer Beziehung sehr viel zum Positiven verändern wird. Sei gesegnet und geschützt und behütet. Rufe uns jederzeit, um dir zu helfen. Sei dir gewiss, wir sind immer da, und warten nur darauf, dass du uns bittest.

Hilarion

Entzündet euer Licht

Mein liebes Kind, es ist wunderbar, wertvoll, wichtig und richtig, wenn du dich mit mir in Verbindung setzt, tue es öfter. Du bist dir dessen bewusst, was für wundervolle Antworten du bekommst, und wie sehr sie dir auf deinem Weg weiterhelfen. Also scheue dich nicht so oft davor und nehme dir die Zeit, auch mal nach dir selbst zu fragen, dich selbst wichtig zu nehmen. Aber du bist ja schon auf dem besten Weg. Es erfreut mich sehr, dies zu sehen. Versuche es nun noch ganz bewusst zu tun und es vor allem auch beizubehalten. Wir hier tun alles in unserer Macht stehende, dich dabei zu unterstützen, dass du diese Zeit auch wirklich bekommst, wie du sehr wohl gemerkt hast.

Also achte und beachte dich selbst mehr und mehr jeden Tag und siehe deine Wichtigkeit.

Nicht nur deine Wichtigkeit für die Welt, sondern deine Wichtigkeit für dich selbst.

Darum geht es hier, zu erkennen, wie wichtig und wertvoll du selbst bist, damit du in all deiner Schönheit erstrahlen, blitzen und blinken kannst, wie ein Diamant. Poliere ihn, deinen Diamanten, lasse es zu, dass er strahlt und leuchtet. Entdecke zuerst einmal selbst deine Schönheit. Wenn du deine Schönheit entdeckt hast, deinen Glanz und dein Strahlen, dann strahle und sei den anderen ein Licht in der Dunkelheit.

Nach und nach werdet ihr alle euer Licht entzünden und eure Schönheit erkennen. Jeder für sich und jeder zu seiner eigenen Zeit, genau zu der Zeit, wo es richtig ist, für jeden von euch.

Und so schnell werdet ihr ein Lichtermeer voller wunder-

barer Lichter. Jeder in seinem ganz eigenen strahlenden Licht, in seiner eigenen strahlenden Schönheit, mit seiner ganz eigenen individuellen Aufgabe, die ihr hier auf dieser schönen Erde habt.

Seid ein Licht – und vor allem seid euer Licht. Strahlt euer Licht in die Welt hinaus, dazu rufen wir euch auf.
Lasst euer Licht strahlen und erkennt dadurch, dass ihr völlig bei euch seid, in euch, mit euch, völlig harmonisch. Wenn ihr euer Strahlen entdeckt habt, werdet ihr alle anderen damit anstecken und sie werden es euch nach tun. Meine Liebe, glaube mir, durch diese Aufgabe, die du nun jeden Tag für dich bewältigst, allein durch deine Gewissheit, da es funktioniert, allein durch die Öffnung des Gedankens, dass du dich um dich kümmern und dir für dich Zeit nehmen solltest. Allein dadurch schon bewegst du sehr, sehr viel in deinem Inneren und in deinem Äußeren.

Weil du mit dem Herzen erkannt hast, wie wichtig du bist und es auch lebst. Du fühlst es und lebst es, und das ist wunderbar.
Also lebe es vor, damit es dir all die anderen nachleben können, wenn sie es wollen. Wenn sie auch diese Zufriedenheit empfinden wollen, die du dann ausstrahlst, werden sie es dir nachtun. Verzage nicht, wenn es vielleicht einmal nicht klappen sollte. Du wirst bald sehen, dass wenn du erst mal erkannt hast, wie wichtig und wertvoll dir diese Zeit ist, gern auch mal auf etwas anderes verzichtest, auch wenn du das im Moment noch nicht glauben kannst, wirst du irgendwann den Punkt erreicht haben, wo du dir selbst am wichtigsten bist. Wo du die Zeit, die du dir selbst schenkst, als wichtigste Zeit spüren, fühlen und empfinden kannst. Also, meine Liebe, wichtige, wertvolle, wunderschöne Frau, erkenne deine Schönheit und hole sie heraus. Kehre dein Innerstes nach außen, und du wirst strahlen wie ein Diamant, schneller als du es dir vorstellen kannst.
Habe Vertrauen zu mir, der ich alle Zeit an deiner Seite bin und

dich immer unterstütze und auf Händen trage. Sei dir dessen ganz gewiss. Erkenne, wie wundervoll es ist, dass du diese Verbindung hast, wir diese Verbindung haben, und es dir möglich ist, dich jeden Tag mehr und mehr daran zu erinnern.

Dich mehr und mehr jeden Tag wieder zu finden, und damit auch die Verbindung zu uns.

Du hast noch eine Frage zu deiner Freundin? Du möchtest noch etwas zu ihrem Weg erfahren?
Geliebte Kinder des Lichts, seid euch gewiss, dass euch alles so passiert und widerfährt, wie es immer schon für euch gedacht war. Es gibt keinen Zufall und es gibt auch nichts, mit dem ihr nicht zurechtkommen könntet. Alles war für euch so geplant und gedacht, wie es euch widerfährt. Vor allem die sogenannten Zufälle solltet ihr in eurem Leben noch mehr beachten, weil sie nämlich gar keine Zufälle sind. Ihr werdet in die für euch richtige Richtung geschubst, von ganz vielen verschiedenen Personen in eurem Leben, sowie von vielen verschiedenen Begebenheiten. So auch also bei euch Lieben, die ihr dazu neigt, weiterhin in der Schulbank der ersten Klasse zu sitzen, obwohl ihr eigentlich schon in der vierten seid (Lächeln). Geliebte Kinder des Lichts und der Liebe, lasst euch gesagt sein, dass ihr schon viel weiter seid, als ihr euch eigentlich zutraut, und ihr auch schon viel mehr auf eurem Weg seid, als ihr erkennt. Euer Weg ist der Weg der Liebe, der Weg der Weisheit, der Weg der Wachheit. Also seid wach und achtet auf die Begebenheiten, die euch widerfahren. Die euch in eure Richtung schubsen, in die Richtung das auszuüben und das zu tun, was eure Herzen zum Singen bringt, und was euch auf eurem Weg begleitet und leitet. Lasst alle Erwartungen los und gebt euch völlig dem Vertrauen hin, dem Vertrauen zur Geistigen Welt und euren Gefährten, die euch immer auf eurem Weg beschützen, stützen, halten und führen. Stellt euer Licht nicht länger unter einen Scheffel, indem ihr Dinge tut, die ihr vielleicht gar nicht mehr tun wollt, die euer Herz nicht zum Singen bringen.

Ihr seid hier, um Frieden, Liebe, Glück und Weisheit in die Welt zu bringen.

Ihr seid hier, um in eurem ganzen Sein zu erstrahlen und den anderen auf ihrem Weg zu helfen.

Nehmt euer Zepter wieder in die Hand und lebt ganz liebevoll und machtvoll euer ganzes Potenzial, das in euch steckt. Lasst alle Menschen, die euch umgeben, an eurer himmlischen Aufgabe teilhaben, und an der Freude, mit der ihr sie in die Welt tragt und die Herzen der Menschen öffnet.

Öffnet die Herzen der Menschen und zeigt ihnen, dass die gleiche Weisheit, Liebe und Wertigkeit, die in euch zu finden ist, auch in ihnen steckt. In jedem Menschen, in jedem von euch ist das zu finden, wozu ihr berufen seid, es vorzuleben.

Meine Lieben, wie wundervoll, dass ihr diesen Weg gewählt habt, der die Herzen so vieler Menschen zum Singen bringt und ein Lächeln auf unsere Gesichter zaubert, die wir euch beobachten und immer seit jeher bei euch sind. Wir sind immer für euch da, und ihr solltet noch mehr den Kontakt zu uns suchen. Ihr merkt ja, wie sehr euch das erfüllt. Weshalb zögert ihr, mit uns in ständigem Kontakt zu sein? Ich sage euch hier, zögert nicht, damit verzögert ihr es nur.
Ich segne euch und euren Weg, in Liebe und Dankbarkeit.

Jetzt möchtest du noch etwas wissen über dich und die Menschen, die gerade in dein Leben treten.

Die ihr euch so viele Inkarnationen gegenseitig begleitet und gegenseitig an die Seite gestellt worden seid. Der Kontakt zu all den Wesenheiten, die dir hier begegnen, zu all den Menschen, ist sehr tief in vielen, vielen vergangenen Inkarnationen verwurzelt.

Es ist wahrlich so, dass ihr euch wieder trefft, wieder vereint und wieder findet, voller Freude, Glück und Wertschätzung. Es ist sehr viel in den vergangenen Inkarnationen passiert, dass ihr euch alle gemeinsam auf diesen Stand gebracht habt, auf dem ihr heute steht. Eure Seelen sind sehr reif und haben sehr viel erlebt. Sehr viel Gutes, sehr viel Schlechtes, sehr viel Traumatisches, sehr viel Liebe, sehr viel Freude, sehr viel Hass. Es war alles dabei in euren vergangenen Leben, und jetzt wird es Zeit, euch mit jedem Einzelnen auszusöhnen, zu versöhnen. Sich wieder mit demjenigen zu verbinden, der vor so langer Zeit an eurer Seite war. Ihr alle wart euch zu dieser Zeit zugetan, deshalb seid ihr es auch heute noch. Also wundert euch nicht über eure Verbindung, eure Herzensnähe und die Vertrautheit, denn sie besteht schon über sehr, sehr viele Leben. Eure Seelen sind sich sehr nah und wohlbekannt. Auch bei uns hier oben habt ihr immer ziemlich viel Freude und Spaß. Das ist auch eine wichtige Aufgabe von euch, diese Freude in die Welt zu tragen. Diese in die Welt zu bringen, diese dort hinzubringen, wo sie hingehört, in euer Leben. In das Leben auf der Erde, wo in so vielen Leben die Freude, die Liebe, die Geborgenheit und das tiefe, tiefe Bewusstsein, das wir alle eins sind, fehlt.

Werdet eins. Ihr seid alle nicht voneinander getrennt. Wie ihr alle wohl wisst, hat das nur den Anschein.
Es ist genau das, was ihr immer wieder spürt: die enge Verbindung zwischen euch allen. So wandelt nun dahin auf eurem Weg und ihr seid nicht mehr alleine. Ihr wisst nun, dass wir bei euch sind. Ihr habt so viele Freunde und Begleiter, die sich jetzt hier finden, und neben euch und mit euch den Weg der Einheit gehen werden.

Ihr seid nur im Körperlichen voneinander getrennt. Im Herzen sind wir alle eins.
Das ist das, was ihr im Moment in Ansätzen spüren und fühlen könnt. Dieses Gefühl der Glückseligkeit wird immer intensiver,

das jeder in sich finden kann.

Wenn ihr alle glückselig seid, vereint ihr euch
in Liebe, Wertschätzung und Achtung.

Meine Liebe, wundert euch nicht über eure Verbindungen, denn
sie werden getragen in Gottes Hand und sind gesegnet und sehr
wichtig für euch, wie ihr wohl spüren könnt.

Hilarion

Du bist vollkommen

Mein liebes Kind, du wundervolles Kind. Erkenne deine Schönheit, deine ureigene Schönheit, deine Einzigartigkeit. Höre auf, dich zu verstecken und gehe in die Welt hinaus und zeige dich. So wunderschön und strahlend wie du bist, mit deiner ganzen Einzigartigkeit und mit deinem ganzen Glanz. Zweifle nicht an dir, an dem, was du tust, an dem, wer du bist, an dem, was du kannst und an dem, was du vollbringen kannst. Du hast wie jeder Mensch hier eine wundervolle Aufgabe zu erledigen. Diese besteht zuallererst einmal darin, dich selbst zu finden, dich selbst anzunehmen, dich zu lieben dafür, wie du bist, zu achten und dich selbst wertzuschätzen.

Mein liebes Kind, wenn du das tust, werden auch alle anderen in deinem Umfeld dasselbe tun. Also achte, schätze und liebe erst mal dich selbst, bevor du von anderen erwartest, dass sie dich lieben, achten und schätzen. Nur wenn du es selbst tust, können dir im Außen die Menschen das widerspiegeln, was du selbst tust. Solange du nicht vollkommen und komplett bei dir bist und zu dir stehst, werden dir die Menschen im Außen immer wieder das spiegeln, was du selbst an dir abwertest oder bemängelst oder es als nicht vollkommen genug ansiehst.

Ich sage dir hier: Du bist vollkommen, wie du bist.

Vollkommen und einzigartig. Bitte zweifle nicht an diesen Worten, denn es ist die Wahrheit. Begreife es und öffne dein Herz dafür, dass es so ist. Versuche es nicht nur mit dem Verstand zu verstehen, sondern öffne dein Herz für diese Wahrheit und fühle es ganz tief in deinem Herzen, dass dies die Wahrheit ist. Wenn du es im Herzen spüren kannst, ist es angekommen. Wenn du es dort spürst, kannst du es auch aus dir heraus leben, es kann dann aus dir heraus fließen. Die Menschen in deinem Umfeld werden es dir ansehen und es mit jeder Begegnung spüren. Mit jedem Wort, was du sagst, werden sie die Möglichkeit haben, deine Einzigartigkeit zu entdecken und zu sehen. Bevor du das selbst nicht siehst, ist es diesen Menschen nicht möglich. Also mache dich erst einmal auf den Weg zu dir selbst, zu deiner Einzigartigkeit, dann wird alles andere zu dir kommen, zu dir fließen, so wie du es dir wünschst, so wie du es dir erhoffst. Der Weg zum Ziel führt immer über dich selbst und nie über den Umweg der anderen. Es ist ein Umweg, wenn ihr versucht, euer Glück über andere zu finden. Indem ihr fragt: „Wieso zeigen sie mir nicht, dass sie mich lieben? Wieso zeigt er mir nicht, dass er mich liebt?"

Geliebtes Kind, zeige erst einmal du, dass du dich liebst, und alle anderen werden dich dann auch lieben.

Ja, vielen Dank. Ich möchte gerne wissen: Was ich für meinen Freund, den ich liebe, bin? Was bedeute ich ihm? Was empfindet er für mich? Empfindet er überhaupt etwas für mich?
Mein liebes Kind, wie bei allem geht es eigentlich immer gar nie um die Frage, was empfindet er für dich, sondern vielmehr geht es immer wieder um die Frage: Was empfindest du für dich? Weil alle Menschen im Außen deine Spiegel sind, solltest du dich immer zuerst diesen Fragen widmen.
Was empfinde ich für mich?
Wie stehe ich zu mir?
Wie sorge ich für mich?
Wie verhalte ich mich?
Versuche, geliebtes Kind, immer bei dir zu bleiben, dich zu fragen. Wenn du das lernst zu tun, wirst du merken, dass sich dein komplettes Umfeld verändern wird und alles, was jetzt ist, sich total verändert.

Hat das Ganze mit ihm eine Chance?

Es verhält sich so, dass ihr täglich sehr viele Chancen in eurem Leben habt. Es ist die Frage, was du für eine Chance meinst, denn ihr habt sehr viele Chancen. Ihr habt sehr viele Gelegenheiten, aneinander zu lernen und auch einander zu spiegeln, euch weiterzubringen auf eurem Weg, wie ihr es bisher schon getan habt. Dazu habt ihr sehr viele Gelegenheiten und Chancen, und die nützt ihr auch. Diese könnt ihr auch weiterhin nutzen, wenn euch dies dienlich ist. Ob es aber euch weiterhin dienlich ist, das solltet ihr selbst entscheiden. Im Moment verhält es sich so, dass es euch noch dienlich ist, sonst könntet ihr ja voneinander lassen. Da dem nicht so ist, ist es euch noch dienlich, es bringt euch noch weiter in eurer Entwicklung. Sehe, es geht nie um ihn und nie um andere, es geht immer nur um dich in deinem Leben. Alle, wirklich alle Menschen, wollen dir nur helfen. Sie wollen dich stützen, schützen und dir helfen, deinen Weg zu dir selbst zu finden, damit du dich in deiner Einzigartigkeit entwickeln kannst. Also sehe, was er dir auch in deinem Glauben antun mag, auf ganz tiefer Ebene tut er dir einen riesen Gefallen, weil er dich in die Richtung schubst, dass du dich selbst entdecken kannst, du dich selbst verwirklichen, lieben und achten kannst.

Das ist das, was ich auch empfinde. Ich glaube, dass wir gegenseitig aneinander wachsen können. Ich habe auch das Gefühl, dass da etwas Tiefes ist und wir schon ein Stück weit zusammengehören. Aber ich habe immer das Gefühl, dass er ein bisschen blockiert, und das wollte ich einfach wissen. Womit hat das zu tun? Ob ich ihm ein Stück helfen kann?
Geliebtes Kind, du kannst immer nur dir selbst helfen, automatisch hilfst du damit anderen, wenn du dir hilfst.
Versuche dein Blickwinkel von ihm auf dich zu verändern. *Wenn alles im Leben wegfällt, bist du der einzige Mensch, der dir immer bleiben wird. Wenn alles um dich herum wegfällt, du bleibst dir immer erhalten, deshalb sehe, dass du der wichtigste Mensch in deinem Leben bist.*

Ich weiß, aber er bedeutet mir wirklich wahnsinnig viel. Es liegt mir sehr viel an ihm beziehungsweise an uns. Ich finde es wunderschön, wenn wir zusammen sind.

Geliebtes Kind, genieße es doch einfach, mit ihm zusammen zu sein und von ihm das zu bekommen, was du von ihm bekommen kannst, was er bereit ist, dir zu geben. Glaube mir, es hat einen Grund, dass er dir nicht mehr geben kann, und es ist richtig und wichtig, das es genauso ist, wie es ist. Damit ihr beide aneinander wachsen und lernen könnt, bis zu dem Zeitpunkt, wo ihr das beide nicht mehr wollt.

Das heißt, dass wir gemeinsam keine Zukunft haben können?

Ihr habt eine gemeinsame Zukunft, wenn ihr euch für diese entscheidet.

Was kann ich dazu tun? Indem ich mich selbst achte?

Wenn du nach dir schaust und das für dich verwirklichst, was ich dir jetzt alles mit auf den Weg gegeben habe, dann kann er das auch tun. Er kann dich dann auch achten, lieben und wertschätzen. Wenn du das für dich entwickeln kannst und diese Chance, die er dir eigentlich gibt, erkennst. Nämlich dich selbst zu lieben, dich selbst zu wertschätzen, dich selbst zu erkennen, dann kann er dir dies auch zeigen. Du wirst es dann nicht mehr von ihm brauchen, weil du es dir selbst gibst, somit brauchst du es dann nicht mehr von ihm. Das entlastet ihn, und dadurch kann er es dir schenken, weil er frei ist von jedem Druck und von jedem Zwang, dass du es brauchst. Die Anerkennung und die Wertschätzung brauchst du von ihm nicht mehr, weil du sie dir selbst gibst. Damit entlastest du ihn, und nimmst ihm sehr viel Druck, den du ihm im Moment machst.

Hat er sich auch deswegen wieder ein bisschen zurückgezogen, oder will er mich vielleicht gar nicht mehr sehen?

Auf tiefer, tiefer Seelenebene tut er dir, wie gesagt, einen Gefal-

len, einen sehr großen Gefallen. Er macht dir ein sehr großes Geschenk, weil er dir die Möglichkeit gibt, dass du selbst zu dir zurückfinden kannst, was am besten dadurch geht, dass er sich so verhält, wie er es tut. Kannst du das verstehen?

Ja. Ich liebe mich doch schon ein ganzes Stück weit mehr wie früher, und ich finde, dass ich eine tolle Frau bin, die geachtet, geliebt und geehrt werden will, was früher anders war. Hier habe ich schon ein ganz großes Stück dazugelernt, was ich ihm auch vermittelt habe. Ich verstehe nur nicht, warum er nicht ganz zu mir stehen kann? Hat er keine Gefühle für mich?

Er hat genau die gleichen Gefühle für dich, die du für dich hast. Sehe, je mehr du deine Gefühle für dich vertiefst, umso mehr werden sich seine Gefühle zu dir vertiefen.

Geliebtes Kind, du hast schon sehr viele Fortschritte gemacht, und das ist wirklich wunderbar, aber es ist trotzdem noch lange nicht das erreicht, was du erreichen kannst. Es steckt noch sehr, sehr viel mehr in dir, und du kannst noch sehr viel sicherer werden. Glaube mir, ohne ihn hättest du weniger Ansporn dazu, dies zu tun. Deshalb ist er ein großes Geschenk in deinem Leben. Er ist für dich der Ansporn, es zu tun, damit du das verwirklichst, was ich dir heute auf den Weg mitgegeben habe.

Ja, weil ich ihn auch wirklich ganz doll lieb habe. Wir können beide sehr aneinander wachsen. Ich denke, er hat auch noch viel zu lernen. Ich glaube auch, dass ich ihm schon viel gezeigt habe. Er hat die Sicht seiner Dinge schon verändert, wie er mir gegenüber sagt.
*Das tut ihr bereits jetzt schon. Ihr wachst jetzt schon ständig, jeden Tag, jede Minute, die ihr miteinander verbringt, wachst ihr ständig aneinander. Sehe und verstehe, es hat **immer** wirklich alles nur mit dir selbst zu tun. Er kann dir nicht mehr Wert-*

schätzung entgegenbringen und mehr an dir hängen, wie du dich wertschätzt und an dir selbst hängst. Je mehr du dich wertschätzt, achtest und liebst, umso mehr wird er das auch tun.

Wer sollte von uns beiden den Schritt auf den anderen zumachen, weil wir schon ein paar Tage keinen Kontakt mehr hatten? Ich weiß dann immer nicht, ob es falsch ist, sich zu melden, oder ob er darauf wartet? Was soll ich tun? Es ist sehr schwierig für mich. Ich möchte ihn nicht unter Druck setzen.

Geliebtes Kind, du kannst nichts falsch machen, du kannst überhaupt gar nichts falsch machen. Bleibe bei dir, achte darauf, wie du dich fühlst. Wenn du dich melden willst und dir danach ist, dann melde dich. Auch das ist eine Art Wertschätzung dir gegenüber. Wem bringt es etwas, wenn du es nicht tust? Dein Herz sehnt sich nach ihm, und du versagst dir, ihn zu sehen, ihn zu treffen, weil du denkst, er will es nicht, oder es ist ihm zu viel. Damit bestrafst du dich.

Ja, aber ich möchte nicht bei jemanden sein oder ihn anrufen, wenn er das absolut gar nicht möchte. Deswegen wollte ich wissen, ob du weißt, wie es für ihn ist? Möchte er lieber von mir in Ruhe gelassen werden? Dann akzeptiere ich das, oder ob er auch gern Kontakt hätte?

Ich kann dir nur sagen, wenn ich dich sehe, voller Leichtigkeit, Freude und Glück, völlig bei dir, dich voll annehmend in deiner Einzigartigkeit, und du gehst zu ihm, dann wird er dich mit offenen Armen und mit Freude empfangen, weil er gar nicht anders kann. Wenn du aber zu ihm gehst, und du zweifelst, du Angst hast, nicht bei dir bist, du unsicher bist und denkst, er will dich nicht sehen, ihm ist es zu viel, dann wird es so sein. Verstehe, es hängt immer von dir ab. Wenn du glaubst, er will dich sehen, und es ist alles wundervoll, dann ist es auch so. Deshalb hängt alles mit dir und deinem Selbstwert zusammen.

Arbeite nicht als Erstes an eurer Beziehung, sondern arbeite erst an dir. Wenn du das getan hast, wird sich alles andere regeln, weil Menschen, die sich selbst lieben, werden von allen Menschen geliebt werden. Menschen, die sich selbst nicht lieben, werden meist auch nicht so geliebt und nicht so geachtet, wie sie es sich wünschen.

Das heißt, ich muss erst an mir etwas ändern, bevor ich ihm gegenübertrete? Wenn ich dies geschafft habe, dann ist es möglich, dass wir zusammenkommen können? Wird das ein großer langer Weg für mich?
Das hängt ganz von dir ab, ob es ein langer Weg wird.

Du kannst dich jeden Tag, jeden Morgen dazu entscheiden, bei dir zu sein, in dir zu sein und immer mehr zu dir selbst zu finden.

Jeden Tag kannst du das aufs Neue entscheiden. Es ist aber nicht so, dass du kein Kontakt zu ihm haben solltest, oder erst dann so weit bist, den Kontakt mit ihm aufzunehmen, wenn du dich völlig achtest und wertschätzt. Es ist einfach so, dass es ein Weg ist und nicht einfach so passieren kann. Man kann da keinen Knopf drücken und ist dann völlig ausgefüllt. Es ist ein Weg dorthin, ein Weg, den ihr auch gemeinsam gehen könnt. Es gibt keine Vorschriften, und es gibt kein Gut und Schlecht. Wenn du einen Wegweiser brauchst, dann höre einfach auf dein Herz und bleibe die ganze Zeit bei dir, um deinen Weg zu gehen, und zwar deinen Weg zu dir selbst.

Das heißt, ich kann ihn trotzdem auch wiedersehen, oder werden wir uns überhaupt wiedersehen?
Du kannst ihn natürlich wiedersehen. Er würde dir ja nicht ständig im Kopf herumspuken, wenn es nicht wichtig für dich wäre, wenn er nicht in irgendeiner Form wichtig für dich in deinem Leben wäre.

Bin ich auch wichtig für ihn?
Glaubst du, er würde sich mit jemanden treffen, der ihm nicht wichtig ist? Glaubst du das wirklich? Schätzt du ihn ein als jemand, der seine Zeit vergeudet mit Menschen, die ihm gar nichts bedeuten? Schätzt du ihn so ein?

Nein, ich schätze ihn sehr hoch ein, deswegen liebe ich ihn auch so sehr. Ich glaube, er ist ein ganz toller, liebenswerter Mensch, der auch gerade in einer ganz unangenehmen Situation ist, bedingt durch die Scheidung von seiner Frau. Ich denke, dass es ihn auch ein Stück weit blockiert, mit offenen Armen auf mich zuzugehen, was ich auch verstehe. Mein Herz sagt mir, dass wir ganz viele schöne gemeinsame Dinge miteinander erleben können, wenn wir unsere Angelegenheiten, die uns im Nacken sitzen, erledigen. Ich würde es mir nicht nur wünschen, ich will es einfach.

Geliebtes Kind, du wundervolles, schönes Kind.
Der Weg in seine Arme führt über deine Arme.
Nimm dich selbst in die Arme.
Liebe dich, halte dich, wertschätze dich.

Das tue ich schon.
Erkenne die Chance, dich selbst zu finden, auch durch ihn.

Ja, ich weiß, dass wir deswegen zusammengeführt wurden, weil wir beide gut aneinander wachsen können. Er bestätigt mir, dass ich etwas Besonderes bin, und ich zeige ihm, dass er etwas Besonderes ist. So können wir wirklich aneinander lernen und wachsen, finde ich. Ich empfinde einfach wahnsinnig viel für ihn, da ist ganz viel Liebe da.
Geliebtes Kind, würdest du nur die Hälfte dieser Liebe, die du für ihn empfindest, für dich selbst empfinden, wäre das zwischen euch ein großes Stück harmonischer und ihr wärt mehr auf einem gemeinsamen Weg.

Also, das heißt, wenn ich mich selbst liebe und wertschätze, habe ich auch mit ihm die Chance. Wird er sich dann auch automatisch mir mehr zuwenden?

Ja, das wird er tun.

Spürt er das dann? Muss ich dann gar nichts mehr sagen?

Das merkt er dir dann sofort an, mit jeden Tag, mit jeder Minute, in jeder Sekunde strahlst du das aus, wenn du dich selbst mehr liebst. Aber wie gesagt, das geht nicht von heute auf morgen. Es gibt keinen Knopf, den man diesbezüglich von heute auf morgen anschalten kann. Es ist ein täglicher Prozess, ein bewusster Prozess.

Aber wenn ich das lerne und umsetzen kann ...

... dann ist irgendwann die große Frage, ob du das noch willst?

Mit ihm? Na gut, das kann ich jetzt natürlich nach dem heutigen Standpunkt schlecht sagen. Ich weiß nur, was ich jetzt für ihn empfinde. Er ist ein sehr wertvoller, liebenswerter Mensch, und ich bin einfach gerne bei ihm.

Das darfst du auch sein. Wenn du gerne mit einer Freundin zusammen bist, dann triffst du dich doch auch mit ihr. Wieso solltest du dich nicht mit ihm treffen, wenn du gerne mit ihm zusammen bist.

Weil ich gerne hätte, dass es eine richtige Beziehung ist, aber es ist von ihm aus immer so, dass er abblockt. Deswegen dachte ich auch zuerst, es ist für ihn nur sexuell, aber das glaube ich in der Zwischenzeit nicht mehr.

Sehe die Chance, die ihr miteinander habt. Vor allem sehe deine Chance, dich selbst zu finden, durch ihn und mit ihm. Sehe, was eigentlich dahinter steht. Es ist ein Geschenk an dich, und er spiegelt dir nur deine eigene Ablehnung dir selbst gegenüber, deine eigene Unsicherheit dir selbst gegenüber. Wenn du daran arbeitest, dann wird alles für dich gut sein, wie es kommt.

Weiß er, was ich für ihn empfinde?

Er weiß, wie du für ihn empfindest, aber es ist ihm auch zu viel, was du für ihn empfindest. Es ist ihm zu viel des Guten. Er kann es nicht annehmen, und er würde sich gern wünschen, dass du dir das selbst gibst. Er weiß es sehr wohl.

Dann bin ich ihm zu viel? Dann möchte er das gar nicht?

Es geht nicht darum, was er möchte. Es geht darum, was möchtest du? Wenn du ihn sehen möchtest, dann sehe ihn und mach dir keine Gedanken darüber, ob er das will. Das ist nur deine Unsicherheit und dein Selbstwertgefühl, die dich an dieser Sache zweifeln lassen. Es geht nicht um ihn.
Es ist dein Leben.

Wenn du ihn sehen willst und dies dein Herz zum Singen bringt, wenn du ihn siehst und es dir gut mit ihm geht, dann sehe ihn, dann treffe dich, und bitte, mach dir keine Gedanken, ob er es will. Er ist selbst groß und kann selbst für sich entscheiden. Wenn er dich nicht sehen will, wird er dir das sagen, und dazu wird er sich nicht mit dir treffen.

Ja, aber trotzdem möchte ich mich nicht mit ihm treffen, wenn er für mich gar nichts empfindet. Dann habe ich daran auch kein Interesse mehr.

Ich habe dich gerade schon gefragt, ob du glaubst, dass er sich mit dir treffen würde, wenn er nichts für dich empfinden würde?

Ja, stimmt.

Deine Antwort war, dass du das nicht glaubst.

Dann bedeute ich ihm schon auch ein bisschen was?

Er würde sich nicht mit dir treffen, wenn das nicht so wäre.

Glaubst du, dass es noch immer so ist? Ich habe ihn letzten Samstag ein bisschen angemotzt, auch zu Unrecht, gerade weil ich so unsicher war. Jetzt habe ich Bedenken, ob er vielleicht sauer ist oder so.

Würde es denn an deinen Gefühlen ihm gegenüber etwas ändern, wenn er dich einmal anmotzt?

Nein.

Glaubst du wirklich, dass man wegen so etwas keine Gefühle mehr für jemanden hat?

Wenn er was für mich empfindet, dann tut er das trotzdem noch, auch wenn ich ihn angemotzt habe.

Natürlich.

Er würde sich nicht mit dir treffen, wenn ihm nichts an dir liegen würde, sei dir dessen sicher.

Ja, empfindet er aber auch viel für mich, oder ist das nicht so viel?

Hier kann ich mich nur auch noch einmal wiederholen.

Er empfindet so viel für dich, wie du für dich empfinden kannst. Deshalb gibt es nichts Wichtigeres im Moment für dich, wie dich selbst zu lieben. Denn so wie du dich selbst lieben kannst, in diesem Maße, kann auch er dich lieben.

Ich finde, dass ihm gar nichts Besseres passieren kann als ich, ganz ehrlich. Ich hoffe, das klingt nicht zu arrogant, aber das ist einfach meine Meinung.

Das ist deine Meinung aus deinem Kopf heraus.

Fühlst du es in deinem Herzen auch?

Ich fühle ganz viel Wärme in meinem Herzen, wenn ich an ihn und mich denke. Es wird mir unheimlich warm und angenehm.

Fühlst du in deinem Herzen diese Liebe für dich?
Fühlst du in deinem Herzen auch, dass ihm nichts Besseres passieren kann wie du?

Ja, ehrlich gesagt ja.
Ich fühle das in meinem Herzen ganz doll.
Wo kommt dann deine Unsicherheit her?

Aufgrund seiner Reaktion. Es macht seine Reaktion aus, weil er sich einfach nicht ganz zu mir bekennen kann oder will. Ich verstehe es einfach nicht, weil ich wirklich der Meinung bin, es ist das Beste, was ihm passieren kann mit mir. Ich liebe ihn und kann ihm ganz viel Geborgenheit geben, weil ich das in mir trage.
Wo gibst du dir selbst Liebe und Geborgenheit?

Wo gebe ich mir die? Ich gebe sie mir, indem ich jeden Tag ein Stück weit gut zu mir bin oder mir überlege, was ich für mich tun kann. Ich versuche schon Dinge zu machen, die mir Freude machen, Dinge, die gut für mich sind. Ich finde es aber, ehrlich gesagt, auch mal wieder schön, wenn wir Dinge gemeinsam erleben. Das würde mich auch freuen.
Dann tue es doch, dann sag es doch.

Was denn?
Sag ihm doch, dass du gemeinsam mit ihm Dinge unternehmen willst. Sei so selbstbewusst und sag ihm, was du willst, wie es dir geht und dass du ihn sehen willst.

Das ist Selbstbewusstsein,
das ist Selbstliebe.

Damit liebst und achtest du dich selbst, indem du aussprichst, was du willst, und nicht damit, dass du immer überlegst, wie es ihm geht und was er wollen würde. Das ist keine Selbstliebe.

Selbstliebe ist zu sagen, was du willst, was du tun willst und was dir guttut.

Das heißt, er geht dann entweder darauf ein oder wenn er nicht mag, dann wird er es eben nicht tun.
Es geht in erster Linie darum, dass du dich selbst liebst und achtest und sagst, was du willst, ohne gleich Angst vor der Reaktion zu haben, oder wie er reagiert. Dann bist du schon wieder nicht bei dir, und damit liebst und achtest du dich schon wieder nicht selbst, denn du fragst zuerst, was mit ihm ist.

Du solltest aber zuerst fragen, was mit dir ist.

Du fragst aber immer zuerst, was mit ihm ist.

Weil ich meine Gefühle kenne. Ich weiß, wie meine Gefühle sind. Ich will nur nicht die Liebe an jemanden schenken, der sie nicht erwidert, dass möchte ich nicht. Dafür ist meine Liebe und meine Zeit mir viel zu wertvoll. Ich wollte von dir heute wissen, ob er wenigstens auch ein Stück weit etwas für mich empfindet? Ob er es wert ist, dass ich weiterhin diese Liebe und Zeit in ihn investiere.

Wahre Liebe, wahre Liebe verlangt nichts zurück, werde dir darüber klar.
Wahre Liebe ist nicht an Bedingungen gebunden.

Deshalb werde dir überhaupt erst mal klar, ob das wahre Liebe ist, was du von ihm willst und was du ihm gibst. Wahre Liebe stellt keine Bedingungen. Wahre Liebe ist einfach da, sie ist vorhanden, im großem Maße, und jeder ist bereit, diese Liebe zu geben, ohne etwas zurück zu erwarten.

Solange du etwas zurückerwartest von ihm, ist das keine wahre Liebe.

Das mache ich schon die ganze Weile. Seit ich ihn kenne, bekomme ich gar nicht so viel zurück, und trotzdem liebe ich ihn nach wie vor. Das weiß er auch, da bin ich mir sicher. Es wäre trotzdem schön, wenn er natürlich auch etwas für mich empfinden würde und ich etwas zurückbekäme. Eigentlich tut er das schon auch in seinem Maße. Kannst du mir noch irgendetwas dazu sagen?

Das Einzige, was dir auf deinem Weg weiterhelfen wird, ist, bei dir zu bleiben und nach dir zu schauen. Solange deine erste Reaktion immer wieder bei ihm ist und nicht bei dir, wird sich nicht viel zwischen euch ändern.

Erst wenn du in der Lage dazu bist, an dich selbst zuerst zu denken, dich zu wertschätzen und das, was du willst, auszudrücken, wird sich bei euch etwas ändern.

Bekomme ich dazu eine Chance?

Du hast die Chance jeden Tag, du musst sie nur nutzen.

O. k.

Es wird sich erst etwas wirklich verändern, wenn du das tust, was ich dir jetzt schon die ganze Zeit vermittelt habe.

Mich selbst zu lieben, schätzen und achten.

Vor allem auch dir klar darüber zu werden, mit was du das überhaupt tust. Du achtest dich und wertschätzt dich nicht, indem du verzichtest, indem du nicht sagst, was du willst und nicht zu dir stehst. Damit achtest du dich nicht, im Gegenteil, damit setzt du dich herab.

Stehe zu dir und zu allen deinen Gefühlen und zu allem, was du willst.

Er hat letzte Woche zu mir gesagt, wir würden eh nicht voneinander loskommen. Ich habe ihm geantwortet, das

würde ich ihm nicht unterschreiben. Dabei sehe ich das genauso. Ich wollte ihm einfach nur geschwind wehtun. Es war total unsinnig von mir, weil es überhaupt nicht stimmt und er Recht hat.

Wenn du etwas in dieser Situation verändern willst, dann verändere es. Verändere nicht ihn, versuche nicht ihn zu verändern, sondern verändere dich, damit wird auch er sich verändern.

Also soll ich ihm gegenüber auch ehrlich sein?
Ja ehrlich, und steh zu dir. Sag, was du willst, sage, was du brauchst, damit schätzt du dich, und damit zeigst du ihm, was du dir wert bist.

Ja, ich weiß. Ich würde ihm sehr gerne sagen, dass ich ihn sehr liebe und sehr gerne mit ihm zusammen bin, und viel Zeit mit ihm verbringen möchte, weil es sehr schön ist, ohne natürlich ihn oder auch mich selbst vor allem, das ist ja das Wichtigste, einzuengen. Es reicht mir schon zu wissen, dass er da ist. Ich muss deswegen nicht ständig bei ihm sein, das will ich gar nicht.
Stehe zu dir und sage, wie es dir geht. Sage, wenn du ihn sehen willst und sage, wenn du Zeit mit ihm verbringen willst. Damit schätzt und wertschätzt du dich.

Dann wird er sich auch darauf einlassen.
Verstehe, solange du immer wieder als Erstes nach ihm frags, und nicht nach dir, wird sich zwischen euch nichts verändern.

Ja, das verstehe ich schon.
Du fragst schon wieder nach ihm.

Er ist eben mein zweiter Gedanke, das stimmt schon.
Ohne dass du dich veränderst, wird sich nichts verändern, ver-

stehe es. Bleibe bei dir, du drehst dich im Kreis.
Es gibt sonst keinen Ausweg, außer dass du bei dir bleibst und
in dich hinein spürst, in dich hinein fühlst, was dir guttut und
was nicht.

Ja, ich verstehe.
Ich kann von meinem Gegenüber nur so geliebt werden,
wie ich mich selbst liebe.

Verstehe das bitte, nicht mit dem Kopf, sondern mit dem
Herzen.

Öffne dein Herz dafür, dass es so ist.

Ist mein Herz diesbezüglich noch verschlossen?
Für dich selbst hast du es noch nicht sehr weit geöffnet.
Für dich selbst ..., für andere sehr wohl, aber für dich selbst noch
nicht, noch nicht genug.

Das kann ich aber erreichen, wenn ich das will?
Natürlich, du kannst alles erreichen, was du willst. Du kannst
alles erreichen, was du willst, du musst es nur wollen. Du musst
die Bereitschaft dazu haben, dich auf dich zu konzentrieren und
dich finden zu wollen.

Gut, ich danke dir. Ich habe jetzt schon einiges verstan-
den.

Bleibe bei dir, das ist im Moment das Allerwichtigste.
Wenn du das beherzigst und immer wieder dich zurückrufst,
wenn du schon wieder die Frage stellen willst:

„Was ist mit ihm? Was ist mit ihm? Was ist mit ihm?"
Dann versuche einfach bei dir zu bleiben.
„Was ist mit mir? Was will ich? Will ich ihn sehen?"

Ja, du willst ihn sehen. Also, sag ihm das:
„Ich will dich gern sehen."
Damit stehst du zu dir und damit achtest du dich.

O. k. Das ist natürlich mein Wunsch, das stimmt. Ich habe immer gedacht: „Oh je, wenn er das jetzt nicht möchte?" Ja, dann würde er es mir sagen, wenn er es nicht möchte.
Dann hast du aber auf jeden Fall an dich gedacht, indem du es gesagt hast, dass du es willst.

Ja, verstehe.
Selbst wenn er sagen würde, er will es nicht, achtest du dich damit, da du sagst, wie es dir geht.

Ja, verstehe.
Das kannst du wundervoll mit ihm lernen. Siehst du das?

Ja, ich bin mir sicher, dass wir beide noch viel aneinander lernen können.
Bitte, liebes Kind, nehme als wichtigste Botschaft mit, dass du an dich denkst.

Immer an dich zuerst.
Dann wird sich sehr viel zum Positiven verändern. Wenn du das schaffst, werdet ihr eine völlig andere Beziehung führen, wie es euch jetzt möglich ist.

Ich bin mir sicher, dies für mich schaffen zu können. In erster Linie für mich muss das passieren.
Ganz genau.

Alles andere ist eine Zugabe, wenn ich das richtig verstanden habe. Ja, ich spüre auch, dass das so richtig ist. Ich verstehe es schon, denn nur so kann es auch gehen. Sonst bin ich ein Ballast für mich und andere. Ich verstehe schon.

Öffne dein Herz, für dich selbst und versuche dich so zu lieben, wie du ihn liebst.

Ich denke, das wird gar nicht so schwer sein, dies umzusetzen, weil ich ja schon weiß, dass ich ein ganz toller Mensch bin. Das weiß ich schon vom Verstand her. Ich muss es nur noch meinem Herzen beibringen.
Sehr genau.

Dann wird sich alles fügen. Ich danke dir.
Sehr gern.

Hilarion

Erkenne deine Stärke

Mein liebes Kind, geliebtes Kind, du weises Kind. Du bist so stark, du bist so machtvoll. Sei dir gewiss, du unterschätzt deine Macht und deine Kraft gewaltig. Du bist ein Fels in der Brandung für mehr Menschen in deinem Leben, als du erahnst und als du spüren kannst. Du bist dir dessen leider nicht bewusst, aber mein liebes Kind, werde dir dessen bewusst und werde dir darüber klar. Es ist sehr wichtig, dass du siehst, wie stark du bist und wie weise.

Achte dich und erkenne deine ganze Stärke und Kraft, die in dir steckt.

Verstecke dich nicht hinter dem Vorhang, sondern lebe deine ganze Kraft, die du vom lieben Gott mitbekommen hast, denn du hast sie nicht ohne Grund. Du hast sie, um sie hier zu deinem Wohle einzusetzen und zum Wohle aller.

Es ist schade um jeden Tag, indem du sie nicht voll und ganz lebst.

Natürlich soll das nicht heißen, dass du nicht auch einmal schwach sein darfst.

Mein liebes Kind, auch du darfst einmal schwach sein, das darfst du dir erlauben, jeden Tag immer wieder, und diesen Anteil solltest du natürlich genauso sehen. Nichts anderes spiegelt dir dein Leben im Moment, dass dieser Teil auch zu dir gehört. Deshalb nehme ihn liebevoll an, nehme ihn liebevoll in den Arm. Sehe, dass er genauso zu dir gehört. Trotz allem erfreut es uns sehr, von hier oben zu sehen, wie du deine Kraft und deine Macht wieder Schritt für Schritt zu dir zurücknimmst, sie wieder in dich integrierst. Sehe, darum geht es im Moment bei dir.

Dass du dich in deiner vollen, strahlenden Schönheit, Weisheit und Vollkommenheit siehst, achtest und wahrnimmst.

Indem du dies voll und ganz annimmst, in dir spürst und fühlst, um dann aus dieser ganzen Kraft und Macht heraus zu handeln. Dann wirst du Berge versetzen, denn du hast die Kraft und die Macht dazu. Du weißt sehr wohl darum, dass es so ist, nur manchmal kannst du es nicht mehr spüren. Das liegt hauptsächlich daran, dass du jahrelang deine schwache Seite nicht zugelassen hast. Du hast diese total verdrängt und weggeschoben. Diese Seite gibt es aber wie gesagt auch in dir. Sie will gesehen, geliebt und gespürt werden. Deshalb macht sich diese Seite jetzt auch bemerkbar, um liebevoll von dir angenommen zu werden, damit du sie siehst, damit du sie nicht mehr übersehen kannst. Damit du sagen kannst: „Auch diese Seite gehört zu mir. Obwohl ich ein starker, ein weiser, ein wundervoller, ein wunderbarer Mensch bin, auch das gehört zu mir."

Ich darf auch einmal schwach sein.

Trotzdem bin ich wundervoll, wichtig und wertvoll. Ich bin ein Fels in der Brandung, so stark, wichtig und wertvoll.
Kannst du das zu dir sagen? Versuche einmal zu sagen:

„Auch wenn ich schwach bin, auch wenn ich traurig bin, auch wenn es mir vielleicht einmal nicht gutgeht, bin ich wichtig und wertvoll und ein wundervoller Mensch."
Sage dir dies öfter.

Werde ich machen.
Mein liebes Kind, du wirst nicht nur geliebt, wenn du etwas erreichst oder stark oder erfolgreich bist, sondern einfach um deiner selbst willen. Alle Menschen, die dies nicht tun und dich nur mögen oder wertschätzen, wenn du erfolgreich bist, auf die kannst du getrost in deinem Leben verzichten.

Lass dir gesagt sein: Wir hier in der geistigen Welt lieben dich, achten dich und wertschätzen dich genauso, wie du bist. Du solltest auch lernen, das zu tun.

Wenn du das schaffst, werden es auch alle anderen um dich herum machen.
Kannst du das verstehen?
Kannst du das mit dem Herzen spüren?
Kannst du es in dein Herz aufnehmen?
Kannst du es in dein Herz nehmen?
So, wie das gemeint ist?
Nicht mit dem Verstand.

Spüre es mit dem Herzen.

Bekommst du das hin?

Ja.
Mein liebes Kind, hast du noch eine Frage?

Ja. Was genau soll ich machen, um wieder in meine Kraft und Macht zu kommen? Was ist mein Weg? Ich weiß gar nicht, was ich tun soll, in welche Richtung ich gehen soll, ich kann so viel.
Mein liebes Kind, wenn man so sagen kann, ist das genau das Problem, obwohl es eigentlich keines sein dürfte. Dass du so viel kannst, dass du so stark bist und du so viel zustande bringst. In diesem Fall trägt es dazu bei, dass du dich verzettelst. Es trägt dazu bei, dass du immer wieder von dir weggerufen wirst, du immer wieder von dir weggeschleudert wirst. Du befasst dich immer wieder mit so vielen Dingen, um die es in deinem Leben gar nicht geht.

Denn sehe und spüre.
Das Wichtigste in deinem Leben bist du.

Ihr alle tut euch so schwer damit zu sehen und zu spüren, dass es genau darum in eurem Leben geht.

Euch selbst zu erkennen,
euch selbst zu schätzen,
euch selbst zu lieben,
euch selbst zu achten und zu beachten.

Wenn ihr einmal verstanden habt, dass alles im Außen nicht wichtig ist, völlig nichtig ist, gegen das, was in euch ist und in euch schlummert, in euch steckt. Sehe, mein liebes Kind, wenn du vollkommen eins wirst mit dir und deiner Kraft, in dir selbst, wenn du zurückfindest zu deinem göttlichen Ursprung und erkennst, wie wundervoll und wunderbar du bist. Dann kann dich nichts mehr im Außen aufhalten. Dann kann dir keiner mehr im Außen Steine in den Weg werfen, dann kann nichts mehr dich erschüttern.

Wenn du dich selbst, in dir selbst gefunden hast.

Das ist die Lösung aller Probleme: Dich im Innen zu sehen, zu spüren, wahrzunehmen, zu achten und zu lieben. Anzuerkennen, was du bist, was für ein wundervolles göttliches Wesen du bist. Du bist direkt aus dem Himmel geschickt, um dein Leben zu leben und viele Menschen zu unterstützen. Dich selbst zu finden in all dem Durcheinander, das ist wahrlich eine große Aufgabe.

Eine Therapeutin hat zu mir gesagt, ich hätte da noch Eide und Schwüre. Muss ich das alles noch lösen?

Mein liebes Kind sei dir gewiss,
du bist eine große Seele.

Du hast sehr viele Leben und sehr viele Inkarnationen hinter dir. Du hast schon sehr viel Leid erfahren und sehr viel Gutes vollbracht in ganz, ganz vielen verschiedenen Leben. Sei dir auch gewiss, dass dein jetziges Leben nicht unbeeinflusst ist von dem, was dir schon widerfahren ist. Du kannst natürlich tun, was du willst, es ist immer deine Entscheidung, ob du es tun willst, oder nicht.

Kann sie mir helfen?

Sie kann dir helfen, an die Themen heranzukommen, an die du anders nicht kommen könntest. Noch ist es dir selbst nicht möglich, diese Themen anzugehen, noch brauchst du dafür Hilfe. Aber wie ich bereits sagte, du bist eine sehr große Seele. Du hast schon viel vollbracht, und das ist auch das, was du immer wieder spürst, was immer wieder zu dir durchbricht, zu dir durchdringt.

Werde ich das auch mal können, den Menschen so zu helfen, dass sie an ihre Themen kommen?

Wie ich schon sagte, hast du eine sehr große Aufgabe hier zu erfüllen. Wir dürfen dir aus dieser Ebene keine Zukunftsvoraussagen machen. Es wäre dir auch nicht dienlich, wenn wir das tun würden, weil dein größtes Geschenk aus der himmlischen Ebene immer deine freie Entscheidung ist. Deshalb, wenn du dich für diesen Weg entscheidest, wirst du das natürlich tun können, aber ob du das machst, ist deine Entscheidung.

Mein liebes Kind, wenn du weiterhin im Materiellen und im Außen verwurzelt bleibst und nicht aufhörst, dich immer mit dem Außen zu beschäftigen, wird es dir nicht möglich sein, deinen inneren Frieden zu finden. Dann wird es dir auch nicht möglich sein, deinen inneren Weg zu gehen. Wenn du aber das Außen loslässt und dich deinem Inneren zuwendest, wird dir Unglaubliches gelingen. Unglaubliches insofern, dass du es jetzt im Moment nicht glauben könntest.

Wird auch noch ein netter Mann in mein Leben kommen, der zu mir passt?

Zu einer großen Seele gehört auch eine große andere Seele. Sehe, dass es deshalb sehr schwierig für dich ist, jemanden zu finden, der dir ebenbürtig ist. Dies soll jetzt keine Wertung sein, denn wir wollen damit nicht andeuten, dass eine Seele schlechter oder besser als die andere ist. Es ist aber nun mal so, dass es für eine Dreijährige nicht befriedigend ist, mit einer Zehnjährigen zu spielen. Sie suchen sich Gleichgesinnte, Gleichaltrige. Deshalb streben dein Herz und dein ganzes Sein nach einem gleichgesinnten Mann. Er kann aber nicht kommen, solange du selbst deine eigene Schönheit, Wahrheit, und Einzigartigkeit für dich entdeckt hast. Solange du dies nicht erkannt hast, mit ganzem Herzen, kann er es auch nicht erkennen. Vielleicht hat er sich auch noch nicht erkannt? Sei gewiss, geliebtes Kind, alles kommt zum rechten Zeitpunkt in dein Leben. Habe Vertrauen und übergib so oft wie du kannst deine Wünsche und deine Sorgen zur Heilung und Transformation, an uns.

Wer steht denn an meiner Seite, so wie du, Hilarion, bei Insa?
An deiner Seite sind sehr viele mächtige Wesen. Du, mein liebes Kind, kannst sie noch nicht so richtig fühlen, weil du noch Blockaden in dir hast. Es gibt noch einige Blockaden aus vergangenen Inkarnationen. Diese blockieren dich auf deinem Weg ins Licht und auf dem Weg dazu, dass dich deine geistigen Helfer so unterstützen können, wie du es dir wünschen würdest.

Ich habe noch eine Frage. In meiner Vergangenheit gab es einen Mann. Dieser ist wieder in mein Leben getreten. Ich würde gerne wissen, was es für eine Verbindung zwischen uns gibt?
Mein liebes Kind, ihr seid euch zugetan und wohl bekannt, wie so viele Menschen in deinem Umfeld dir wohl bekannt sind aus vergangener Zeit. Es ist allerdings so, dass er sich dir gegenüber unterlegen fühlt bzw. es ist so, wie ich es vorher gesagt habe. Du bist die Zehnjährige und es ist ganz nett für dich, aber es ist

das, was du innerlich schon ganz genau spürst, dass er dir in einer gewissen Form nicht gewachsen ist, d. h. dieses Gefühl hat er natürlich auch, und dem ist auch wahrlich so.

Ich bin in einer Woche nicht mehr arbeitstätig im Angestelltenverhältnis. Wird sich für mich ein Weg auftun, damit ich meinen Lebensunterhalt verdienen kann?

Mein liebes Kind, du warst doch schon dein Leben lang bei deinem Leben dabei, und du weißt ganz genau, dass sich bei dir nicht nur ein Weg auftut, sondern ständig viele, viele Wege auftun. Das war schon immer so, und das wird immer so bleiben, dass es für dich nicht nur einen Weg zu beschreiten gibt, sondern immer viele. Es werden sich viele Wege für dich öffnen. Du solltest ganz speziell darauf achten, immer mit dem Herzen hinzufühlen, was dir Spaß macht und was dich erfüllt. Versuche die Dinge, die für dich nur Pflichterfüllung sind, wegzulassen aus deinem Leben. Ich sage dir hier, das Leben wird dich dafür belohnen, wenn du diesen Mut aufbringst. Wenn du diesen Mut hast, aus dem Kopf herauszugehen, um mit dem Herzen zu spüren und mit dem Herzen zu entscheiden, dann wird das Leben dich belohnen, jeden Tag.

Für jede Entscheidung, wo du deinem Herzen folgst, wartet ein Geschenk.

Wie kann ich Kopfmensch üben, mit dem Herzen zu denken? Wie kann ich das tun?

Mein liebes Kind, siehe zuerst einmal, dass du alles andere bist als ein Kopfmensch. Du hast ein sehr, sehr großes Herz, du hast nur verlernt, auf es zu hören. Sehe, was du für ein großes Herz hast und höre einfach einmal hin. Das kannst du am besten, indem du in die Stille gehst, zur Ruhe kommst, dir etwas Zeit für dich selbst nimmst und in dich hinein spürst, was dich freuen würde, was dir guttun würde, mit was du dich gut fühlen würdest. Versuche das zu spüren und zu fühlen. Wenn du versuchst, in

dein Herz hineinzuspüren, schaltest du deinen Verstand ab.
Gehe nach deinem Gefühl.
Das Gefühl ist immer Freude, Angst, Trauer, Wut. Dies alles sind deine Gefühle, also versuche nicht weiterhin deinen Gedanken so viel Aufmerksamkeit zu schenken und zu denken: Was mach ich hier? Wie mache ich das ...? Sondern versuche in dein Herz hinein zu spüren, hinein zu fühlen, ob dir das Freude macht.

Macht mir das Spaß?
Geht es mir damit gut?
Wie fühle ich mich damit?

Es geht immer um das Gefühl.
Dein Herz ist dein Gefühl.
Also höre auf dein Herz.

Sei gewiss, du hast ein sehr großes Herz, das du einfach über lange Zeit ignoriert hast, deshalb ist es aber nicht kleiner geworden :-)

Danke schön.

Mein liebes Kind, finde zu dir zurück. Finde zu deinem Herzen zurück und damit findest du auch deine Aufgabe in deinem Leben. Dann wird sich alles so regeln und fügen, wie es für dich das Beste ist. Finde zu deinem Herzen, zu deinem Gefühl, zu deiner inneren Größe, Weisheit und Wahrheit zurück. Versuche also dich nicht länger zu 90 bis 95 % mit dem Außen zu beschäftigen, sondern versuche mehr und mehr in dich hinein zu horchen, in dich hinein zu spüren, wie es dir innerlich geht.

Auch wenn das jetzt für dich unglaublich klingen mag: Du kannst überhaupt nicht so viele Schritte im Außen gehen, wie ein einziger im Innen bewirkt, indem du auf dich selbst zugehst.

Das ist die Wahrheit.

Rufe mich, wann immer du Hilfe und Beistand brauchst.

Danke!

Hilarion

Alles hat seinen Sinn Claudia, März 09

Mein liebes Kind, du gutes Kind, du wundervolles Kind, du schönes Kind. Sei dir gewiss, wir sind immer bei dir und mit dir und unterstützen dich und euch auf eurem Weg, euch selbst zu finden, euch selbst zu spüren und euch selbst wahrzunehmen in eurem Leben. Denn das ist es, was ihr euch alle vorgenommen habt, auf dieser schönen Erde zu erfahren. Sie bietet euch so viel Schönheiten und Gelegenheiten, euch immer wieder aufs Neue zu spüren, zu fühlen und zu erfahren, was in euch los ist. Immer wieder werden euch Gelegenheiten geboten, durch andere Menschen und durch eure Familie euch selbst immer wieder zu spüren, zu fühlen. Dadurch findet ihr immer wieder heraus, wie es euch geht, auf welchem Stand ihr seid, und wie es sich für euch auf dem Weg zu euch selbst anfühlt. Ihr achtet durch diese Dinge, die euch passieren, darauf, denn euch bleibt ja gar nichts anderes übrig, als euch anzusehen, wie es euch geht. Wenn euch jemand etwas sagt, was euch kränkt, dann wisst ihr im Moment schon sehr wohl, dass dies etwas mit euch selbst zu tun hat, und nicht unbedingt mit der anderen Person, sondern ganz alleine mit euch und mit eurem Stand, auf dem ihr im Moment seid. Es sind alles Zeichen für euch, damit ihr spüren und fühlen könnt, wie es euch damit geht: Damit könnt ihr sehen, inwieweit ihr noch in irgendwelche Themen in eurem Leben verstrickt seid, die entweder noch aus der Kindheit vorhanden sind oder teilweise auch aus früheren Inkarnationen, aus denen ihr diese Themen mitgebracht habt.

Mein liebes Kind, du bist schon auf einem sehr, sehr guten Weg zu dir selbst. Lasse dir gesagt sein: Es ist wundervoll, von hier oben anzuschauen, welche großen Schritte ihr im Moment macht. Das bringt natürlich auch diese wundervolle Zeit mit sich, in der ihr im Moment inkarniert seid, in der ihr euch alle vorgenommen habt, euch auf den Weg zu machen

zu euch selbst,
euch selbst zu suchen,
euch selbst zu finden,
euch selbst zu spüren,
euch selbst wahrzunehmen,
euch zu achten,
euch zu lieben.
Sehe, wahrlich, das ist der Weg, der zu euch selbst führt.

Mit allem, was euch umgibt, könnt ihr diesen Weg finden. Alles, was euch umgibt, sind eure Geschenke, eure Geschenke, die den Weg zu euch selbst schmücken, die ihr entweder annehmen könnt oder die ihr auch nicht annehmt. Aber sehe es, es sind alles Geschenke und egal, was euch tagtäglich passiert, sehe das Geschenk in jeder Situation, auch wenn sie dir in diesem Moment noch so abstrakt vorkommen mag. Keine, wirklich gar keine Situation in deinem Leben ist abstrakt oder hat keinen Sinn.

Jede, wirklich jede Situation in deinem Leben hat einen Sinn und eine Berechtigung.

Oft siehst du erst im Nachhinein, inwieweit oder inwiefern dich diese Dinge weitergebracht haben, auf dem Weg zu dir selbst. Meine Liebe, was hast du für Fragen?

Ich wollte fragen, ob ich mir Sorgen machen muss, wegen meines Sohnes und seiner Ausbildung.
Mein liebes Kind, was macht dir denn da Sorgen?

Bis jetzt hat er noch keinen Ausbildungsplatz. Das macht mir Sorgen.
Mein liebes Kind, sei gewiss, auch dies hat seinen Grund und seine Berechtigung in seinem wie auch in eurem Leben. Also nehme diese Situation, wie sie eben jetzt ist, erst einmal an, ohne sie verändern zu wollen. Nehme sie an, nehme sie zu dir, nehmt

sie beide oder alle zu euch und akzeptiert es so, wie es ist, ohne sie gleich ändern zu wollen. Im Moment hat er keinen Ausbildungsplatz, aber glaube mir, mein liebes Kind, es gibt wahrlich Schlimmeres.

Mein liebes Kind, erkenne im Gegenzug dazu bitte, was bei dir in dieser Richtung für Ängste vorhanden sind. Welche Ängste kommen bei dir hoch in dieser Situation? Was bekommst du für Ängste, wenn dein Kind keine Ausbildungsstelle bekommt? Was macht es mit dir? Frage dich zuerst, was es mit dir macht. Bekommst du Panik, Angst oder Zukunftsangst? Bekommst du selbst das Gefühl, es eventuell nicht gut genug gemacht zu haben? Was bewirkt es bei dir, mein liebes Kind, wenn diese Situation, wie sie im Moment ist, in eurem Leben auftaucht? Frage dich, setze dich hin, spüre in dich hinein. Schließe die Augen und frage dich: Was macht es mit mir? Dann, mein liebes Kind, nehme alle diese Gefühle, die irgendwo in dir schlummern und noch nicht verarbeitet sind, noch nicht von dir angenommen sind, nehme sie an, zu dir, lehne sie nicht weiterhin ab.

Denn um diese Gefühle geht es jetzt.

Vor allem jetzt in dieser Zeit in den nächsten Jahren geht es darum, dass ihr alle diese Gefühle, die noch nicht verarbeitet und verdaut sind in eurem Leben, diese anzunehmen. Dadurch werden sich ganz automatisch auch diese Situationen auflösen, die euch noch daran hindern, in eure Kraft und in eure Macht zu kommen.

Sage dies bitte auch deinem Sohn. Frage ihn, was es mit ihm macht. Setze dich zusammen mit ihm hin. Du wirst sehen, wenn du das tust, ihr es zusammen macht und du ihm dabei hilfst, eventuell übertragene Ängste oder auch eigene Ängste, die er aus seinem eigenen Leben hat, oder Ängste aus vergangenen Inkarnationen, die jetzt bei ihm hochkommen, wenn du ihm dabei hilfst, diese für sich anzunehmen, werdet ihr euch sehr nah fühlen. Näher, als ihr es bisher schon tut. Normalerweise sprecht ihr nicht über solche tiefen Gefühle. Also sehe, du kannst damit die Situation voranbringen und tust auch etwas Gutes für die Beziehung zu deinem Sohn, zu der Nähe zu deinem Sohn. Nehme ihn ernst in seinen Wünschen, in seinen Bedürfnissen, und vor allem ermutige ihn dazu, dass er dir wirklich sagt, wie es ihm geht. Dass er nicht nur cool tut, dass er nicht cool damit umgehen braucht, sondern dass er dir seine wahren Gefühle anvertrauen darf und du ihn genauso liebst, wenn er das tut. Hilft dir das, mein liebes Kind, oder hast du noch irgendwelche Fragen hierzu?

Es hilft mir ein bisschen. Mein Sohn hat selbst eine eigene Frage. Wird er Erfolg in seinem Leben haben?
Das hängt in jeder Minute nur davon ab, was er daraus macht. In jeder Minute seines Lebens. Er kann sich jeden Tag dafür entscheiden, Erfolg zu haben, dann wird er auch Erfolg haben. Wenn er sich nicht dafür entscheidet, erfolgreich zu sein, dann wird er keinen haben. Man erreicht aber Erfolg im Leben nicht damit, dass man zuhause auf der Couch sitzt und nichts tut. Das solltest du ihm vielleicht auch ganz klar noch einmal sagen. Erfolg kommt nicht einfach so ins Leben, ohne dass man dafür etwas macht. Erfolg stellt sich immer auf Dinge ein, die man tut. Man muss erst irgendetwas tun, damit man Erfolg haben kann. Man kann nicht einfach denken, man hat Erfolg, und hat dann Erfolg. Es ist immer eine Handlung, die im Voraus erfolgen muss. Wenn er mit dem Gefühl dieser Handlung herangeht. Nehmen wir mal das Beispiel: Er will mit dem Fahrrad eine Tour machen und 8 Stunden Fahrrad fahren, in den Schwarzwald. Er fährt los. Er fährt vorher schon los, mit dem Gefühl, dass diese Sache ein Erfolg wird. Wenn er dieses Gefühl in sich trägt und diese Fahrradtour macht, dann kann diese Fahrradtour nur von Erfolg gekrönt sein, wenn er vorher dieses Gefühl in sich wachruft und dieses über die Tour beibehält. Es kann sich kein Erfolg über eine geschaffte Fahrradtour einstellen, wenn er diese Tour gar nicht macht. Er kann nicht zuhause sitzen und vom Erfolg der Fahrradtour träu-

men, wenn er sich nicht aufrafft, diese Tour zu fahren.

**Mein liebes Kind, sage ihm bitte:
Es gibt immer einen Weg, der zum Erfolg führt.**

*Diesen Weg sollte er auch beschreiten.
Er kann nicht erwarten, dass er eine gute Klassenarbeit zurückbe-
kommt, wenn er keine abgibt, wenn er nichts aufs Blatt schreibt.
Er denkt im Moment noch, es fällt ihm einfach in den Schoß. Es
fällt ihm nichts in den Schoß. Es ist ein Weg dorthin. Erkläre es
ihm bitte anhand des weißen Blattes von der Klassenarbeit oder
mit der Fahrradtour. Er muss etwas tun, damit sein Handeln
von Erfolg geprägt sein kann. Er muss diese Arbeit schreiben, er
muss diese Arbeit gut schreiben, damit sie von Erfolg gekrönt
ist. Er muss sich aufmachen und diesen Weg gehen. Er sollte
sich aufs Fahrrad setzen. Er sollte sich davor vorstellen, wie es
ist, wie er diese 8 Stunden durchhält, wie er es kann, wie toll
er ist, und dann wird er es schaffen. Aber ohne diesen Weg zu
beschreiten, kommt er nicht zum Ziel. Da gibt es bei euch einen
sehr schönen Spruch.*

**Der Weg ist das Ziel.
Also sehe, gleichzeitig ist der Weg das Ziel.**

Hast du dazu noch eine Frage?

**Nein. Ich habe noch eine andere Frage. Ich möchte wissen,
warum ich solche Schwierigkeiten mit meiner Schwester
habe?**
*Mit deiner Schwester gibt es sehr viele Verstrickungen. Sehr viele,
die aus der Kindheit kommen. Natürlich auch aus eurem jetzigen
Umgang, die mit früheren Leben in Zusammenhang stehen, in
denen ihr sehr viele Verstrickungen hattet. Heute sind es sozusagen noch die Reste. Mein liebes Kind, es ist sehr gut für dich,
und auch für deine Schwester, wenn ihr euch damit befasst. Es*

wäre wunderschön, wenn ihr Harmonie in eure Beziehung hin-
einbringen könntet.

Ihr könnt es schaffen, wenn ihr beide wollt.

Das Wichtigste, was ihr im Moment füreinander tun könnt, ist,
ehrlich miteinander zu sein, denn das seid ihr mit euren Gefühlen
nicht. Sage ihr doch einfach einmal, wie es dir mit ihr ergeht.
Hast du das denn schon jemals getan?
Sage ihr, wie es dir mit ihr geht.

Sage es ihr in Ruhe, nicht im Streit und nicht vorwurfsvoll wie
bisher. Nicht Schuld zuweisend, nicht sie ist schuld, dass es dir
so geht mit ihr. Sie drückt deine Knöpfe, sie drückt deine Verlet-
zungen und du drückst ihre Verletzungen. Das bekommt ihr so
aber nicht gelöst, indem ihr ständig dem anderen die Schuld an
eurem Zustand gebt. Ihr könnt nur eins tun, und glaube uns, das
ist uns hier oben sehr bewusst, dass es für euch nicht einfach ist.
Aber versuche es und du wirst sehen, den ersten Schritt zu gehen
ist der schwierigste, und das beizubehalten ist gar nicht mehr so
schwierig, wie du denkst.

Versuche zu sagen, wie es dir geht.
Sage ihr: „Das tut mir weh."
Sage ihr: „Wenn du so etwas sagst, verletzt du mich."
Mein liebes Kind, hast du das schon jemals getan?
Hast du schon einmal versucht, ihr etwas von deinen Gefühlen
zu vermitteln?

Damit sie begreifen kann, wie es dir geht, wenn sie irgendetwas
sagt, oder umgekehrt natürlich genauso, was es mit ihr macht,
wenn du etwas sagst. Da bist du dir überhaupt nicht im Klaren
darüber, wie es ihr geht, weil ihr darüber nicht sprecht. Ihr klagt
euch nur gegenseitig an, was euch nicht weiterbringen wird.
Wenn ihr das weiter so macht, kommt ihr da nicht heraus. Das

Einzige, was ihr im Moment für eure Heilung tun könnt, ist, anzufangen, bei euch zu bleiben und dem anderen mitzuteilen, wie es euch in dieser Situation geht.

Wenn sie dich zum Beispiel wegen irgendetwas bevormundet, dann sage ihr, wie es dir damit geht. Sage ihr, ich fühle mich jetzt bevormundet, damit geht es mir schlecht, damit fühle ich mich wie eine 5-Jährige. Damit fühle ich mich nicht ernst genommen, damit fühle ich mich nicht wie eine erwachsene Frau. Bitte achte darauf, nicht sofort in den Streit und in die Anklage zu gehen. Achte darauf, dass aus deiner Position wirklich auch zu sagen und dazu zu stehen. Das ist das Einzige, wie ihr euch im Moment füreinander öffnen könnt.

Sei gewiss, es ist eine tiefe Liebe zwischen euch, die sehr, sehr, sehr verschüttet ist durch ganz viele Dinge, die euch im Außen passiert sind, die in eurer Kindheit passiert sind. Diese Liebe ist da, ihr könnt sie nur im Moment nicht spüren. Ihr seid beide nicht dazu in der Lage, weil ihr damit beschäftigt seid, immer dem anderen die Schuld zuzuschieben, und dies gegenseitig. Das bringt dich aber nicht weiter, wie du sehr wohl merkst. Ihr könnt das natürlich weiterhin tun, wenn ihr wollt, aber dadurch wird sich nichts in eurem Leben verändern, denn es gibt keine Schuld. Es gibt nur euch und eure Gefühle zueinander und eure Gefühle zu den verschiedenen Situationen, die ihr erlebt. Sehe, das ist das Wichtigste.

Mein liebes Kind, speziell bei dir, gebe auch mal etwas zu, was dir in diesem Moment vielleicht nicht so angenehm ist. Was dich in diesem Moment vielleicht auch als schwach dastehen lässt. Frage dich, meine Liebe, darfst auch du einmal schwach sein? Das darfst du sehr wohl.

Du musst nicht immer die Starke sein.

Dich darf auch etwas verletzen, dir darf auch mal etwas wehtun. Es muss nicht alles von dir abprallen. Es wird Zeit, dass du diesen Panzer einmal knackst.

Drehe dein Innerstes nach außen.

Dieser Panzer schützt dich nicht nur, er macht dich auch unnahbar. Hilft dir das, hast du dazu noch eine Frage?

Ich habe eine Frage wegen meines Mannes und mir. Wir haben einen Traum und möchten gerne ein Haus am Meer oder im Grünen kaufen und wir möchten uns selbstständig machen. Jetzt wollte ich etwas darüber wissen.
Mein liebes Kind, ihr habt einen Traum. Es ist sehr schön, wenn man Träume hat, und ihr könnt euch diese Träume auch erfüllen. Sehe es nicht weiterhin als unerreichbar für euch an. Ihr könnt euch alles erfüllen in eurem Leben, denn ihr habt die Macht dazu und die Kraft, in eurem Leben alles zu manifestieren. Ihr seid die Götter, ihr manifestiert euer Leben jeden Tag, tagtäglich. Also mein liebes Kind, achte darauf, was du denkst, achte darauf, was ihr denkt über diesen Traum. Ihr könnt euch diesen Traum erfüllen, aber ihr solltet daran glauben, dass ihr ihn euch erfüllen könnt. Welche Glaubenssätze, welche Dinge in euch blockieren dies noch?
Gibt es in euch noch irgendwelche Blockaden, die euch davon abhalten?
Glaubt ihr, ihr seid es nicht wert?
Glaubt ihr, ihr habt es nicht verdient?
Wollt ihr es auch wirklich aus tiefstem Herzen?
Wollt ihr es beide?
Willst nur du es?
Ist es vielleicht ein Wunschtraum, dessen Erfüllung in der Realität noch gar nicht für euch präsent ist?
Werde dir darüber klar, ob ihr das wirklich wollt. Vor allem, was du wirklich willst, wenn du es wirklich aus tiefstem Herzen möchtest, wenn ihr es aus tiefstem Herzen wollt, dann steht dem nichts im Wege. Solange ihr daran noch irgendwelche Zweifel habt, irgendwelche Zweifel hegt und es nicht von tiefstem Herzen wollt, könnt ihr es nicht materialisieren. Glaubt daran, seht euch schon

in diesem Haus, seht euch schon am Meer spazieren gehen, seht euch schon dort wohnen und dort leben. Wenn ihr euch das vorstellen könnt und euer Herz dabei singt und lacht, dann wird es sich manifestieren. Wir haben das Gefühl, dass noch etwas in dir ist, mit dem du dich noch blockierst. Du denkst, du hast es nicht verdient, was nicht in deinem Bewusstsein, sondern in deinem Unterbewusstsein verankert ist. Es wäre sehr hilfreich, wenn du es auflösen könntest, um die Manifestierung deiner Träume und Wünsche zu ermöglichen. Hast du dazu noch eine Frage?

Nein. Ich habe noch eine Frage zu meinem Vater. Ihm geht es nicht so gut, muss ich mir jetzt Sorgen machen?
Mein liebes Kind, es ist immer alles in Ordnung, wie es ist. Auch das was mit deinem Vater ist, ist in Ordnung, so wie es ist. Für ihn, für seine Seele, auch für dich und für deine Seele. Es ist immer in Ordnung, so wie es ist.

Sehe, dass dir jede Situation in deinem Leben etwas sagen will.

Frage dich doch einmal: Wie fühlst du dich in Bezug auf ihn?
Hast du ein schlechtes Gewissen?
Machst du dir Vorwürfe?
Was geht in dir vor in diesem Moment, wo es ihm nicht gutgeht?
Sehe, dass sind die Dinge, um die es im Leben geht.
Was macht es mit dir, wenn es ihm nicht gutgeht? In jeder Situation in eurem Leben ist ein Geschenk vorhanden, also auch diese Situation hat für euch alle ein Geschenk. Wenn ihr euch aufmacht, dieses Geschenk zu entdecken, werdet ihr es auch finden. Hilft dir das?

Ja. Wird meine Tochter ein Topmodel?
Mein liebes Kind, ebenfalls wie vorher bei deinem Sohn können wir dir nicht sagen, was in 5, 10 oder 20 Jahren für sie ansteht,

weil es immer vom Hier und Jetzt und von ihrer Zukunft abhängt, ob sie das für sich realisiert.

Du kannst alles werden, was du willst, mein liebes Kind. Du kannst alles werden, und wenn es dein sehnlichster Wunsch ist, Topmodel zu werden, dann stelle es dir vor, wie es sich anfühlt, über den Laufsteg zu gehen. Fühle, fühle, fühle es. Stelle es dir nicht nur bildlich vor, sondern fühle es, wie es sich anfühlt. Bei allen Wünschen und Träumen, die ihr habt, solltet ihr immer nicht nur im Kopf daran denken. Ihr solltet fühlen, wie es ist und vielleicht fühlt ihr dann ab und zu einmal, dass es sich gar nicht so gut anfühlt, wie ihr denkt. Dass es vielleicht gar nicht so toll und schön ist, jemand sein zu müssen oder jemand darstellen zu müssen, der ihr vielleicht innerlich gar nicht seid.

Ihr seid nicht nur euer Körper.
Ihr seid Körper, Geist und Seele.

Es gibt Berufe und es gibt Dinge, die man tut, wo dies völlig vernachlässigt wird, dass es eine Dreiheit gibt, wo der ganze Mensch gar nicht gesehen wird, der dahinter steckt. Aber sage ihr, dass jeder Wunsch, den man tief in sich trägt, wenn es ein wahrer Herzenswunsch ist, sich erfüllen kann und auch erfüllen wird. Man sollte sich darüber im Klaren sein, ob man das wirklich will. Sie wird ihren Weg gehen, sie wird auf jeden Fall ihren Weg gehen, und sie braucht sich keine Sorgen zu machen.
Sage ihr:
Auch ohne ein Topmodel zu sein, ist sie ein sehr wichtiger Mensch.
Sie muss dafür kein Topmodel sein, um sich wichtig zu fühlen, denn sie ist es auch so schon, auch wenn es so scheint. Sie ist dadurch nicht mehr wert, wie sie eh schon wert ist.
Hast du noch eine Frage?

Ich habe eine Frage. Wieso komme ich nie mit meinem

Geld zurecht? Warum bin ich immer im Soll, obwohl ich mir immer vornehme, ins Plus zu kommen?

Das ist eine größere Blockade in dir.

Diese hat auch damit zu tun, wie ich es vorher schon gesagt habe, wie ihr euer Haus materialisieren wollt. Du hast tief in dir das Gefühl, du hast es nicht verdient. Es sitzt natürlich nicht oben im Kopf, sondern irgendwo tief in deinem Herzen, dieses Gefühl, dass du es nicht verdient hast. Es sitzt sehr tief bei dir. Das hat mit verschiedenen Dingen zu tun, aus deiner Kindheit und auch mit vergangenen Inkarnationen, in denen du das Geld teilweise missbraucht hast und es nicht wertgeschätzt hast. Es wäre wichtig, dir dieses Thema noch einmal in Bezug auf deinen Selbstwert anzuschauen, vor allem deinem inneren Selbstwert. Mit dem, was dein Herz zu deinem Selbstwert sagt, nicht dein Kopf. Hast du es verdient, bist du es wert, ein Haus zu haben, wie du es dir wünscht? Genug Geld zu haben, wie du es dir wünscht? Oder solltest du mit dem zufrieden sein, was du hast? Wer hat dir das eingetrichtert? Wer hat dir das Träumen verboten? Schaue dir das noch mal an. Glaube mir, es ist nicht so, dass du damit nur zu 20 % blockiert bist in deinem Leben, sondern bestimmt zu 80 %. Schaue dir das noch einmal an, woher es kommt, und bearbeite das noch einmal, damit du in deine Kraft kommst und sich deine Träume erfüllen dürfen. Du bist natürlich dafür hier, damit sich deine Träume für dich erfüllen. Du bist nicht dafür hier, um durch schwere Zeiten zu gehen und jeden Pfennig dreimal umzudrehen.

Mein liebes Kind, hast du noch eine Frage?

Ja, mein Mann hat eine Frage. Wird er einmal selbstständig sein? Das würde er von ganzem Herzen gerne, er getraut es sich aber nicht.

Sehe, wir können über die Zukunft keine Voraussagen machen. Wir können nicht sagen, was passieren wird, weil du und auch dein Mann, ihr habt in jedem Moment das Zepter in der Hand, um euch immer für oder gegen eine Reise zu entscheiden, oder für und gegen ein Haus zu entscheiden. Ihr könnt euch für die Selbstständigkeit oder gegen diese entscheiden. Wir können dir nur sagen, dass er ein sehr in sich ruhender selbstständiger Mann ist, der sehr wohl damit klarkommen würde, selbstständig zu sein. Er kann sich seine Ängste noch mal vor Augen führen, wieso er das nicht will oder was ihn daran hindert, dies zu tun.

Sehe, es ist euer größtes Geschenk, das ihr vom Himmel und von Gott geschenkt bekommen habt, immer selbst entscheiden zu können. Es ist alles andere als ein Beinbruch, wenn man vielleicht einmal die falsche Entscheidung trifft.

Wenn sich im Nachhinein herausstellt, es war jetzt doch nicht meine Erfüllung mit dem Haus, es war jetzt doch nicht meine Erfüllung mit der Selbstständigkeit. Dann war es nur ein weiterer Weg, den ihr beschritten habt, um vielleicht einmal klar zu erkennen, was ihr nicht wollt. Entscheiden müsst ihr immer selbst. Er hat auf jeden Fall die Anlagen dazu, es gut zu können, was immer er wollen würde, es kann sich gut bei ihm umsetzen.
Hast du dazu noch eine Frage?

Nein. Ich wollte fragen: Bin ich für mich auf dem richtigen Weg, den ich jetzt gerade gehe?
Ihr seid alle, ausnahmslos immer auf dem richtigen Weg für euch. Immer seid ihr auf dem richtigen Weg, weil selbst wenn ihr euch entschieden haben solltet, einen Weg zu gehen, der sich nachher als falsch herausstellt, habt ihr diesen Moment gebraucht. Ihr habt es gebraucht, diesen Weg zu gehen, um zu erkennen, dass es vielleicht nicht der richtige war.
Deshalb seid ihr selbst auf einem falschen Weg auf einem richtigen Weg.

Deshalb gibt es kein Falsch und kein Richtig.
Deshalb gibt es nur richtig,
weil selbst der falsche Weg

der richtige Weg ist.
Vielleicht würdest du es nie glauben, wenn du diesen Weg
nicht gegangen wärst.

Vielleicht würdest du dein Leben lang denken: Hätte ich es nur
versucht ... hätte ich es nur probiert ... also probiere alles aus.
Versuche immer den Weg des Herzens zu gehen, versuche immer
deinen eigenen Weg zu gehen und frage dich in jedem Moment:
Tut mir das gut? Wenn ja, dann ist es immer wichtig, dann ist
es immer der richtige Weg.

Fühle ich mich damit wohl,
dann ist es der richtige Weg.

Daran erkennst du die richtigen Wege, wenn sie sich für dich gut
anfühlen, dann sind sie auch richtig. Nur in dem Moment, wo du
dich wohlfühlst, kannst du dich nur auf dem richtigen Weg befin-
den. Es ist jedoch nicht gesagt, dass es in fünf Jahren auch noch der
richtige Weg ist. In fünf Jahren kann sich alles verändern. Wenn es
in fünf Jahren nicht mehr der richtige Weg ist, dann gehst du eben
einen anderen Weg, das ist gar kein Problem. Hilft dir das?
Ja.

Vielen Dank.

Hilarion

Finde den Schatz in dir

Ich bin Hilarion und ich möchte heute zu dir sprechen, voller Liebe, voller Sanftmut, aber auch voller Bestimmtheit, denn es ist an der Zeit, dass du erkennst,

dass alles in dir selbst ist.

Höre auf, im Außen nach deiner Bestimmung zu suchen oder nach deiner Berufung oder nach den Dingen, die dich dort weiterbringen in deinem Leben. Der einzige, der allereinzige wirkliche Mensch, der dir in deinem Leben weiterhelfen kann, das bist du selbst, geliebtes Kind. Deshalb möchte ich auch dies noch einmal voller Bestimmtheit betonen: Du bist der einzige Mensch, der dir helfen kann und der dich in deinem Leben weiterbringt, der die Schleusen öffnen kann für dich, damit all die wunderbaren Dinge für dich geschehen können, die für dich bestimmt sind.

Also fürchte dich nicht vor dir selbst.
Wieso fürchtest du dich vor dir selbst?
Vor deiner Kraft, vor deiner Macht, vor deiner Weisheit, geliebtes Kind, wieso?
Wieso unterschätzt du dich so sehr?
Wieso machst du dich so klein?
Du bist eine wundervolle, wunderbare Seele, die hier ihre Aufgaben hat, die sich vorgenommen hat, sich hier zu entwickeln. Aber solange du nicht an deine Macht, an deine Kraft glaubst und sie nicht zulässt und sie immer wieder von dir wegdrückst, mein liebes Kind, wird sich nichts wirklich verändern in deinem Leben, so wie du es dir eigentlich wünscht. Glaube mir, du wünscht es dir, deine Seele verzehrt sich danach, ihren Weg gehen zu können, voller Freude, voller Gewissheit, voller Mut, voller Kraft, voller Liebe, ihren ganz eigenen Weg. Sie ist sehr unglücklich darüber, dass sie das nicht tun kann. Das zeigt sie dir durch sehr viele Dinge, die

in deinem Leben passieren. Also bitte, mein liebes Kind, höre auf die Zeichen, höre auf die Schreie deiner Seele, die nichts anderes will als dein Bestes, die nichts anderes will, wie dich auf deinen Weg zu führen. Solange du sie aber ständig ignorierst, solange du dich ständig im Außen befindest, mit dem Außen beschäftigst, nicht mit dir selbst, und dem, was in dir ist, und dies auch nicht zulässt, wirst du nur kleine, kleine, winzige Schritte gehen. Immer wieder wird es dich zurückwerfen, darauf hin, dass du dich endlich mit deiner Seele vereinst, mit deiner Seele eins wirst, und mit deiner Berufung, mit deiner Bestimmung. Geliebtes Kind, du bist doch nicht umsonst hier. Du hast eine Aufgabe, wenn dem nicht so wäre, wärst du doch nicht hier.

Deine und somit euer aller Aufgabe ist es, euch selbst zu finden, euch selbst zu achten und zu ehren, zu lieben, in euch selbst zentriert zu sein, egal was im Außen passiert, egal welche Dinge versuchen, euch im Außen herunterzureißen. Immer im Vertrauen zu bleiben, dass alles gut ist, so wie es ist. Euer Leben hat euch dies schon oft gezeigt, euer Leben hat euch dies schon oft spüren lassen, dass dem so ist, also vertraut, geliebte Kinder des Lichts, dass es so ist. Es ist wahrlich so, dass alles einen Sinn und eine Berechtigung hat. Es geht, wie gesagt, darum, euch selbst zu finden, eure Kraft, eure Macht anzunehmen, euch mit eurer Seele zu vereinen und den Weg eurer Seele zu gehen, wie auch immer der aussehen mag.

Das ist es, worum es in eurem Leben geht. Jeden Tag könnt ihr euch dazu entscheiden, dies zu tun, und jeden Tag könnt ihr es einfach tun. Ihr könnt euch jeden Tag dafür entscheiden, diesen Weg zu gehen, es bedarf nur einer Entscheidung.

Mein liebes Kind, entscheide dich für dich.
Entscheide dich für den Weg deiner Seele.

Es bedarf, wie gesagt, nur deiner Entscheidung.

266

Wenn du es entscheidest, den Mut dazu findest, es zu entscheiden,
dann wird sich alles vor dir öffnen. Die Wege werden sich vor dir
öffnen. Offenbaren wird sich der Weg, wo es für dich hinführen
soll.
Nun, mein liebes Kind, stelle deine Fragen.

Lieber Hilarion, schön, dass du da bist, danke schön. Ich
wollte fragen, warum es mir so schwer fällt, das umzuset-
zen, was du gerade gesagt hast, mich für mich und meine
Seele zu entscheiden? Ich weiß nicht genau, wie ich das
machen soll. Kannst du mir das genauer erklären? Ich
hab schon gedacht, dass ich das inzwischen besser hin-
bekomme.
Mein liebes Kind,

folge dem Ruf deiner Seele, deine Seele ruft dir alle Dinge
zu, die für sie anstehen, durch ihre Gefühle, durch die Ge-
fühle, die du in dir spürst.

Also spüre und fühle in dich hinein. Frage dich allezeit und
in jeder Situation, was du fühlst, wie es dir geht. Das sind
die Antworten deiner Seele.

Deine Seele antwortet über deine Gefühle. Wenn du das Gefühl
der Freude bekommst, des Glücks, der Glückseligkeit, dann sagt
dir dies in diesem Moment, dass dies der richtige Weg für dich ist.
Dass du diesen Weg beschreiten solltest, weil er dir Freude macht,
weil er dich glücklich macht, weil es dir damit gutgeht. Es ist die
Antwort auf deine Fragen, die Antwort, auf alles, was du bist, in
diesem Moment. Achte diese Gefühle und richte dich vor allem
auch nach diesen Gefühlen. Spüre sie, nehme sie wahr und handle
dann auch danach. Wenn du dich auf einem Weg gut fühlst und
er dir guttut, dann entscheide dich auch für diesen Weg. Lasse
dich nicht von deinem Verstand beirren, der zu dir sagt:
Du solltest aber ... du musst aber ... dies tun ... und jenes tun ....

Sondern gehe diesen Weg der Freude, und genauso umgekehrt, wenn du merkst, du fühlst dich wegen irgendetwas schlecht, dann kannst du auch dort auf dein Gefühl vertrauen.

Vertraue deinen Gefühlen, denn sie sind die direkten Boten deiner Seele.

So ist es ganz leicht, das zu tun, was ich zuvor zu dir sagte:

Höre auf deine Gefühle und auf das, was du empfindest. Damit folgst du dem Ruf deiner Seele.

Damit wird sich auch der Weg für dich öffnen, den du bis jetzt noch nicht erkennen kannst, weil du nicht auf dich, deine Gefühle, deine Seele hörtest. Damit, mein liebes Kind, achtest du dich auch nicht, damit schätzt du dich nicht. Damit wertschätzt du dich nicht und damit bleibst du auch immer in den gleichen Mustern hängen und kannst dich so schwer weiterentwickeln. Glaube mir, wenn du auf deine Gefühle hörst und dich von deinen Gefühlen führen und leiten lässt, dann wirst du nicht stehen bleiben, dann wirst du dich nicht im Kreise drehen, dann wirst du dich nicht fühlen, als ob dich jemand mit Kaugummi an den Wegrand geklebt hat, so wie es jetzt im Moment ist. Sondern wenn du auf deine Gefühle hörst und dich nach deinen Gefühlen richtest, wirst du voller Leichtigkeit und Freude deinen Weg gehen können.

Beschreite den Weg ins Licht, der Weg in die Liebe und der Weg zu deiner Seele. Beschreite den Weg, der dich zurück zu dir selbst führen wird.
Denn das Einzige, was für euch zählt, ist, diesen Weg zu finden, zurück zu euch selbst.
In euch selbst zuhause und glücklich zu sein.
In euch selbst zentriert zu sein,
aus euch selbst heraus zu handeln,
und aus euch selbst heraus zu fühlen.

Und in jedem Moment
euch selbst zu achten und zu lieben.

Wenn du in dir selbst zentriert, authentisch und wahr bist,
wird dir alles zufliegen. Es wird nichts mehr für dich eine An-
strengung sein. Es wird alles leicht von der Hand gehen.

Damit meine ich aber nicht, dass es keine Probleme mehr geben
wird, das meine ich nicht. Ich meine nur, dass du dann in Leich-
tigkeit mit allen Problemen umgehen kannst, aus dir selbst heraus
handeln kannst und aus dir selbst heraus die Situation erschaffen
wirst, die dir noch weiterhelfen. Sehe, auch wenn es in manchen
Momenten noch so absurd vorkommen mag, aus deiner Sicht, ist
jede Situation, die du erlebst, und wenn sie noch so grausam ist,
ein Geschenk des Himmels, das dir hilft, dich selbst zu finden,
dich selbst zu achten, zu wertschätzen und aus dir selbst heraus
zu leben. Immer, immer schneller werdet ihr erkennen und se-
hen, worin die gute Seite der vermeintlich schlechten Situation
war. Ihr werdet sehen und spüren, auch das ist mir aus diesem
und jenen Grund passiert. Ihr werdet immer mehr und immer
schneller erkennen, welche positiven Seiten diese Situationen für
euch haben. Ihr werdet es immer mehr sehen und immer schneller
spüren können. Weil ihr euch sofort fragen werdet, wenn euch
etwas passiert: Was will mir diese Situation sagen? Wie soll ich
reagieren? Was fühle ich in dieser Situation? Das ist das, was
jetzt ansteht, in jeder Situation, die euch begegnet, in allem was
euch passiert, euch immer wieder selbst zu fragen.
Wie geht es mir damit?
Was fühle ich?
Was empfinde ich?
Welchen Weg soll ich nun einschlagen?
Was wollen mir diese Gefühle sagen?
Und dann entscheide dich immer für den Weg, der dich froh
und glücklich macht, und nicht für den schweren Weg, der dich
bremst, der dich festklebt. Ihr seid nun nicht mehr hier, um stehen

zu bleiben oder euch ständig im wieder zurückzuentwickeln. Ihr seid hier, um euren Weg voller Freude und Glück zu gehen. Voller Leichtigkeit, deshalb entscheidet euch auch für die Leichtigkeit und nicht für die Schwere. Deshalb entscheidet euch für das Glück und nicht für das Unglück.

Entscheidet euch, entscheidet euch, entscheidet euch ...
es bedarf nur einer Entscheidung,
einer Entscheidung:
Ich will glücklich sein.
Ich will Leichtigkeit spüren.
Ich will Leichtigkeit fühlen.
Ich will meinen Weg gehen ...
Verstehe, liebes Kind, es bedarf nur deiner Entscheidung. Entscheide dich einmal und sage: Ich will meinen Weg gehen. Entscheide dich dafür.

Mit dieser Entscheidung rufst du den Weg zu dir.
Mit dieser Entscheidung wird er zu dir kommen. Mit dieser Entscheidung wird er sich in deinem Leben manifestieren, denn du bist der Schöpfer deiner Realität.

Verstehe dies und sehe, welche Macht du hast. Du kannst dein ganzes Leben erschaffen mit deiner Entscheidung, mit einer Entscheidung kannst du alles verändern.
Hast du dazu noch eine Frage?

Ich finde, das ist schwer, denn manchmal weiß man nicht, ob das Gefühl Angst ist. Ist das jetzt ein richtiges Gefühl oder ein Angstgefühl? Das kann ich nicht unterscheiden. Wie zum Beispiel bei REKI. Ich wollte es gerne machen, aber ich hatte wahnsinnige Angst davor. Hätte ich es lieber machen sollen oder war das Gefühl richtig, es nicht zu machen?
Mein liebes Kind, Angst ist natürlich auch ein Gefühl, das in dir hochkommt. Natürlich ist Angst ein Gefühl, aber hinter einer

Angst stecken immer noch andere Gefühle. Die Angst ist das Gefühl obenauf, hinter anderen Gefühlen. Hinter dieser Angst stecken andere Gefühle und um die geht es, dass du dir diese noch einmal anschauen solltest. Welche Gefühle stecken hinter dieser Angst? Das heißt, in diesem Fall beim REKI steckt die Angst dahinter, es nicht zu können, damit nicht umgehen zu können. Die Angst, in deine Kraft zu kommen, die Angst, in deine Macht zu kommen, die Angst, mit etwas konfrontiert zu werden, mit dem du nicht umgehen kannst. Ganz, ganz viele Ängste, Sorgen und Kummer stecken hinter dieser Angst, die du einzeln anschauen oder angehen könntest. Die Angst will dir im Endeffekt sagen, dass da noch etwas ist, was du dir noch einmal genauer anschauen solltest, etwas in dir noch nicht ganz im Reinen ist. Sie will dir auch sagen, dass du dies erst anschauen und verarbeiten solltest, zu dir nehmen solltest, bevor du den anderen Schritt gehst. Denn wenn du dir die Dinge, die dahinter liegen, hinter dieser Angst anschaust, sie verarbeitest, sie annimmst, sie erlöst, sie auflöst, dann wird die Angst verschwinden. Dann wirst du zentriert sein in dir selbst, dann brauchst du vor nichts mehr Angst zu haben.

Mein liebes Kind, du brauchst sowieso vor überhaupt gar nichts Angst zu haben. Denn Angst ist ein von euch heraufbeschworenes Gefühl, das oft gar nicht wirklich existent ist, weil ihr vor nichts Angst haben müsstet. Ihr seid immer getragen und geschützt und gestützt von der Geistigen Welt, von so vielen Engeln, von so vielen Helfern. Wenn ihr doch nur vertrauen könntet und diese Ängste loslassen könntet, denn sie sind wahrlich Erfindungen und Empfindungen, die ihr selbst in euch hervorgerufen habt. Wenn also in deinem Leben die Angst auftaucht, wenn in deinem Leben die Panik auftaucht, dann versuche zu verstehen, dann versuche zu sehen, was da dahinter liegt. Welche Angst ist es wirklich, die hinter dieser großen, mächtigen Angst steht? Wie ich es dir bereits gesagt habe, sind es viele kleinere Dinge, die da dahinter liegen. Die Angst, die sich bei dir da in diesem Moment zeigt, ist nur die Zusammenfassung dieser kleineren Dinge. Solange du diese Ängste nicht erlöst, wird immer wieder auf deinem Weg diese Angst am Straßenrand auftauchen. Du wirst dich immer wieder mit diesen Ängsten konfrontieren müssen. Aber wenn du sie anschaust, wenn du sie wahrnimmst, wenn du sie annimmst, wenn du sie verwandelst, dann werden sie sich auflösen und dich nicht mehr auf deinem Weg behindern. Du kannst sie auflösen, indem du sie siehst und indem du sie annimmst. Indem du dich bedankst, dass sie da waren, das sie für dich einmal wichtig waren, wieso auch immer. Sage ihnen auch, dass du sie jetzt nicht mehr in deinem Leben brauchst, dass sie nicht mehr relevant sind, dass sie dich auf nichts mehr aufmerksam machen müssen. Zeige ihnen, dass du auf dem Weg zu deinem Glück bist, auf dem Weg in die Liebe, auf dem Weg in deine Selbstliebe, in deine Selbstachtung. Sage ihnen, dass sie sich keine Sorgen machen brauchen um dich und sie dich jetzt vor nichts mehr beschützen müssen, sondern dass sie dir vertrauen können. Im Moment ist dies das größte Manko, welches ich bei dir sehe. Du vertraust dir nicht, du vertraust dir selbst nicht, du vertraust deinen Entscheidungen nicht. Wie sollen deine Gefühle oder deine Ängste dir vertrauen können, wenn du es selbst nicht tust? Sie müssen dich immer wieder anstupsen, sie müssen dich immer wieder darauf aufmerksam machen, und das liegt nur daran, dass du dir selbst nicht traust. Das du dir selbst nicht vertraust und auch nicht deinen Entscheidungen. Deshalb müssen sie dich immer wieder anstupsen. Damit wollen sie nichts anderes erreichen, als dass du dir vertraust, dass du an dich glaubst und du in dich hinein spürst und hinein fühlst, was richtig für dich ist. Dann kannst du es ihnen auch vermitteln, wie du es einem kleinen Kind vermitteln würdest, dann kannst du zu ihnen sagen:

Vertraut mir, ich weiß, wie es geht.
Ich weiß, dass dieser Weg der richtige ist.
Er fühlt sich für mich gut an.

Diese Gefühle und Emotionen, die dann in dir noch ungelöst wären, würden dir vertrauen, wenn du dir selbst vertraust.

Sehe, es geht darum, dir selbst zu vertrauen,
um in deine Kraft und in deine Macht zu kommen, in dir
selbst.

Davon wegzukommen, zu denken, irgendjemand im Außen kann
dir helfen, denn niemand, wirklich niemand im Außen kann dir
helfen. Die größte Hilfe, die überhaupt für jeden Menschen an-
steht, findet er nur in sich selbst. Finde zurück zu dir, dann findest
du auch alles andere, was du meinst, was in deinem Leben fehlt.
In Wirklichkeit fehlt dir überhaupt nichts in deinem Leben, weil
du alles in dir hast und in dir trägst.
Hast du dazu noch eine Frage?

Man kann sich doch Hilfestellung von Therapeuten holen,
die dabei helfen, weil man es allein nicht hin bekommt,
oder?
Mein liebes Kind, du kannst immer alles tun, was du willst, du
kannst immer alles tun, was du möchtest. Hole dir so viel Hilfe,
wie du willst, aber ich sage dir die einzige wirkliche Hilfe, die
dir wirklich hilft, ist die Hilfe, die du in dir selbst findest, die du
in dir selbst trägst. Du kannst zu 100ten, zu 1000den im Außen
rennen. Ich kann dich nicht davon abhalten, dies zu tun, ich sage
dir hier nur:

Ein kleiner Schritt auf dich selbst zu
bewirkt die größten Wunder.

Damit wird die größte Kraft freigesetzt.
Ich sage dir auch noch, dass du im Außen nie finden wirst, was
du im Innen bekommen kannst.

Denn in deinem Inneren findest du alles,
was du brauchst.
Jede Lösung, jedes Problem,
alles liegt in deinem Inneren.

Durch dein Inneres bist du verbunden
mit der Geistigen Welt, mit Gott und der ganzen Welt.
Sehe, geliebtes Kind, es ist in DIR, die Verbindung zu
allem.

Wieso suchst du im Außen, wenn es doch in DIR ist?
Du wirst es im Außen nicht finden, weil es in dir ist.
Bitte verstehe das.

Du suchst nach wie vor an der falschen Stelle. Du suchst im
Außen etwas, was es im Außen nicht gibt.

In deinem Inneren gibt es das.
In deinem Inneren wirst du es finden.
Du kannst es im Außen nicht finden, weil es im Außen über-
haupt nicht vorhanden ist. Es ist nicht da.

Also ist deine Suche erfolglos.
Du kannst keinen Schatz finden, wenn keiner versteckt ist.
Wenn jemand deinen Schatz versteckt hat, dann kannst du ganz
Deutschland nach deinem Schatz absuchen. Wenn jemand den
Schatz in Oslo versteckt hat, in Italien oder in Frankreich, wo
auch immer er ist, wenn du in Deutschland suchst und er ist in
Frankreich oder einem anderen Land, dann kannst du in Deutsch-
land dein Leben lang suchen und du wirst ihn nicht finden, weil
dein Schatz in Frankreich versteckt ist.
Du musst nach Frankreich.

Du musst in dein Innerstes.
Dort findest du deinen Schatz.
Du findest ihn nicht im Außen.
Du findest ihn nur in deinem Inneren.

Verstehst du, was du tust?
Dein Schatz ist in Frankreich versteckt und du suchst ihn dein

Leben lang in Deutschland. Du wirst ihn nie finden in Deutschland, weil er in Frankreich ist.

Das ist das, was du tust. Du suchst im Außen, du suchst im Außen, du suchst überall, du suchst überall, nur nicht an der richtigen Stelle.

In dir ist der größte Schatz, ganz allein in dir,

und jeder Mensch auf dieser Welt wird den wahren Schatz nur in sich selbst finden, spüren und fühlen können. Das größte Glück jedes Menschen ist es, das zu erleben, das zu fühlen und das zu spüren. Wie es ist, ganz bei sich selbst zu sein, ganz aus sich selbst heraus zu handeln und zu fühlen. Kannst du das verstehen?

Ja, Danke, lieber Hilarion.
Kann ich dir noch einen Frage stellen? Es ist mir jetzt ganz wichtig. Ich wollte wegen meinem Freund und mir fragen. Ich finde, dass ich diesbezüglich schon viel mehr in mir bin und aus mir heraus handle. Kannst du mir dazu was sagen? Ist das schon besser geworden oder verlange ich immer noch zu viel von ihm?
Mein liebes Kind, vertraue doch deinen Empfindungen einfach einmal. Du empfindest es so und brauchst schon wieder eine Bestätigung von mir, dass es so ist? Empfinde es, traue deinen Empfindungen und vertraue dir und dem, was du fühlst. Wenn du es als besser empfindest, wird es auch so sein.

Mein liebes Kind, vertraue DIR.

Du solltest dir wirklich vertrauen. Du hast in kleinen Schritten schon Fortschritte gemacht. Aber das, was ich dir gerade gesagt habe, hast du eben noch nicht integriert in dein Leben. Du suchst trotzdem noch im Außen. Du handelst trotzdem noch nicht wirklich aus deinem Inneren heraus und aus der Stabilität in dir selbst. Wenn du das tust, was ich dir gesagt habe, dann

wird sich noch sehr viel verändern. Das, was du in letzter Zeit
getan hast, sind sehr kleine Schritte im Gegensatz dazu, was dir
passieren wird, wenn du dich selbst gefunden hast und in dir selbst
zentriert bist. Dann bist du wie ein Fels in der Brandung. Dann
bist du völlig in dir zentriert. Es darf dann alles um dich herum
passieren, was auch immer es ist, nichts wird dich mehr aus der
Bahn werfen. Nichts wird dir mehr etwas ausmachen, und das
nicht, weil du in irgendeiner Form gefühlskalt bist, sondern weil
du die Gewissheit in dir trägst, dass, egal was dir passiert, alles
richtig und wichtig für dich ist, dass alles nur Zeichen auf deinem
Weg sind. Es sind Wegweiser, es sind immer alles Wegweiser, wo
es für dich hinführen soll. Deshalb wisse, es sind noch sehr kleine
Schritte auf dem Weg zu dir selbst, die du bisher getan hast, im
Gegensatz dazu, wenn du dich wirklich findest.
Möchtest du dazu noch etwas wissen?

Danke schön. Ja, ich empfinde, dass mein Freund und ich
uns zu selten sehen. Was kann ich denn machen damit wir
uns öfter sehen?
Sage es ihm, stehe dazu, wie es dir geht.
Wenn du es so empfindest, dann kannst du es auch ruhig sagen,
damit stehst du zu dir. Das wirklich wahre Problem ist aber nicht
das, dass ihr euch zu wenig seht, sondern dass er eben für dich
nicht greifbar ist. Er ist in einer gewissen Art und Weise wie
ein Schmetterling. Der immer mal wieder wegfliegt, immer mal
wieder zurückkommt, immer mal wieder wegfliegt, immer mal
wieder zurückkommt. Er kann dir keine Beständigkeit geben. Er
gibt dir keine Sicherheit, und das ist das nächste Thema. Er gibt
dir keine Sicherheit, weil du dir selbst keine Sicherheit gibst. Er
spiegelt dir da auch nur etwas wieder.
Suche in dir die Sicherheit,
finde in dir die Sicherheit,
sei in dir zentriert,
dann braucht er im Außen dies nicht mehr tun. In welchen Dingen
bist du so unbeständig? In welchen Dingen fliegst du ständig

immer wieder weg? In welchen Dingen kannst du dich nicht entscheiden, mein liebes Kind?

Wie soll dir das Leben einen anderen Mann schicken, der ein anderes Verhältnis zu dir hat,
wie du selbst zu dir hast?

Wie soll einer Frau, die sich nie entscheiden kann und an nichts wirklich dran bleiben kann, weil sie 10 andere auch noch fragt, und sich nie entscheiden kann, welches ihr richtiger Weg ist, wie kann diese Frau erwarten, einen Mann zu finden, bei dem das anders ist? Sehe, er spiegelt dir nur dein eigenes Problem, immer wieder zeigt er es dir: Solange du dich nicht entscheidest, werde ich mich auch nicht entscheiden. Solange du nicht zu dir stehst, werde ich auch nicht zu dir stehen. Solange du nicht bei dir bist, bin ich auch nicht bei dir.

Siehst du das Geschenk in diese Situation? Es ist wahrlich ein Geschenk. Er spiegelt dir ganz genau, ganz genau, bis aufs kleinste hin deine Teile, die du noch bei dir erlösen musst.
Solange du es nicht umsetzen kannst, dich für dich zu entscheiden, wird er es auch nicht können. Solange du dir keine Zeit für dich nimmst, dich mit dir auseinanderzusetzen, wird er es auch nicht tun.

Kannst du sehen, kannst du ahnen, kannst du spüren, wie wundervoll das Leben ist?

Nichts passiert einfach nur so, nichts sollte einfach nur so von euch abgetan werden, wie z. B.:
„Ja das ist halt so."
Schon gar nicht mit ... der ist blöd, oder der ist so ...
Fragt euch immer: Was spiegelt er mir?
Was spiegelt mir dieses wunderbare Geschenk des Himmels?
Was spiegelt es mir?

Was in mir soll ich mir noch anschauen?
Was will mir das Leben sagen?
Was wollen mir die Engel sagen?
Was will mir der Himmel sagen?
Was in mir kann ich mir durch dieses Geschenk noch einmal anschauen? Ich hoffe sehr, dass dir das heute weiterhilft, auf deinem Weg. Ich habe auch das Gefühl, dass du heute diese Antworten in dein Herz nehmen konntest, weil du so weit bist, dies zu tun, wo sie vorher noch von dir abgeprallt sind.
Hast du noch eine Frage?

Danke, lieber Hilarion.
Ja, ich wollte jetzt gern noch etwas fragen, wegen meiner Mutter. Sie behauptet, wegen uns geht es ihr schlecht, wegen der ....
Was können wir tun, damit es uns allen besser geht?
Mein liebes Kind, ihr solltet auf jeden Fall aus der Verantwortung herausgehen, dass ihr für das Leben eurer Mutter verantwortlich seid. Ihr seid nicht dafür verantwortlich, sie ist selbst verantwortlich für ihr Leben. Sie ist selbst ihr eigener Schöpfer. Sie kann jeden Tag ihren Tag schöpfen. Sie kann jeden Tag ihren Tag leben. Sie hat und hätte ihr Leben lang Dinge finden können, die sie glücklich machen, sie hat es aber nicht getan. Aus welchen Gründen auch immer ist nicht wichtig, aber jetzt ist es an der Zeit, dass sie es tut. Jetzt ist es an der Zeit, dass sie nach sich schaut, denn sie merkt, dass alle Dinge um sie herum sie nicht wirklich erfüllen. Sie dachte immer, ihr könnt das tun, ihr könnt sie erfüllen, doch jetzt muss sie schmerzhaft merken, das alles eine Illusion ist. Ihr seid nicht dafür da, ihr Leben zu leben, denn ihr seid nicht dafür da, damit ihr die Dinge, die sie vielleicht nicht bereinigt hat in ihrem Leben, zu bereinigen. Sie ist selbst dafür verantwortlich, wie sie auch für ihr ganzes Leben selbst verantwortlich ist. Sie hätte keinen Weg, den sie gegangen ist, einschlagen müssen. Sie hätte nicht diese Arbeitsstelle haben müssen, sie hätte keine Kinder haben müssen, wenn sie dies nicht hätte wollen. Sie hätte sich in

jedem Moment ihres Lebens dagegen entscheiden können. Sie hat es aber nicht getan, denn sie hat sich für das alles entschieden. Das hat sie dahin gebracht, wo sie heute steht, wo sie heute ist. Es ist an der Zeit, dass sie dafür die Verantwortung übernimmt. Für jede Entscheidung, die sie in ihrem Leben getroffen hat, ist sie selbst verantwortlich. Nichts, wirklich gar nichts könnte sie unglücklich machen, wenn sie in sich selbst glücklich wäre, wenn sie selbst ihren Weg gegangen wäre. Ihren Weg der Freude, ihren Weg der Liebe, ihren Weg zu sich selbst. Solche Menschen haben keine Ansprüche an andere. Menschen, die glücklich sind, wollen nicht ständig von anderen glücklich gemacht werden. Denn dies ist gar nicht möglich, selbst wenn sie es noch so sehr will, selbst wenn ihr es noch so sehr wollen würdet, das ihr sie glücklich machen würdet, ist es das Gleiche, was ich dir vorher auch schon gesagt habe, mein liebes Kind, es funktioniert nicht.

Nur du selbst kannst dich glücklich machen.
Nur du selbst kannst den Schatz in dir finden.
Genauso kann sie ihren Schatz nur in sich finden.

Sie sucht auch an der falschen Stelle. Sie sucht ganz Deutschland ab und in Frankreich ist er versteckt. Sie sucht im Außen, sie sucht im Außen, sie sucht im Außen und immer wieder bekommt sie kleine Hinweise, kleine Strohhalme, die sie irgendwo am Leben erhalten. Doch solange sie nicht versteht, dass sie das wahre Glück und die wahre Erfüllung nur in sich selbst findet, wird sie auch immer wieder die Erkenntnis bekommen, das alles im Außen sie nicht glücklich macht. Nichts im Außen kann euch glücklich machen, keine Wohnung, kein Auto, kein Haus, keine materiellen Dinge, bei keinen materiellen Dingen könnt ihr euer Glück finden.

Ihr findet euer Glück nur in euch selbst, erkennt dies.

Öffnet euer Herz dafür, dass es so ist. Versucht auch immer mal *wieder den Verstand beiseite zu lassen und euch auf euch und euer Herz zu konzentrieren. So liegt es ganz allein an ihr, sich zu verändern, und so liegt es ganz allein an ihr, dass sie erkennt, dass sie das wahre Glück nur in sich selbst finden kann. Niemand, kein Mensch im Außen, ist dafür verantwortlich, wie es ihr geht, denn sie hat sich selbst sträflichst vernachlässigt. Niemand anderes hat sie vernachlässigt, nur sie sich selbst. Das sind die Gefühle, die im Moment bei ihr hochkommen, weil es ihr zu schwer fällt, dies für sich anzunehmen. Es sind ihre Gefühle, sie selbst war diejenige, die sich vernachlässigt hat. Es ist immer noch leichter und einfacher, die Schuld euch zuzuschieben. Die Schuld anderen zu geben ist immer leichter.*

Zu sagen: Ihr seid dafür verantwortlich.

Dem ist nicht so, denn sie ganz allein ist für ihr Leben verantwortlich und für ihr Glück, und sie kann ihr Glück in sich finden, wenn sie sich aufmacht, es zu suchen. Solange sie aber die Verantwortung auf die anderen schiebt und alle anderen dafür verantwortlich macht, wie es ihr geht, wird sich nichts verändern.

Möchtest du dazu noch etwas wissen?

Ja danke, lieber Hilarion. Ich habe gestern mit ihr gesprochen, und da hat sie es immer mit der ..., die würde unser ganzes Geld verschenken ... und wir hätten dann nichts mehr.

Mein liebes Kind, in der Tiefe und im Grunde ihres Herzens weiß sie ganz genau, dass das nicht die Wahrheit ist und dass jetzt im Moment ihre ganzen Ängste hochkommen, die sie selbst ihr Leben lang schon mit sich herumschleppt. Die sie immer vertuschen konnte, die sie immer von sich wegschieben konnte. Sie hat es meisterlich gemacht, ständig vor ihren eigenen Gefühlen und Themen davonzulaufen. Das hat sie wirklich meisterlich hinbekommen. Aber das Leben ist nicht auszutricksen. Das Leben lässt sich nicht von euch veralbern. Sie kann ihre Ängste, die sie hat, in irgendwelchen Beziehungen, in irgendwelchen vergangenen Geschichten nicht einfach übergehen, nicht einfach immer von

sich wegschieben. Irgendwann kommen diese Ängste hoch, und die verschiedensten Situationen klickern jetzt bei ihr die Ängste hoch. Ihr seid die Knopfdrücker. Ihr drückt ihre Angstknöpfe, auch wenn diese noch so absurd sind, es sind ihre Angstknöpfe. Sie haben zwar mit dem Hier und Jetzt überhaupt nichts zu tun, sie sind nicht ohne Grund da, aber es sind wie gesagt nur Knöpfe von ihr. Ihr, meine lieben Kinder, wisst genau, dass diese Themen nicht relevant sind, die sie euch da vorwirft. Deshalb erscheint es euch ja auch so absurd. Wenn sie einmal verstehen kann, dass es ihre Angst ist, die in ihr hochkommt. Ihre Angst, die mit euch gar nichts zu tun hat oder mit irgendwelchen Situationen. Ihre Angst, die sie sich einmal anschauen sollte, woher sie kommt. Diese Angst hat ihre Berechtigung, aber diese Angst sollte sie bearbeiten bei sich, in sich und sollte aufhören, damit diese Angst auf euch zu übertragen, auf euch zu projizieren und in euch irgendwelche Schuldigen zu suchen. Es ist ihre Angst und auch sie sollte ihre Angst bearbeiten. Denn wahrlich ist es grundlos, das auf eurem Rücken auszutragen, weil ihr es nicht könnt. Sie muss sich ihre Angst selbst anschauen. Ihr könnt nicht für sie ihre Angst bearbeiten, auch wenn sie das gerne wollen würde. Also grenzt euch davon ab. Sagt: Wir haben mit deiner Angst nichts zu tun. Schau dir deine Angst selbst an, schau dir an, woher deine Angst kommt. Erlöse sie, diese Angst geht aufzulösen. Das kann und sollte sie tun.
Hast du dazu noch eine Frage?

Was kann ich ihr sagen, was sie machen soll?
Sie soll sehen, dass es ihre Angst ist und sie ihre Angst bearbeiten soll. Damit wird auch dieses Thema verschwinden, wenn sie sich anschaut, wovor sie wirklich Angst hat. Vor welchen Verlusten und vor welchen Dingen hat sie wirklich Angst? Dann muss sie es nicht mehr auf euch projizieren und auf euch übertragen, denn ihr habt mit ihren Ängsten nichts zu tun. Es sind ihre Ängste, die sie schon ihr Leben lang verdrängt und die jetzt im Moment hochkommen. Es ist ihre Angst und ihre Unzufriedenheit mit

ihrem Leben, und sie kann das natürlich verändern. Die Frage ist, ob sie das will, ob sie bereit dazu ist, sich ihre Themen anzusehen, oder ob sie weiterhin alle anderen dafür verantwortlich machen will, wie es ihr geht. Das ist ihre Entscheidung, es ist ihr freier Wille. Wie jeder Mensch einen freien Willen hat, kann auch sie das selbst entscheiden. Ich würde ihr allerdings sehr ans Herz legen, das zu tun. Sie dazu ermutigen und ihr auch die Gewissheit zu geben, dass es ihr damit dann auch viel besser gehen wird.

Bleibt bei euch und findet den Schatz in euch. Ihr werdet ihn nirgendwo anders finden, bei keinem anderen Menschen. Ihr werdet ihn nur in euch finden.

Hilarion

Ihr lieben Kinder des Lichts und der Liebe, es ist wunderschön, dass ihr den Weg hierher gefunden habt, um nochmals eine Botschaft für euch zu empfangen. Die euch gewiss weiterbringen wird auf eurem Weg, die euch unterstützt und stützt, die nächsten Schritte für euch zu verwirklichen, die in eurem Leben für euch anstehen. In eurem wundervollen Leben, das ihr euch selbst erwählt habt. Das von Liebe getragen ist, und Wertschätzung und Achtung allem gegenüber. Welche Freude für uns hier oben, dies anzusehen, dass ihr so große Lichtbringer für viele Menschen in eurem Umfeld seid, was euch gar nicht bewusst ist.

Ihr seid immer begleitet und geleitet von eurer inneren Stimme.

Versucht mehr und mehr, auf sie zu hören. Versucht mehr und mehr, sie zu verstehen. Versucht mehr und mehr, sie in eure Leben zu integrieren und sie nicht mehr zu ignorieren. Tut genau das, was euch Freude macht, was euch Freude bringt, und tut genau das, mit was ihr euch den lieben langen Tag beschäftigen wollt. Damit ihr vor lauter Freude, Fleiß und Achtsamkeit mit diesen Dingen gar nicht mehr aufhören wollt mit dieser Beschäftigung. Diese Beschäftigungen sind es, um die es in eurem Leben geht. Alles, was euch Freude bringt und Freude macht, solltet ihr an andere weitergeben und es vermitteln. Alles, was euer Herz zum Singen bringt und auch das Herz vieler anderer Menschen berührt. Seid euch dessen gewiss, dass es dies tun wird. Ihr habt das Glück, dass es viele Dinge in eurem Leben gibt, die euch erfüllen und die euch guttun, die ihr anderen Menschen vermitteln könnt.

Lebt euer Leben in Freude und Glück und zeigt euer Stück vom Paradies den Menschen in eurem Umfeld.
Wenn ihr dies mit Liebe tut, werdet ihr sie berühren, werdet ihr

sie bewegen, und sie werden ganz tief in ihrem Inneren auch ihren Weg finden können. Es wäre wirklich sehr schön, wenn ihr mehr Menschen daran teilhaben lassen könntet, an der Freude, die ihr habt, die in euch ist, über die täglichen Dinge des Lebens. Achtet immer darauf, bei euch zu sein, in euch zentriert und immer aus dem Herzen heraus zu handeln. Dann werdet ihr immer den richtigen Weg für euch finden und den richtigen Weg einschlagen. Habt ihr dazu eine Frage?

Ja. Ich fühle mich im Moment gar nicht so als Lichtbringer, sondern bin immer noch ganz mit meiner Zukunftsangst beschäftigt. Wenn ich Nachrichten höre, kommt die Panik wieder, und ich würde gern wissen, wie ich das in den Griff bekomme?
*Mein liebes gesegnetes Kind, ich sage dir, du bist ein Lichtbringer. Du bist ein sehr großer Lichtbringer für viele Menschen in deinem Umfeld. Leider bist du dir dessen nicht bewusst. Ich sage dir auch nochmals, du brauchst vor wirklich überhaupt gar nichts Angst zu haben, denn alles hat seinen Sinn und seine Berechtigung. Ihr braucht euch nicht mehr mit Zukunftsängsten zu plagen. Versucht, euch immer im Hier und Jetzt aufzuhalten. Versucht immer, aus dem Herzen heraus zu handeln, dann wird euch alles gelingen. Dann braucht ihr überhaupt keine Angst vor irgendetwas zu haben, wenn ihr **nicht aus Angst handelt.***
Die Angst ist das Gegenteil von Liebe.

Über die Angst manifestiert ihr die Dinge in eurem Leben, die ihr nicht haben wollt. Also meine lieben Kinder des Lichts, versucht, euch auf die Liebe zu konzentrieren und nicht auf die Angst.

Versucht, in der Liebe zu sein. Versucht, in der Dankbarkeit zu sein für alles, was ihr habt, für alles, mit dem euer Weg geschmückt ist.
Seht die Blumen am Wegesrand, die euren Weg schmücken, und die vielen, vielen Geschenke, die ihr schon vom Universum be-

kommen habt. Durch euch, euren Fleiß und das, was ihr alles schon erreicht habt. Versucht es zu achten und zu schätzen und seht, euer Weg ist immer mit Blumen geschmückt. Ihr müsst auch hinschauen, sie anschauen, lauft nicht mit verschlossenen Augen, so könnt ihr die Blumen nicht sehen.

Macht die Augen auf und seht, was ihr für ein wundervolles, wunderbares Leben habt, und wie viele Geschenke ihr tagtäglich bekommt.

Durch viele Kleinigkeiten, auch durch die richtigen Menschen, die zur richtigen Zeit zu euch geführt werden. Glaubt mir, das ist wahrlich so. Sie werden alle zur rechten Zeit zu euch geführt. Zu der Zeit, wo ihr bereit seid, kommen genau die richtigen Menschen in euer Leben. Damit es für euch ein Stückchen weitergeht. Wie ich schon sagte, am blumengeschmückten Weg, an eurem blumengeschmückten Weg. Erkennt die Schönheit dieses Weges, es ist euer einzigartiger Weg, den ihr zusammen Hand in Hand beschreitet. Ihr solltet nur einmal richtig hinschauen und richtig achten und richtig schätzen, wie viele Geschenke ihr tagtäglich bekommt. Macht einmal eine kleine Übung: Nehmt euch morgens gleich beim Aufstehen ein Blatt Papier zur Hand und schreibt euch alles auf, wofür ihr dankbar seid. Fangt mit Dingen an, die euch als völlig normal erscheinen, die es aber wahrlich nicht sind, das sage ich euch. Es ist nicht normal, dass man ein schönes Frühstück hat, einen schönen Garten, ein Dach über dem Kopf, eine Wohnung oder ein Haus, in dem man gerne lebt und sich wohlfühlt, wo so viel Liebe darin steckt.

Also nehmt euch dieses Blatt und schreibt euch alle Punkte auf, für die ihr dankbar seid. Für Wasser, für Kleider, für Essen, für Trinken, für ... schreibt alles auf. Für die Sonne, für den Mond ... schreibt alles auf. Schreibt jeden Menschen auf, der euch begegnet und der nett zu euch ist ... schreibt alles auf und immer wieder, wenn ihr Angst bekommt, holt ihr euch diesen Zettel, diese vielen Zettel, die ihr für diesen einen Tag bekommen werdet. Dann schaut euch diesen wundervollen, wunderbaren Zettel an, mit diesen vielen Wundern, die euch den ganzen Tag passieren, die euch einfach nicht bewusst sind. Macht sie euch bewusst.

So viele Geschenke des Himmels bekommt ihr alle jeden Tag und wisst es leider oft nicht zu schätzen. Jeder Tag, den ihr hier verbringt, ist ein Geschenk an euch.

Also macht dies nur mal einen Tag lang und wundert euch nicht, ihr lieben Kinder, wie viele Zettel ihr bekommen werdet, wenn ihr dies einmal ganz bewusst macht, für was ihr alles dankbar sein könnt. Ich habe euch jetzt in zwei Minuten 20 Dinge aufgezählt und so könnte man weitermachen, stundenlang.

Also sehe, mein liebes Kind, wovor hast du Angst?

Du bist beschenkt vom Leben Tag für Tag mit deiner Gesundheit, mit deiner Liebe, mit deinem Glück ... mit so vielen Dingen in deinem Leben, dass ich nicht weiß, wo ich anfangen soll, diese aufzuzählen. Halte dich nicht an diesen kleinen schwarzen Flecken auf, die dir in deinen Gedanken Angst machen, die nicht einmal real sind und vielleicht auch nicht real werden. Du weißt es nicht, aber habe keine Angst davor, weil du ihnen mit der Angst einen Zutritt auf deinen Weg, auf dein kleines Paradies, welches du dir erschaffen hast, gibst. Das musst du gar nicht, ich sage dir: Du brauchst keine Angst zu haben.

Ihr braucht keine Angst zu haben, alles ist gut.

Handelt aus dem Herzen heraus, aus der Freude und aus der Liebe, dann werdet ihr immer die richtigen und wichtigen Wege für euch beschreiten. Möchtest du dazu noch etwas wissen?

Ja, das sehe ich auch so. Ich kann das auch annehmen, aber

ich kann mich nicht so losgelöst sehen in meinem kleinen Paradies, losgelöst von der Welt. Ich höre und lese jeden Tag, dass es anderen nicht so gutgeht, und fühle auch diese Anspannung. Diese globalisierten Ängste, die da sind, da kann ich mich ja nicht einfach davon ausnehmen und mich auf mein kleines privates Glück zurückziehen.

Genau dies solltest du aber tun. Genau dies solltest du aber tun. Auch wenn es dir jetzt noch so unglaublich erscheint, es ist das, was du tun kannst, für dich und für die Welt. Sehe, damit rettest du die Welt.

Kannst du das verstehen, geliebtes Kind?

Sehe, es ist so: Wenn du dich um dich kümmerst und in dir zentriert bist und dich liebst und deinen Weg der Liebe und des Vertrauens gehst, wirst du es gar nicht mitbekommen, wie viele Menschen es dir nachtun. Wie viele Menschen es dir nachmachen werden. Du wirst sie automatisch anstecken, ob du es willst oder nicht, sie werden es dir nachmachen.

Sei in dir glücklich. Sei in dir zentriert. Finde erst einmal den Weg zu dir, in dir, und dann kannst du die anderen Menschen damit anstecken.

Du bekehrst sie damit nicht, sondern du steckst sie damit an. Sie machen es nach, du machst es vor und sie werden es dir nachtun. Damit wirst du viel mehr erreichen, als wenn du ins Außen gehst und versuchst, sie zu bekehren. Es ist sehr nett von dir gemeint, dass du mit den anderen Menschen mitleiden willst, aber es ist nicht nötig, dass du dies tust. Es ist nicht nötig, dass du dies auf dich nimmst. Denn, glaube mir und sei dir gewiss, jeder Mensch hier hat sich sein Leben selbst ausgesucht. Es gibt wahrlich einen tiefen Grund, wieso sie sich genau dieses Leben ausgesucht haben. Also lasse diese Ängste, diese Sorgen und diese Dinge, die die Menschen erleben bei ihnen, in Liebe, denn es ist ihr Schicksal. Das hat nichts damit zu tun, dass man diesem Menschen in Notzeiten die Türe vor der Nase zuschlägt und nichts davon wissen will, oder dass man das Gefühl haben musste, man macht die Augen vor irgendetwas zu.

Es geht hier um etwas viel Wertvolleres als alles Geld der Welt. Weil alles Geld der Welt kann nicht die Schätze aufwiegen, die ihr in eurem Inneren tragt.

Diese Schätze gilt es zu entdecken. Diese Schätze in eurem Inneren gilt es, für euch zu leben und zu erfahren. Diese Schätze sind die Schätze, die ihr wieder mitnehmt, wenn ihr wieder von hier in eine andere Dimension geht. Diese Schätze kann man anderen nicht geben, man kann nicht sagen:
Hier hast du diesen Schatz, den ich in mir gefunden hab. Weil jeder Mensch diesen Schatz nur in sich selbst finden kann.
Jeder kann es.

Wenn ihr es vormacht, wie es geht, diesen Schatz in sich zu finden, können alle Menschen es euch gleichtun. Sie können es euch nachmachen. Aber suchen und finden müssen sie den Schatz alleine, dabei wird ihnen niemand helfen. Sie müssen selbst in die Ruhe gehen, sie müssen selbst in die Stille gehen, sie müssen selbst ihren Weg finden, der mit Blumen geschmückt ist. Wenn sie diesen Weg entlang gehen und die Blumen nicht sehen und ihre Augen geschlossen haben, kannst du nur sagen (so wie ich es auch tue), sie sollen die Augen aufmachen. Wenn sie die Augen aber geschlossen lassen wollen, dann lasse sie. Es geht nicht um das Glück der Menschheit. Diese Last hast du nicht auf deinen Schultern. Es geht um dein Glück. Findet euer Glück in euch, auf eurem mit Blumen geschmückten Weg. Damit werdet ihr dann ganz vielen Menschen helfen, damit sie ihren mit Blumen geschmückten Weg wiedersehen und entdecken können, in sich selbst, für sich selbst. Es wird dann eine Kettenreaktion auslösen. Die anderen werden es euch nachtun. Hast du dazu noch eine Frage?

Ja, ich habe da eine Vision von unserem Haus, das man damit auch schon zusammenführen könnte. Gleichzeitig habe ich auch die Angst, dass wir dieses Haus verlieren, dass es uns weggenommen wird und dieser Platz dann nicht mehr für uns da ist. Was sollen wir jetzt mit unserem Haus machen? Sollen wir es weiter gestalten? Oder sollen wir lieber warten, was in der Zukunft kommt?

Habt keine Angst, macht euch frei von eurer Angst. Ihr werdet nichts verlieren können, wenn ihr bei euch, wenn ihr in der Liebe zu euch bleibt, zu eurem Weg und in der Dankbarkeit für das, was ihr habt, dann werdet ihr nichts verlieren können, was ihr habt. Denn nur die Menschen, die undankbar sind für ihre Geschenke, und die nicht sehen, was ihnen das Leben jeden Tag schenkt, werden irgendwann verlieren, was sie geschenkt bekommen haben. Aber auch nur aus dem Grund, dass sie zu schätzen wissen, wie viele Geschenke sie hatten, weil sie es anders nicht bemerkt hätten. Deshalb, wenn ihr das tut, was ich euch vorher aufgetragen habe, mit Dankbarkeit und Liebe und Wertschätzung, euren Weg geht und diese Zettel schreibt, und das einmal 1 bis 2 Wochen macht, und das für euch beibehaltet, dass ihr in jeder Blume, in jedem Strauch, in jeder Straßenlampe und in allem, was euch begegnet, in jeder Paprika, in jeder Nudel, die ihr esst, und in jedem Tropfen Wasser seht, dass es Geschenke sind, Geschenke des Himmels, dann werdet ihr nichts verlieren können.

Es gibt keine Kraft der Welt, die diese Dankbarkeit ins Negative verwandeln könnte.

Seid dankbar für alles, was ihr habt. Dadurch macht ihr es unmöglich, dass euch diese Dinge genommen werden. Könnt ihr das verstehen?

Aber es wird jetzt im Moment vielen Menschen auf der Erde viel genommen, z. B. auch Essen. Soll das dann heißen, dass sie nicht dankbar waren, oder dass sie Dankbarkeit lernen

sollen? Warum passiert das jetzt eigentlich alles so?

Es wäre zu pauschal, jetzt zu sagen, alle, die solch ein Schicksal erleiden, wären nicht dankbar. Das ist nicht die Wahrheit. Ich sage hier nur, dass es vielen Menschen aus dem Grund passiert, weil sie nicht dankbar sind für das, was sie haben. Aber wie ich vorher schon sagte, hatten viele Menschen schon viele, viele Inkarnationen und ihr wisst nicht, was sie getan haben. Wieso sie sich dieses Leben ausgesucht haben, wieso sie sich vielleicht die Armut ausgesucht haben. Das steht nicht in eurer und auch nicht in unserer Macht, das zu beurteilen. Wir wissen nicht, welchen Weg diese Seele gegangen ist oder jetzt hier noch gehen will. Wenn eine Seele diese Erfahrung nicht machen will, dann muss sie es auch nicht tun. Die Seele entscheidet sich ganz bewusst, diese Wege zu gehen. Weder ihr noch wir haben das Recht, uns da einzumischen. Man kann kleine Tipps geben, man kann versuchen zu helfen, aber ihr solltet euch nicht verantwortlich fühlen für die ganze Welt, oder für die verschiedenen Schicksale, die auf der Welt passieren. Ihr solltet auch kein schlechtes Gewissen haben, wenn es euch gutgeht und irgendwelchen anderen Menschen nicht. Vielleicht wollen diese Menschen euer Mitleid gar nicht. Vielleicht wollen sie auch eure Hilfe gar nicht. Hast du dir das schon einmal überlegt? Die ganze Seele ist mit diesem Weg einverstanden und hat ihn gewählt. So unglaublich das euch auch scheinen mag, glaube mir, aus deiner jetzigen Sicht würdest du einige Inkarnationen, die du schon hattest, nicht verstehen können, das kannst du mir glauben. Aber trotzdem ist deine Seele sehr zufrieden. Mit jeder Inkarnation, die sie hatte, weil sie dadurch sehr viel gelernt hat und sehr viel weitergekommen ist in ihrer Entwicklung. Diesen unglaublichen Leben, die eine Seele hat, voller Vielfalt, voller Selbsterfahrung. Fürchtet euch nicht, seid dankbar für das, was ihr habt, und lebt dies, damit werdet ihr sehr viel bewirken. Habt ihr dazu noch eine Frage?

Ja, in meiner Beziehung treten sehr häufig ungelöste Spannungen auf, und es erscheint mir manchmal unmöglich,

dafür eine Lösung zu finden. Ich weiß nicht, in welche Richtung ich denken soll, um mich aus der Situation zu befreien.

Wie meinst du das, dass du dich aus der Situation befreien willst?

Es erscheint mir, dass Spannungen da sind, die ich nicht auflösen kann, es auch Situationen sind, die ich gleichzeitig auch unerträglich finde. Ich weiß einfach nicht, wie ich damit umgehen soll oder wie ich einen Lösungsansatz finden kann. Wo kann ich einen Lösungsansatz finden? In einem Gespräch? In einer Vereinigung? In einer Ablösung? Es scheint mir manchmal einfach unlösbar. Ich kann es mir auch einfach nicht richtig erklären. Es sind Spannungen da, die für mich manchmal wirklich an die Grenze des Ertragbaren gehen. Wie kann ich mich daraus befreien?

Zuallererst, kein Problem ist unlösbar, kein Problem, das euch begegnet, auch in eurer Beziehung, ist unlösbar für euch. Jedes Problem, das ihr in eurer Beziehung habt, spiegelt euch einen gewissen Teil eures Selbst. Frage dich in jeder Situation, welchen Teil von dir selbst will sie dir in diesem Moment spiegeln? Den du auch in dir hast, oder auch umgekehrt.

An welchem Punkt findet ihr nicht mehr zueinander?

Spürt in euch hinein und fühlt in euch hinein, wie es euch damit geht, und versucht ganz ehrlich über eure Gefühle und das, was ihr empfindet, zu reden, wie es euch in diesen Situationen ergeht. Vor allem auch, welche Ängste hinter diesen Situationen stecken. Ob es Verlustängste sind, Ängste, den anderen zu verlieren, oder was steckt hinter diesen Meinungsverschiedenheiten für ein wahrer Grund? Versucht den wahren Grund, der dahintersteckt, zu sehen. Fragt ganz ehrlich: Welches Gefühl steckt dahinter? Ist es Trauer, ist es Wut, ist es Angst? Gebt es zu, ihr könnt es doch voreinander zugeben.

Glaubt mir, es wird euch nicht voneinander entfernen,

sondern es wird euch zusammenbringen, dies zuzugeben und dies zu spüren und zu fühlen.

Geht dem auf den Grund, was hinter dem steckt, was sich an der Oberfläche zeigt. Es steckt immer etwas anderes dahinter, wie ihr an der Oberfläche erkennen könnt. Das was sich im Außen zeigt, ist immer nur die Auswirkung oder der Brennpunkt dieser Geschichte, wieso man aneinander gerät. Aber dahinter steckt meistens eine Angst, z. B.
nicht so akzeptiert zu werden, wie man ist,
nicht so geliebt zu werden, wie man ist,
nicht gut genug zu sein, wie man ist.
Diese ganzen Ängste können hinter solchen Sachen stecken. Also fühlt einmal in euch hinein. Welche Ängste ruft der andere mit seinem Verhalten in euch hervor? Um welche Ängste geht es?

Dann setzt euch hin, setzt euch zusammen hin in Liebe und versucht, eure Ängste dem anderen gegenüber auszusprechen, einfach zu sagen: Diese und jene Angst kommt bei mir hoch, wenn du dich so oder so verhältst ...
Versucht dahinter zu schauen, hinter den Spiegel.
Welche gegenseitigen Ängste werden dadurch bei euch geschürt?
Womit habt ihr noch ein Problem?
Was spiegelt ihr euch?

Wir haben festgestellt, dass wir gegenseitig Reflexe auslösen und uns damit immer gegenseitig wehtun. Wir können das nicht überschauen. Was können wir tun, um nicht in diese Situation hineinzugeraten?
Ihr werdet zuerst nach wie vor hineingeraten, aber wenn ihr beide spürt, jetzt sind wir wieder in solch einer Situation, wo wir beide so und so reagieren, dann versucht in so einer Situation, die Karten auf den Tisch zu legen. Versucht den anderen zu fragen, welche Angst steckt bei dir jetzt dahinter?
Oder: Welches Gefühl löse ich in diesem Moment bei dir aus?

Z. B. wieso schimpfst du jetzt so mit mir?
Welches Gefühl steht dahinter?
Was macht das mit dir, wieso schimpfst du jetzt so?
Dann wird sie eventuell sagen: Ich fühle mich von dir nicht wert-
geschätzt. Ich fühle mich ...
Bleibt bei euren Gefühlen, lernt über eure Gefühle zu sprechen.
Ihr habt nicht gelernt, darüber zu sprechen, wie es euch wirk-
lich geht. Es war in eurer Gesellschaft nicht so, dass man das
vermittelt bekommen hat, das man über alles sprechen sollte,
vor allem auch über diese Emotionen, die dahinter stehen. Es
wird ein neues Zeitalter beginnen, indem ihr ganz ehrlich über
all diese Dinge sprechen könnt. Jetzt sind die Ansätze dafür da,
das zu lernen. Ihr könnt es auch lernen. Nehmt diese Situation,
die ihr in dem Moment habt, an und fragt euch gegenseitig, was
für Gefühle beim jeweiligen Partner dahinter stehen.
Welche Gefühle löst ihr gegenseitig aus?
Wenn ihr das besprecht, wenn ihr das zugebt vor dem anderen, ist
sofort von jeder Seite Verständnis da, dann sieht man, ich werde
hier nicht nur angemotzt, weil ich nicht wertgeschätzt werde,
sondern bei ihr steckt eventuell auch ein Mangel an Wertschät-
zung dahinter. Das ist ja das Interessante in solchen Situationen,
dass meistens sogar noch die gleichen Mangelerscheinungen
angesprochen werden im anderen. Hilft euch das?

Würde sich denn die Arbeit lohnen, wenn wir das tun?
Wir stehen ja auch oft vor der Frage, ob wir uns nicht lie-
ber trennen sollen, um andere Erfahrungen zu machen.
Lohnt es sich, die Arbeit zu machen und unsere Beziehung
weiterzuführen?
Meine lieben Kinder, das müsst ihr natürlich selbst entscheiden.
Ich kann euch hier nur sagen, dass ihr in euch hinein fühlen solltet
und dass ihr immer spüren solltet, wie ihr euch fühlt, und dann
darüber reden solltet. Wenn ihr das nicht tut oder wenig tut,
werdet ihr euch voneinander mehr und mehr entfernen. Deshalb
wäre es jetzt an der Zeit, dass ihr auf euch zugeht und miteinan-

der sprecht, über das, was innerlich in euch vorgeht. Glaubt mir, mit jedem anderen Menschen werdet ihr das auch irgendwann einmal lernen müssen. Also seht die Chance in eurer Beziehung, dass ihr das lernen könnt, dass ihr das lernen dürft. Ihr wieder aufeinander zukommen dürft und den anderen auf eine ganz andere Art und Weise verstehen lernen könnt. Indem ihr lernt, über eure Gefühle zu sprechen und über das, was hinter jeder Angst und Aggression steht. Das nämlich ist euer wahres Wesen, euer wahrer Kern. Wenn ihr diesen beim anderen entdecken könnt, werdet ihr euch dem anderen sehr nahe fühlen. Ihr fühlt euch im Moment nur voneinander entfernt, weil ihr zu wenig über eure wahren innersten Gefühle sprecht. Wenn ihr das ändern könnt, und vor allem, wenn ihr das ändern wollt, dann wird sich für euch eine völlig neue Beziehung verwirklichen können, weil ihr euch auf eine völlig neue Art und Weise begegnen könnt. Auf eine Art, auf die ihr euch vielleicht noch gar nicht kennt. Obwohl ihr euch schon so lange kennt, ist euch oft nicht klar, welche Gefühle wirklich bei dem anderen hinter irgendwelchen Aggressionen stecken.
Hilft euch das, oder habt ihr dazu noch eine Frage?

Mich würde jetzt noch etwas interessieren. Das geht nun schon ein paar Jahre so und unser Sohn fühlt sich da hineingezogen, und er hat sich auch sehr oft dafür verantwortlich gefühlt, was da zwischen uns ist.
Hat er da irgendwelche Schäden davongetragen?
Meine lieben Kinder, so wie ihr euch euren Weg ausgesucht habt, genauso hat sich euer Sohn auch seinen Weg ausgesucht auf dieser Erde. Ihr könnt euch ganz gewiss sein, er hat euch ganz bewusst als Eltern gewählt, und auch die sogenannten Schäden, die ihr hier ansprecht, hat er sich ausgesucht, auch wenn weder er noch ihr das glauben könnt. Also habt deshalb auf keinen Fall Schuldgefühle, meine lieben Kinder. Ihr macht es so gut, wie ihr könnt.

*Aber geht aus dem Kopf heraus, handelt aus dem Herzen
und sprecht vor allem aus dem Herzen.*

Sprecht von Herz zu Herz miteinander.

*Ihr könnt natürlich immer alles zu jeder Zeit entscheiden, was
ihr wollt. Ihr könnt euch immer für oder gegen jeden Menschen
entscheiden. Seid euch auch gewiss, es gibt niemanden in eurem
Leben, den ihr umsonst getroffen habt. Auch ihr beide habt euch
nicht umsonst getroffen, sondern es hatte einen tiefen Sinn. Es ist
immer alles in Ordnung, für was euer Herz sich entscheidet.*

**Bitte, geht aus dem Verstand heraus in euer Herz und in
euer Gefühl, damit werdet ihr am meisten in eurem Leben
verändern.**

Vor allem zum Positiven für euch verändern.

**Konzentriert euch auf die Blume, auf euren Weg,
das wird euer ganzes Leben verändern, wenn ihr dies tut.**

*Ihr werdet sehen, wenn ihr das beherzigt, was ich vorher gesagt
habe, mit diesen Zetteln, wird sich auch bei euch sehr viel verändern, weil ihr dann auch aufschreibt, dass ihr für euren Partner
dankbar seid, dass es diesen in eurem Leben gibt. Ihr werdet eine
völlig andere Sichtweise von eurem Leben bekommen, wenn ihr
das eine Woche lang macht.*
Das könnt ihr mir glauben.
Habt ihr dazu noch eine Frage?

Wir sind gespannt, ob es uns gelingt.
*Ich sehe hier nicht, dass diese Beziehung beendet werden sollte.
Ich sehe, dass ihr eure Herzen füreinander öffnen solltet, sowie
für eure Bedürfnisse, für eure gegenseitigen Gefühle, und dann
wird sich wirklich sehr viel verändern. Wie gesagt, ihr habt immer*

die Wahl dazu, dies zu tun. Niemand, wirklich niemand, auch euer Kind nicht, wird euch für irgendetwas verurteilen, was ihr tut. Ihr könnt immer selbst entscheiden, aber ihr werdet sehen, wenn ihr diese Dinge verändert, wird sich eure Beziehung um ein Vielfaches verbessern und völlig anders werden, weil sie eine andere Ebene bekommt. Diese ist von Dankbarkeit, Vertrauen und Verstehen geprägt. Ich möchte euch doch gerne noch einmal an die Dankbarkeit erinnern. Schreibt bitte über diese Zettel (die ihr übrigens beide machen solltet, weil jeder trotz allem ein anderes Leben führt und für andere Dinge dankbar ist),
wofür ich dankbar bin,
und tragt diese Zettel oder dieses Büchlein mit euch herum. Jede freie Minute, wo ihr Zeit dazu habt, wenn ihr esst, wenn ihr duscht, wenn ihr in eurem frisch überzogenen Bett liegt, wenn ihr abends eure Hand haltet ... was ihr auch immer tut, versucht es sofort niederzuschreiben. Euch wird klar werden, wie viele Dinge in eurem Leben sind, für die ihr dankbar sein könnt. Wie gering die Menge ist, wo ihr Angst davor habt, oder womit es euch schlecht geht. Damit solltet ihr euch nicht befassen, sondern das solltet ihr nur wahrnehmen.

Konzentriert euch auf die Dankbarkeit.

Wenn ihr das wollt, könnte ihr euch abends zusammensetzen und euch die Liste des anderen zusammen anschauen. Das wird euch wieder ein Stück näher bringen, weil da dann vielleicht steht, ich bin dankbar, dass mir meine Frau heute Essen gekocht hat. Oder da steht, ich bin dankbar dafür, dass mein Mann heute den Rasen gemäht hat. Das wird euch auch wieder mehr zusammenbringen, das wird euch auch wieder mehr zusammenschweißen. Versucht es, dies wird euch sehr viel weiterbringen. Ruft mich jederzeit und bittet mich um Hilfe, dann bin ich da und unterstütze euch.

Hilarion

Fühle in dein Herz

Mein liebes Kind, ich bin Hilarion.
Zuerst einmal möchte ich dir sagen, wie wundervoll es ist, dass du so fleißig bist, so viel Fleiß in dir trägst, so viel Fleiß an den Tag legst. Es ist wirklich wundervoll für uns mit anzusehen, und es ist sehr bewundernswert, was du alles tust und was du alles kannst und was du alles bewältigst auf deinem Weg. Alles in dir schreit nach Befreiung, das ist ein tiefer Wunsch in dir, dass sich alles zu deinem Besten regeln und finden wird. Aber mein liebes Kind, du solltest dich wirklich zuallererst selbst finden und nicht im Außen nach dir suchen. Suche in deinem Inneren immer mehr nach dir, um dich zu finden. Damit sich alles im Außen manifestieren kann, was du im Innen bist. Ein wundervolles Engelwesen, das hier auf der Erde ist, um seine Erfahrungen zu machen.

Ein wunderbares, unglaubliches Wesen, das gerade bereit ist und auf dem Weg ist zu erkennen.
Mit deinem Verstand hast du schon viel verstanden.
Mit deinem Herzen kannst du es noch nicht fühlen, wie wunderbar und wundervoll du bist.

Und dass du alles in dir trägst und dass du überhaupt keine Angst haben musst, vor überhaupt gar nichts, du musst keine Angst haben vor irgendetwas, *weil dir nichts, aber auch gar nichts passieren kann. Es kann dir gar nichts geschehen, wenn du dich gefunden hast und erkannt hast, wer du wirklich bist, was für ein wundervolles, wunderbares Wesen du bist. Dann hast du es erkannt und dann trägst du in dir die Gewissheit, dass dir nichts im Außen etwas anhaben kann, nichts und niemand kann dir dann etwas anhaben.*

Sehe, der Weg führt immer über dich selbst.
Über dein Innerstes.

Über das Erkennen und das Spüren
und das Wertschätzen deines wahren Selbst,
deines wahren Kerns.
Denn dein Kern ist Licht,
dein Kern ist Liebe,
und sonst geht es um nichts.

Nichts auf der ganzen Welt wird dich jemals aus der Bahn werfen können, wenn du ganz bei dir, in dir und in deiner Liebe zu allem, was ist, bist.

Dann bist du so gefestigt, bist du so gestärkt, dass dir die Dinge im Außen nichts mehr anhaben können und nichts mehr anhaben werden, weil du in jedem Moment verstehen wirst, dass es darum überhaupt nicht geht.

Es geht darum, in Liebe zu handeln,
in Liebe zu reagieren und bei allem, was dir geschieht und passiert, im Vertrauen zu sein.

Alles ist richtig und wichtig für dich, und jede kleinste Kleinigkeit in deinem Leben will dir etwas sagen, über dich selbst und über deinen noch vorhandenen Mangel in dir selbst.
Liebe und schätze dich selbst. Finde zu dir selbst und diesem wahren göttlichen Kern, der in dir schlummert. Damit wirst du dich selbst erkennen und dich selbst wahrnehmen. Dadurch wirst du dich abwenden von den Dingen, die dir im Außen geschehen, du wirst dich nicht mehr von ihnen lenken und leiten lassen. Weil du dein strahlendes Licht erkannt hast, weil du erkannt hast, dass du nur aus dir heraus leben kannst und im Frieden sein kannst. Mein liebes Kind, stelle nun deine Fragen.

In der Theorie weiß ich das alles, aber ich kann es ganz schwer in meinem Alltag umsetzen. Was heißt bei mir

bleiben? Was mache ich jetzt mit den vielen Schulden? Gar nichts oder strample ich mich wieder ab? Mir fehlt irgendwie der Weg.

Mein liebes Kind, dir fehlt hauptsächlich das Vertrauen zu dir selbst, das Vertrauen zum Leben. Du hast noch nicht erkannt, was für ein machtvolles, wunderbares, wundervolles Wesen du bist. Du kannst alles erschaffen, was du möchtest. Du bist ein göttliches Wesen, du bist ein Teil von Gott, und alles, wirklich alles auf dieser Welt ist dir möglich, wenn du dies erkannt hast und wenn du das spürst.

Du weißt es im Kopf, aber du kannst es noch nicht spüren. Dein Herz ist noch versiegelt für dieses wundervolle, wunderbare Gefühl, das dann in dir entstehen würde, wenn du das nicht nur verstanden hättest, sondern fühlen könntest. Dein Herz ist noch unsicher, dein Herz hat Angst, sich dafür zu öffnen. Es steckt noch eine tiefe Angst bei dir dahinter, dies zu erkennen, dies zuzulassen. Mein liebes Kind, du bist noch sehr verwurzelt in deinem Verstand. Versuche immer wieder, aus dem Verstand herauszugehen und in dein Herz hinein zu fühlen. Beginne mit kleinen Situationen.

Frage dich immer wieder:
Wie würde sich die Liebe verhalten?
Was würde die Liebe jetzt tun?

Versuche aus dem Kopf herauszugehen, versuche in dein Herz zu gehen. Versuche still zu werden, dich hinzusetzen und zu fühlen, was du in diesem Moment fühlst. Was ist dein Gefühl? Oftmals ist es so, dass der Verstand, der Kopf, einen total durcheinander bringt. Wenn du dich aber hinsetzt, still wirst, leise und ruhig und in dein Herz gehst, auf dein Gefühl hörst, dann sagt dieses Gefühl oft etwas total anderes. Dieses Gefühl sagt dann oft, alles ist in Ordnung, du brauchst keine Angst zu haben. Dann kommt wieder dein Verstand, und sagt:

Wie kann das sein, es ist doch so und ist doch so ...

Und dein Herz sagt, habe keine Angst, habe Vertrauen.

Das ist deine Aufgabe, mein liebes Kind, versuche, aus dem Verstand herauszugehen, in dein Herz, in dein Herz und zu fühlen. Fühle es, fühle es, dass alles gut ist, dass alles wundervoll ist und wunderbar. Du kannst es mit dem Herzen fühlen, aber nicht mit deinem Verstand, das ist unmöglich. Dein Verstand wird immer Einwände bringen, dein Verstand wird immer Zweifel haben, aber es ist jetzt an dir zu erkennen, dass du aus dem Verstand gehst und in dein Herz hinein fühlst, und dich nicht ständig von deinem Verstand durcheinanderbringen lässt und von deinem Verstand in Panik versetzten lässt.

Versuche immer, immer wieder, in dein Herz zu gehen, in dein Herz zu fühlen, die Verbindung zu fühlen, zu allem, was ist, zum großen Ganzen.

Dann wirst du ganz ruhig werden, du wirst ganz friedlich werden. Versuche deinen Verstand auszuschalten für ein paar Minuten und fühle in dich hinein. Fühle, was du da für einen Zustand bekommst, in dir selbst, in deinem Herzen. Wenn du das fühlst, wenn du bereit bist, das zu fühlen und das anzunehmen und die schwierige Aufgabe erledigen kannst, deinen Verstand abzustellen. Dann wirst du wissen, dass du dir über überhaupt nichts Sorgen machten musst, dass du gar keine Angst zu haben brauchst vor irgendetwas.

Wenn du dich selbst gefunden hast, kann dir nichts mehr passieren. Wenn du dich selbst spürst in deinem Herzen, wenn du dich selbst gefunden hast, in deinem Herzen.

Dann ist das wie eine Welle der Liebe, die du nach Außen trägst. Eine Welle der Gewissheit, des Vertrauens, der Weisheit und der

Gewissheit, dass alles gut ist. Das alles in dir selbst zu finden ist jede Lösung jedes Problems. Mein liebes Kind, auch wenn du es nicht glauben kannst, alles ist bereits in dir. Kein Mensch auf dieser Erde ist besser oder schlechter als du, und deshalb:

finde dein Glück in dir,
finde dein Vertrauen in dir,
finde deine Gewissheit in dir,
alles ist in dir.

Wenn du aus dir heraus lebst, wird sich alles verändern im Außen. Gehe also zuerst in dein Herz, versuche deinen Verstand abzustellen und frage dich immer wieder in dein Herz hinein:
Was würde die Liebe jetzt tun?
Was würde das Vertrauen jetzt tun?
Frage dich dies immer wieder.
Die Liebe hat keine Angst, weil Liebe schließt Angst aus. Wenn Liebe da ist, kann Angst nicht existieren, also liebe alles, was ist. Vor allem liebe dich selbst und alles, was dir passiert, wenn du es mit Liebe betrachtest, mit Liebe anschaust und dich in Liebe fragst:
Was will mir diese Situation sagen?
Dann ist in diesem Moment kein Platz für Angst.
Wo soll die Angst noch sein, wenn du in deiner Liebe bist? Dann ist kein Platz für Angst. Dann ist auch kein Platz für irgendwelche schlimmen Situationen, die dir im Moment noch widerfahren, weil du dich in der Angst aufhältst und mit dem Verstand alles beurteilst und bewertest. Ihr habt es in eurer Welt einfach nicht gelernt, in euer Herz zu gehen und eure Gefühle zu fühlen. Es ist jetzt an der Zeit, dies wieder zu erkennen und dies wieder zu entdecken. Ihr seid zu 90 % in den Verstand gerutscht und fühlt euer Herz und eure Gefühle nur noch so wenig. Nun ist es an der Zeit, dies umzuwenden, das Blatt zu wenden und wieder in euer Herz zu gehen und euch dort zuhause zu fühlen. Denn ihr seht ja, dadurch, dass ihr euch ständig in eurem Verstand bewegt, und

in euren Ängsten, verändert sich nichts zum Guten, sondern ihr analysiert und analysiert und ihr kommt nicht weiter.

Ihr kommt nur mit dem Herzen weiter.
Ihr kommt nur mit der Liebe weiter.
Seht dies, seht wie wichtig das ist,
die Angst blockiert euch auf eurem Weg,
die Angst sind Steine auf eurem Weg,
du brauchst dich aber nur für dein Herz
und für die Liebe zu entscheiden.

Still zu werden, ruhig zu werden und in dich hinein zu fühlen. Dadurch wirst du alles verändern, und glaube mir, es ist gar nicht so schwer, wie du dir das im Moment vorstellst.

Werde still, werde ruhig und verbinde dich mit uns.

Spüre, was in deinem Herzen ist. Es ist so viel Vertrauen, so viel Gewissheit, du weißt es doch. In dir weißt du es ganz genau. In deinem Herzen kannst du es fühlen, die Verbindung zu allem, was ist, dass wir alle nicht getrennt sind voneinander. Das spürst du nur in deinem Herzen. Dein Verstand kann das nicht orten, er kann das nicht verstehen, er ist auch nicht dafür da.

Jetzt ist der Zeitpunkt gekommen, wo du dich wieder mit deinem Herz verbindest, mit uns allen verbindest.

Bleibe immer bei dir und handle immer aus dir heraus, aus deinem Herzen und aus der Liebe. Wenn du im Verstand bist, versuche immer wieder, in dein Herz zurückzukehren und frage dich:

Was würde die Liebe jetzt tun?
Wie würde die Liebe sich jetzt entscheiden?
Die Liebe zu allem, was ist.
Nicht die Angst, die Liebe.

Die Angst schließt die Liebe aus und umgekehrt.

Werde dir dessen bewusst, und wenn du in irgendeiner Situation ängstlich bist, dann werde dir darüber klar, dass in dieser Situation keine Liebe stecken kann. Es ist keine Liebe mehr vorhanden, wenn die Angst da ist. Also versuche, dich in diesem Moment wieder für die Liebe zu entscheiden. Gehe in dein Herz, und spüre, dass du keine Angst haben brauchst, vor überhaupt gar nichts. Denn die Dinge, die dir im Außen passieren, sind nur Dinge, die dir immer wieder spiegeln, auf welchem Stand du bist. Diese Dinge wollen dir immer wieder die Ängste vor Augen führen, die du noch hast.
Mein liebes Kind, du solltest sie dann auch nicht verdrängen, aber wenn du das tust, was ich dir eben gesagt habe, und du siehst, es macht dir Angst und du sagst in diesem Moment dann:
Ich entscheide mich aber für die Liebe, auch wenn die Angst ihre Berechtigung hat. Versuche dich für die Liebe zu entscheiden und sehe, dass damit kein Platz mehr für Angst ist.

Es gibt nur die Möglichkeit, entweder in der Liebe oder in der Angst zu sein. Entscheide dich für die Liebe.
Jeder Gedanke in dir, der Angst hervorruft:
küsse ihn mit Liebe,
umhülle ihn mit Liebe,
schicke ihm Liebe,
schicke dieser Angst Liebe,
und die Angst wird erkennen, durch die Liebe,
dass sie keine Angst haben braucht.

Mein liebes Kind, möchtest du dazu noch etwas wissen?

Ist es denn nicht auch so, dass mein Herz frei sein will? Mein Herz will doch frei sein. Warum kommen dann so viele Verpflichtungen, so viele Regeln? Mein Herz schreit doch nach Freiheit.

Dein Herz schreit nach Freiheit, natürlich schreit es nach Freiheit. Dein Herz will frei sein, das ist wohl richtig, aber solange du dein Herz nicht beachtest und nicht in dein Herz hinein fühlst und es so wenig in deinem Leben teilhaben lässt, wie du es im Moment tust. Indem du dich zu 90 % im Verstand aufhältst, ist dein Herz nicht frei. Dein Herz will lieben, dein Herz will die Gewissheit haben, dass alles gut ist, wie es ist. Dein Herz will fühlen, dein Herz will die Liebe fühlen, dein Herz will aus Liebe handeln, dies alles will dein Herz. Dadurch wird sich dein Herz frei fühlen. Wenn du es wieder beachtest und wenn du es achtest, wenn du in es hinein fühlst, dadurch machst du es frei, du machst es frei von Angst. Allein damit, dass du es beachtest, und allein damit, dass du versuchst, aus dem Verstand herauszugehen und in dein Herz hinein zu fühlen, machst du deinem Herz eine Riesenfreude. Du nimmst dein Herz wahr, du achtest es, du achtest auf deine Gefühle, du versuchst es mit Liebe zu füllen, aus Liebe heraus zu handeln, und damit machst du dein Herz frei, damit ist dein Herz frei. Im Moment ist dein Herz völlig eingeschränkt, weil du nicht aus dem Herzen heraus lebst, weil du deine Gefühle nicht lebst. Weil du dich immer von deinem Verstand lenken und leiten lässt in die Angst hinein, dein Herz weiß genau, dass das nicht nötig ist. Weil dein Herz weiß, dass alles gut ist, und dein Herz schreit immer danach, dass du dich um es kümmerst, dass du es siehst.

Dein Herz will dir ständig sagen, alles ist gut, komme zu mir, in mir findest du alles, was du suchst. Die ganze Sicherheit und Weisheit ist in mir, in deinem Herzen, spüre es.

Du hoffst immer noch, dass irgendwann dein Verstand dich beruhigen wird, dass dein Verstand zu dir sagen wird, alles ist gut. Dein Verstand wird das aber nicht tun, sondern dein Herz wird das tun. Also sehe, dass es sinnvoll wäre, deinen Fokus zu verändern, von deinem Verstand auf dein Herz, denn dort wirst du alle Antworten finden, die du brauchst. Alle Gewissheiten und alle Antworten wirst du in deinem Herzen finden, mit deinen Gefühlen.

Weil wahrlich kommen all deine Gefühle aus dem Herzen heraus.

Möchtest du dazu noch etwas wissen?

Welchen Spiegel will mir mein geschiedener Mann zeigen? Er verletzt mich, er demütigt mich, stellt mich an den Pranger, erklärt mich für schuldig. Was spiegelt er mir? Da will ich dann auch nicht in den Kopf, da bin ich total überfordert.
Dein Mann ist ein wunderbarer Spiegel für dich, denn er tut grundsätzlich nichts anderes, was du dir selbst auch antust.
In welchen Dingen stellst du dich noch vor den Pranger?
In welchen Dingen hast du dich noch nicht akzeptiert?
In welchen Dingen gehst du immer noch in die Verantwortung?
In welchen Dingen handelst du noch nicht aus der Liebe heraus?
In welchen Dingen ...?
Ersetze ihn, seine Person, durch dich.

Er spricht laut aus, was du nicht über dich sagen würdest, aber was du im tiefsten deines Herzens von dir denkst und fühlst. Er spiegelt dir das im Außen, auch wenn du das mit dem Verstand niemals von dir sagen würdest, fühlst du dich trotzdem für alles verantwortlich, fühlst du dich trotzdem genauso, wie er dir es vorwirft.

Du verurteilst dich, du denkst, du machst es nicht gut genug, du denkst, du könntest noch mehr tun, und wenn du das alles denkst, wie könnte es anders sein, wie das jemand im Außen dir diesen Spiegel vorhält und sagt:
Schau mal, das denkst du noch von dir selbst.

Aber das ist doch wundervoll, weil mit jedem Vorwurf, den er dir entgegenbringt, kannst du sehen und kannst du annehmen als das, was er eigentlich ist, ein Vorwurf, den du dir selbst machst. Nehme es also erst einmal an als einen Vorwurf, der noch in dir selbst vorhanden ist, den du dir selbst machst. Befreie dich dann davon, indem du dir selbst in Liebe begegnest und indem du dir selbst diese Dinge verzeihst. Vergebe dir selbst und höre auf, dir in deinem Unterbewusstsein die Schuld für alles zu geben. Befreie dich davon, indem du einfach siehst, dass es im Moment noch so ist, und dass alles da ist. Dann nehme es an und fühle es, wie es sich anfühlt, wenn du dir das alles vorwirfst. Fühle es, was in deinem Herzen dann mit dir passiert. Nehme dir diese Vorwürfe, die dir von außen an den Kopf geworfen werden, und fühle sie. Was machen sie mit dir? Werde darüber klar, dass du dir diese Dinge selbst vorwirfst. Frage dich, wieso du das tust. Du musst dir nichts vorwerfen, wenn du dein Herz und deine Liebe zu dir erkannt hast, und dass du mit allem verbunden bist. Dann wirst du das auch nicht mehr tun, weil du aus dir heraus handelst und liebst und fühlst.

**Verwandle deine Selbstverurteilung
in Liebe zu dir selbst.
Nehme dich in Gedanken in den Arm und sage:
Du machst alles gut, wie du es machst.
Du bist wundervoll und wertvoll, genauso wie du bist.
Du musst nichts tun und nichts erreichen.**

*Dadurch wirst du eine innere Sicherheit bekommen.
Also nochmals zu diesen Vorwürfen. Sehe sie, nehme sie an, fühle sie vor allem auch und sehe, dass du in deinem tiefsten Inneren dir diese Dinge selbst vorwirfst.
Dann fühle es, was es mit dir tut, was macht es mit dir?*
***Begib dich immer wieder in dein Herz
und frage dich, was die Liebe nun tun würde,
vor allem auch die Liebe zu dir selbst.***

Mein liebes Kind, hast du dazu noch eine Frage?
Ich spüre und merke schon wieder, mein liebes Kind, wie du in
deinem Verstand denkst und denkst ...

Tue dir selbst den größten Gefallen, den du dir selbst tun
kannst und versuche, immer wieder den ganzen Tag in dein
Herz hinein zu gehen, um zu fühlen, was ist.

Wie geht es mir, was ist mit mir los?
Versuche aus dem Verstand herauszugehen in dein Herz, in jeder
Situation. Dadurch wirst du so authentisch werden, nicht nur
für dich, sondern auch für andere Menschen. Weil sie merken
und spüren, dass du in dir ruhst und in dir bist und in deinen
Gefühlen bist und in deinen Gefühlen lebst und nicht mehr im
Kopf verwurzelt bist und dich nicht mehr so im Kreis drehst.

Dein Verstand kann dir nie die Lösungen geben,
die dein Herz für dich findet.

Es ist ihm gar nicht möglich. Er kann immer nur alles analysie-
ren, aber fühlen musst du es mit dem Herzen, spüren kannst du
es mit dem Herzen. Deine Gefühle sind deine wahren Ratgeber.
Versuche es Stück für Stück, überfordere dich nicht damit. Er-
kenne erst einmal, wenn du im Verstand verweilst.
Oh, ich bin schon wieder im Verstand, ich versuche schon wieder
zu analysieren.
Versuche dann still zu werden und in dein Herz hinein zu fühlen
und in dein Herz hinein zu spüren, wie es dir in den verschiedenen
Situationen ergeht, wie es deinem Herzen geht. Wenn du ganz in
deinem Herzen bist und dich auf dein Herz konzentrierst, werden
die Einwände von deinem Verstand immer leiser werden.
Bist du irgendwann immer ganz aus deinem Herzen heraus
handeln kannst.

Mein liebes Kind, das geht natürlich nicht von heute auf morgen.

Also verlange und erwarte nicht wieder zu viel von dir, wie du es sonst so gerne tust. Es braucht seine Zeit, wie alles seine Zeit braucht. Versuche erst einmal zu erkennen, wann du dich wieder im Verstand befindest, und versuche dann in dein Herz hinein zu gehen. Irgendwann zu gegebener Zeit wird das ganz automatisch so sein, dass du dies tust.

Dann wirst du dich hauptsächlich im Herzen aufhalten und nicht mehr im Verstand.

Nur wenn du einmal mit dem Herzen nicht mehr weiterweißt, wirst du den Verstand ab und zu um Hilfe bitten und fragen, was er denn mit seinem logischen Denken darüber denkt. Mein liebes Kind, ich denke, das hilft dir jetzt ein ganzes Stück weiter, wenn du diese Übung für dich umsetzt, dann wirst du auch immer mehr den Weg zu dir selbst beschreiten und den Weg zu dir selbst finden.

Denn der Weg deines Herzens ist der Weg, den du beschreiten solltest, damit du dich selbst spüren und wahrnehmen kannst und immer mehr dich selbst findest.

Mein liebes Kind, lasse dir noch einmal gesagt sein, dass du das alles wirklich wunderbar machst und du aufhören solltest, dir solch einen Druck zu machen.

Versuche in dein Herz zu gehen und aus der Liebe heraus zu handeln, dann tust du es für dich selbst und alle anderen, es ist das Wundervollste, was du tun kannst.

Hilarion

Du brauchst nichts tun

Mein liebes Kind, geliebtes Kind, hier spricht Hilarion.
Es ist mir eine große Freude, hier zu dir zu sprechen und direkt
Kontakt zu dir aufzunehmen, nachdem du jetzt in deine ganzen
Inkarnationen so viel erlebt hast und immer bis an die Grenzen
gegangen bist. An deine Grenzen, um deine Stärken immer wieder
auszutesten und dich ständig immer wieder zu beweisen, ständig
immer wieder unter Beweis zu stellen, was du kannst und was du
leisten kannst, was du vollbringen kannst. Das hast du wahrlich
in jeder Inkarnation geschafft, deine ganze Stärke und dein vol-
les Potenzial gelebt zu haben. Du hast es gelebt, und du hast es
geliebt, so zu leben, wie du es getan hast. Es war sehr wichtig für
dich, diese ganzen Schritte zu gehen und die ganzen Schritte zu
tun, damit du dich da befindest, wo du dich heute befindest. In
dem Stadium, indem du dich heute aufhältst. Das hast du auch
deinen vergangenen Leben zu verdanken, in denen du ständig so
stark und mutig warst und so viel Kraft bewiesen hast und auch
so viel Schlimmes erleiden musstest, was du dir (wie du sehr wohl
weißt) selbst ausgesucht hast. Du bist ständig an deine Grenzen
gegangen, und du bist ständig an deine Grenzen gekommen, mit
deinen Leben und mit dem, was du dort vollbracht hast, und das
war wahrlich einiges. Jetzt wird es in deiner jetzigen Inkarnation
auch einmal Zeit, dass du auch zur Ruhe kommst und deinen
Frieden findest. Dass du endlich erkennst, dass du, genauso wie
du bist, gut genug bist, und dass du, genauso wie du bist, nichts
falsch machst, und dass du, genauso wie du bist, niemanden, vor
allem auch dir nicht irgendetwas beweisen musst.

Das solltest und könntest du jetzt in dieser Inkarnation
hinter dir lassen. Du musst es diesmal niemanden mehr
beweisen, du kannst und du darfst du selbst sein. *Du darfst*
dich völlig frei machen von allen vergangenen Leben und von
allen vergangenen Stricken, die dich noch fesseln. Glaube mir,

das ist gar nicht so schwer, wie du jetzt vermutest. Denn allein deine Entscheidung dazu, dies hinter dir zu lassen und dich davon nicht mehr beeinflussen zu lassen, wird dir helfen, dich davon zu befreien. Obwohl du so oft so stark warst und so viel geleistet hast, in deinen Leben, hat es dein Herz und deine Seele, vor allem dein Herz, nie verstanden, dass du auch so schon gut genug bist, dass du dies alles gar nicht tun brauchst und du dich nicht beweisen musst. In diesem, deinem wundervollen Leben hast du nun die einmalige Chance, dies alles hinter dir zu lassen und schlussendlich zu erkennen:

Dass du nur du selbst zu sein brauchst,
in dir selbst zentriert,
in dir selbst zuhause,

und damit alles erreichen kannst, was du dir wünscht, wirklich alles. Wirf die Schwere ab, lasse die Schwere hinter dir und den ganzen Druck, den du dir in diesen ganzen Inkarnationen aufgebaut hast, weil du immer dachtest, du musst.

Lasse diesen Druck hinter dir, denn du musst überhaupt nichts.

Du kannst in diesem Leben völlig frei von diesem Druck sein, völlig frei von diesem Druck werden, indem du immer mehr versuchst, bei dir und in dir zu bleiben. Damit wird auch der Kampf, den du in dir führst, aufhören. Denn der Kampf in dir ist kein anderer Kampf, wie das du immer denkst, du musst etwas noch besser machen, du musst dich noch beweisen, und das kommt wie gesagt von diesen vergangenen Inkarnationen, die so oft so hart waren. In denen du ständig an die Grenzen des Möglichen gestoßen bist, an deine Grenzen.

Aber nun kannst du voller Leichtigkeit durch dein Leben schreiten und kannst dich von diesen Stricken befreien.

Also achte deine Stärke, achte es auch, was du alles schon geleistet hast und was du alles schon vollbracht hast, und werde dir ganz bewusst und klar darüber, wie stark du bist und was du schon alles hinter dich gebracht hast, bewältigt und gemeistert hast. Das solltest du wahrlich tun, dir Respekt erweisen, dafür, was du schon alles getan hast, was du alles schon hinter dir hast. Respektiere dich und all deine Leben und verurteile dich bitte für gar nichts, was du jemals getan hast, weil wie du sehr wohl weißt, ist das alles Teil eines großen Plans gewesen. Deshalb konzentriere dich auf die Achtung dir selbst gegenüber. Mein liebes Kind, hast du dazu noch eine Frage?

Hallo lieber Hilarion, ich freu mich, dass ich endlich mit dir sprechen darf, nachdem ich jetzt schon so viel gelesen habe. Ja, ich habe eine Frage: Es fällt mir nicht so leicht, die Schwere abzuwerfen. Kannst du mir vielleicht irgendeinen Tipp geben, wie ich das erreichen kann?

Du solltest unbedingt alle Schwere, die in dir vorhanden ist, achten.

Du solltest sie beachten, es hat einen Grund, dass sie da ist, diese Schwere, das bildest du dir schließlich nicht ein, sie hat einen Grund, sie ist aus einem bestimmten Grund da. Diese Schwere hast du dir mitgebracht aus vielen Inkarnationen, die eben wahrlich sehr schwer für dich waren. Aber indem du diese Schwere annimmst, und vor allem diese dahinter stehenden schweren Leben, und dich achtest für diese Leben, ohne genau wissen zu müssen, was dort passiert ist, ob du gut warst oder böse, was auch immer du getan hast in diesen Leben. Diese Schwere kommt aus diesen Leben, und bitte, mein liebes Kind, verurteile dich nicht dafür, was du dort getan hast oder auch unterlassen hast zu tun, dies spielt hier wirklich keine Rolle. Es fehlt dir an deiner Achtung, an deiner Selbstachtung, an Achtung dir selbst gegenüber. Du solltest es achten und wertschätzen, was du für eine reife Seele bist, für eine wundervolle, wertvolle Seele, die schon sehr viel gemeistert hat. Es gehört unglaublich viel Mut dazu, diese Leben, die du hattest, auf dich zu nehmen, weil sie nicht immer einfach für dich waren.

Aber siehe, was du für eine große Seele bist, was du für eine große Seele hast.

Welchen Mut du hast, die Inkarnationen auf dich zu nehmen, diese schweren Inkarnationen, die du hattest. Es gehört viel mehr Mut dazu, diese Inkarnationen zu leben, als eine „schöne Inkarnation", in der alles gut läuft. Da gehört nicht so viel dazu, wie diese schweren Inkarnationen hinter dich zu bringen, in denen so viel Leid über deine Seele und dich kommt und ausgeschüttet wird. Also achte dich dafür, dass du diese schweren Wege gewählt hast und in diesen ganzen Inkarationen ständig an deine Grenzen gekommen bist. An deine Grenzen, Menschen zu verlieren, an deine Grenzen, so viel Macht zu haben und damit so viel bewirken zu können, im Guten, wie im Schlechten, weil das ja immer zusammengehört. Also liegt der Hauptschlüssel, wieso dir die Schwere so anhaftet, darin, dass du dich nicht achten kannst für alles, was du schon geleistet und bewegt hast. In diesen ganzen wundervollen Inkarnationen, die hinter dir liegen, die wirklich alles andere als leicht waren für dich, zu ertragen. Denn deine Seele ist rein, deine Seele ist Liebe. Diesen Weg, den du dir gewählt hast in so vielen Inkarnationen, war für deine Seele nicht immer ein leichter Weg, und das spürst du jetzt ganz deutlich, indem du dich jetzt für so viele Dinge nicht achten kannst, aber es führt alles über die Achtung. Also achte dich und schätze dich und lobe dich für alles, was du in deinem Leben jetzt schon geleistet hast. Vor allem auch für alle Inkarnationen, die du jemals hattest. Denn wie ich schon sagte, gehört zu diesen Inkarnationen viel Mut, viel mehr Mut, sich auf so etwas einzulassen, sich auf so eine Reise zu begeben. Besinne dich darauf, was du da für dich herausgezogen hast. Wie stark und wie mutig du warst und wie *stark und mutig du jetzt natürlich heute auch noch bist.*

Also sehe dich in deiner ganzen Großartigkeit und schätze und achte dich dafür jeden Tag.

Damit kannst du sehr viel bewirken, wenn du das auch für dich umsetzt. Hast du dazu noch eine Frage?

Ja, mir fällt das mit der Selbstachtung oft sehr schwer, weil ich mich oft, vor allem in letzter Zeit, selber verachte. So ist es für mich auch problematisch, mich anzunehmen oder auch mich selbst zu achten. Was könnte ich denn da machen? Soll ich mir da noch etwas anschauen, gibt es irgendjemand, der mir dabei helfen kann?
Du kannst dir natürlich jederzeit Hilfe holen, die dir auch helfen wird und die dich auch weiterbringt.

Aber du kannst dir auch jeden Tag aufs Neue selbst helfen.

Versuche einfach, einen Schritt zurückzugehen. Versuche, dich nicht unbedingt in der Person zu sehen, in der du im Moment steckst, sondern als großes Ganzes, als Teil des großen Ganzen. Als eine Seele, die so unglaublich viele Erfahrungen hier auf der Erde gemacht hat und die so wichtig und wertvoll war und ist, für so viele Menschen in ihrem Umfeld, und durch die so viel gelernt und weitergegeben wurde. Sehe einfach, wie wunderbar und wundervoll du bist als Ganzes. Fixiere dich nicht auf diese Leben und sehe nicht nur diese Leben, indem du dich so blockiert fühlst. Sondern versuche zu sehen, wie unglaublich vielfältig dein Leben schon war und wie viel du schon geleistet hast. Versuche dich davon zu befreien, dass du festhängst in diesem eingeschränkten Blickwinkel, dass es nur das jetzige Leben gibt, du solltest es natürlich jetzt leben, aber achte darauf, deine Seele hat schon sehr, sehr viele Leben gehabt. Das solltest du achten und schätzen, und das kannst du nur, wenn du das große Ganze

siehst, das dahinter steht.
Hilft dir das, oder hast du dazu noch eine Frage?

Nee, das verstehe ich so, das werde ich so probieren. Ich habe noch eine andere Frage: Meine Arbeit raubt mir in letzter Zeit sehr viel Energie, mir geht auch zunehmend der Spaß verloren, was mir nicht gerade dabei hilft, bei mir selbst zu bleiben. Kannst du mir da einen Tipp geben, wie ich damit besser umgehen kann?
Mein liebes Kind, wie du sehr wohl weißt, sind die Freude, und der Spaß in deinem Leben ein sehr wichtiger Bestandteil, die in deinem Leben ständig vorhanden sein sollten und die du immer nähren und pflegen solltest und an denen du dich vor allem orientieren solltest. Wenn der Spaß verloren geht an einer gewissen Arbeit, dann solltest du dir wirklich überlegen, ob du da richtig bist, was du ja auch schon tust.

Es ist so, ihr solltet keine Dinge tun, die euch schwer fallen und die euch keinen Spaß machen, die euer Herz nicht mit Liebe und Freude erfüllen.

Das ist dann meist nicht der richtige Weg. Ihr könnt euch an diesem Wegweiser orientieren. Richtet euch nach der Liebe und nach der Freude, die ihr empfindet, dann könnt ihr euren Weg nicht verfehlen. Auch in diesem Fall geht es wirklich darum, dass du erkennst, dass du nichts tun musst. Erkenne, dass alles in deinem Leben voller Leichtigkeit und Freude sein darf. Aber dazu musst du erst (wie ich es zu Anfang schon sagte) die Schwere hinter dir lassen. Dann wirst du es dir auch gestatten, die andere Schwere, die dich jetzt im Leben gefangen hält, hinter dir zu lassen. Solange du diese eine Schwere noch bei dir trägst, wirst du nicht wirklich loslassen können, weil du denkst, es muss schwer sein. Dieses Gefühl ist noch sehr in dir verwurzelt, und wenn du das erlöst, wirst du dich von vielen anderen Dingen auch erlösen können, die dir jetzt im Moment noch schwer fallen würden. Also erlöse dich zuerst von der Schwere, die du in dir trägst, dadurch kommst du dann in die Leichtigkeit und Freude. Von der Schwere und dem Druck, den du in dir hast, wenn du diesen loslässt, wird sich alles andere ergeben und zu deinem Besten regeln und wenden.

Woher kommt denn diese Schwere auf einmal? Sie war lange Zeit überhaupt nicht da. Jetzt ist sie seit einiger Zeit da und ich kann sie nicht lokalisieren? Ich versteh nicht so richtig, wo ihr Ursprung ist, somit fällt es mir auch schwer, sie loszulassen, weil sie für mich gar nicht greifbar ist. Was kannst du mir dazu sagen?

Mein liebes Kind, du sollst sie ja auch nicht loslassen, sondern du sollst sie achten und ehren, so wie ich es dir zu Anfang schon gesagt habe. Ich sagte dir, dass du die Schwere und den Druck in dir achten und ehren sollst, weil sie aus vergangenen Inkarnationen stammen. Diese Inkarnationen waren schwer, von Druck geprägt, von Leistungsdruck, den du dir selbst auferlegt hast. Diese Zeiten sind jetzt vorbei, aber du solltest trotz allem diesen Druck und diese Schwere in dir achten und ehren und zwar so achten, dass du über den Tellerrand hinaus schaust und erblickst, was du schon alles geleistet hast, und dass diese Schwere und dieser Druck, den du im Moment in diesem Leben empfindest, eine Berechtigung hat. Sie ist nicht nur von einer, sondern von vielen, vielen, vielen Inkarnationen mit hergebracht, und eigentlich ist es ein Geschenk, dass du diesen Druck und diese Schwere jetzt hier auflösen darfst, in einer Umgebung und in einem Leben, das mit Schwere nicht viel zu tun hat. Weil diese Schwere nicht hauptsächlich aus diesem Leben kommt, sondern nur am Rande dieses Leben streift und durch diese Leben natürlich auch wieder wachgerufen wird in dir. Hilft dir das oder möchtest du dazu noch etwas wissen?

Nein, das hilft mir. Dann habe ich noch eine Frage. Ich habe scheinbar irgendein Schuldthema, was Frauen angeht, und zwar ein zwanghaftes Verständnis von Bindung. Kannst du

mir dazu etwas sagen?

Auch mit dieser Schuld verhält es sich ähnlich wie mit dem Druck und mit der Schwere, auch diese kommt aus vergangenen Inkarnationen, die nicht sehr glorreich wären, wenn du sie heute noch mal anschaust. Trotz allem ist es auch hier so, dass du dieser Schuld, die du daher mitgebracht hast, einen Platz einräumen solltest in deinem Leben. Du solltest sie nicht wegdrücken. Du solltest sehen, dass sie da ist und dass sie auch irgendwoher kommt und sie ihre Berechtigung hat. Es gab bei dir sehr viele Inkarnationen, wo du wie gesagt bis an die Grenzen des Menschenmöglichen gegangen bist. Immer wieder hast du deine Stärke bewiesen, auch teilweise, auf brutalste Art und Weise. Werde dir einfach darüber klar, dass dir deswegen niemand böse ist und du deswegen nicht unvollkommener bist, wie irgendeine andere Seele, weil jede Seele ihre Leben hatte, in denen sie solche Dinge vollbracht hat und solche Taten begangen hat, und auch mit den anderen Seelen war das immer abgesprochen. Werde dir einfach darüber klar, dass dies ein Weg war, den du gewählt hast, um dich zu erfahren.

Verurteile dich nicht dafür.

Nehme diese Schuld an, aber werde dir auch darüber klar, dass kein Grund dafür vorhanden ist, denn von hier oben aus ist jedes Leben wie ein Schauspiel, wie ein Theaterstück, das ihr spielt. Ist ein Schauspieler, der eine Rolle spielt, indem er ein Herrscher ist und Frauen missbraucht oder irgendjemand umbringt, deshalb ein schlechter Schauspieler? Genauso wenig ist deine Seele eine schlechte Seele. Niemand wird dich dafür verurteilen was du getan hast. Das wird niemand tun, und deshalb lasse es los und versuche es, wie ich vorher schon sagte, aus einer höheren Perspektive zu sehen. Deine Seele wollte sich entwickeln, deine Seele will sich nach wie vor entwickeln, und in diesem Leben hat sie die große Chance, alles hinter sich zu lassen. Alles aufzuarbeiten, abzuarbeiten und nicht mehr in den alten Mustern zu verharren, sie nicht weiterhin mitzuschleppen und völlig frei davon zu werden.

Also freue dich über diese Gelegenheit und diese Chance, die sich dir hier bietet. Durch die ganzen Themen, die jetzt bei dir an die Oberfläche kommen, kannst du ganz heil werden.

Das ist doch wundervoll, das ist doch wunderbar.
Wie geschickt das alles eingefädelt worden ist.
Du kannst und du darfst hier alles erlösen, werde dir darüber klar, wie wundervoll und wunderbar du bist.

Ich möchte hier noch einmal betonen, dass bei dir die Achtung fehlt für dich und alles, was du geleistet hast. Es steckt noch zu viel Wertung in deinen Gedanken über diese nicht so glorreichen Leben, und diese Wertung ist nicht angebracht. Denn wie ich vorher schon sagte, gehört da weit mehr Mut dazu, sich solch ein Leben zu wählen, wie ein schönes geruhsames. Deshalb sage ich dir hier, dass wir dir für so ein Leben noch viel mehr Achtung entgegenbringen, dass du es auf dich genommen hast. Du hast es auf dich genommen, so etwas Schweres zu erfahren, du hast es auf dich genommen, den Menschen so etwas anzutun und dir selbst vor allem so etwas anzutun. Du siehst sehr wohl, dass du dies nicht unbeschadet überstanden hast, und deshalb ist es doch eine wundervolle, wunderbare Leistung, dass du dies getan hast. Versuche es aus diesem Blickwinkel zu sehen. Es war sehr mutig und sehr ehrenwert und sehr wertvoll von dir. Für dich und für alle anderen, denn die anderen hätten ihr Leben nicht so erfahren können, wie sie es in dieser Inkarnation taten. Sie konnten es nur durch dich so erfahren, und auch sie haben es sich so ausgesucht. Also wie du siehst, gibt es eigentlich überhaupt kein Problem. Aus höherer Sicht gesehen solltest du dich achten und wertschätzen und dich als vollkommenes Wesen sehen, als wundervolle Seele, die sich in allen Inkarnationen erfahren will und sich leben will und sich spüren will.

Deshalb versuche dich zu achten und zu ehren, jeden Tag.

Schaue dich im Spiegel an und sage dir:
Ich achte und ich ehre mich,
so wie ich jetzt hier stehe,
so wie ich jetzt hier bin,
und für alles, was ich jemals getan
und geleistet habe in allen Inkarnationen
achte und ehre ich mich,
weil ich wundervoll bin
und weil ich nichts falsch machen kann
oder jemals falsch gemacht habe.
Alles ist richtig und wichtig gewesen,
für mich und meinen Weg.

Schaue dir in die Augen dabei
und meine es bitte ehrlich.
Vergib dir selbst, und vor allem das Allerwichtigste:
Achte dich!

Denn wahrlich kann ich es nur noch einmal betonen, hast
du sehr viel erlebt und hast nicht vor dich hin getrödelt,
wahrlich nicht.
Hast du dazu noch eine Frage?

Ja, ich bin mutig, und ich freue mich darauf, dass alles
loszulassen, es ist für meinen Verstand nicht immer ganz
einfach, die Schwere aus früheren Leben, von denen der
Verstand nichts weiß, einfach loszulassen. Ist es dafür sinn-
voll, dass ich mir einzelne Dinge noch einmal anschaue?
Kannst du mir vielleicht zu einzelnen Dingen noch etwas
sagen? Mein Verstand braucht irgendetwas, mit dem er
sich auseinandersetzen kann.
Du kannst dir gerne einzelne Situationen noch mal anschauen. Ich
kann dir auch gerne noch ein paar Situationen wiedergeben.
Es ist nur so, dass du eigentlich dies alles nicht brauchst, wenn
du eine Stufe darüber gehst. Du kannst diese Stufe übergehen,

indem du dich achtest und ehrst und wertschätzt für das, was du getan hast. Dann brauchst du dich nicht mehr damit aufzuhalten, in diesen Sachen herumzustochern. Ich würde es dir auch nicht unbedingt nahelegen, es zu tun. Wenn du nicht mehr weiterkommst, kannst du es gerne machen.

Es ist einfach so, wenn du diese Stufe drüber gehst:

wenn du dich achtest,

wenn du dich ehrst,

wenn du dich wertschätzt,

für diese ganzen Leben und alles, was du getan hast, wenn du das hinbekommst, dann ersparst du dir damit, dass du dir das noch mal anschauen musst. Wenn du es versuchst, aus einer höheren Warte zu sehen. Du warst sehr oft schon ein Krieger, der viele Menschen angetrieben hat und mit ihnen den Tod gesucht hat, und gleichzeitig ist damit sehr viel Leid über eure Familien gekommen. Schon oft warst du ein mächtiger Herrscher, und viele sind unter deinem Schwert gestorben.

Aber sehe, mein liebes Kind, es ist nicht wirklich relevant, es war so.

Es war so wie ein Film, wie ein Theaterstück. Sehe es einfach aus der höheren Perspektive, aus der höheren Warte, und sehe, dass es viel schwerer ist, solch ein Leben zu führen, indem man Leid über sich und seine Familie bringt, und eventuell noch über viele andere Familien. Sehe, dass dazu viel mehr Mut erforderlich ist, sich solch ein Leben auszusuchen. Versuche Abstand zu bekommen. Versuche es einmal so hinzubekommen. Du hast immer gerne mit deiner Macht gespielt und bist bis an die Grenzen deiner Macht gegangen und gekommen. Macht und Ohnmacht liegen sehr nah beieinander, das hat dann auch sehr oft dazu geführt, dass du auch ohnmächtig wurdest, in den Situationen dann noch irgendwie zu handeln, in denen du dich so weit vorgelehnt und hinein gelehnt hast. Oft gab es kein Zurück mehr, auch wenn du zum Schluss oft erkanntest, dass dieses vielleicht nicht der richtige Weg war. Das ist auch ein Grund, wieso du Angst hast, deine Macht anzunehmen und deine Themen zu erlösen. Es steckt eine gewisse Angst bei dir dahinter, dass du deine Macht wieder missbrauchen könntest. Aber sei unbesorgt, mein liebes Kind, dies wird nicht passieren. Du hast dieses Leben, ein anderes Leben gewählt. Du hast dich dazu entschieden, deine Themen aufzulösen, was doch wirklich wundervoll ist. Was du auch schaffen kannst und schaffen wirst, habe keine Angst vor dir und deiner Stärke. Du kannst sie in diesem Leben zum Positiven wenden und für positive Dinge nutzen, deine Stärke. Dazu musst du sie aber erst wieder zulassen, dazu musst du sie erst wieder in dein Leben integrieren.

Habe keine Angst vor deiner Stärke und deiner Macht, die in dir schlummert. Nehme sie wieder zu dir, und sei dir gewiss, du wirst sie diesmal zum Guten verwenden.

Du wirst sie nicht missbrauchen, auch wenn du dich jederzeit dafür entscheiden könntest. Du bist in deiner Entwicklung zu weit fortgeschritten, um dies zu tun, und das weißt du ganz genau. Diese Angst ist noch in dir vorhanden. Diese Angst, wenn du deine Macht annimmst, könnte es Unglück bringen, dir selbst und den Menschen, die du liebst. Also bist du lieber ohnmächtig in vielen Situationen, weil damit du wenigstens den anderen nicht schaden kannst, vielleicht dir, aber den anderen nicht. Du hast noch zu wenig Vertrauen zu dir.
Möchtest du dazu noch etwas wissen?

Nein, dazu nicht. Ich danke dir von Herzen, jetzt habe ich noch eine letzte Frage. Wir bekommen ein Kind, wenn du magst, kannst du vielleicht dazu etwas sagen, weil wir uns Sorgen machen?
Natürlich möchte ich gerne dazu etwas sagen, meine erste Nachricht dazu ist natürlich:
Sorgt euch nicht, sorgt euch auf keinen Fall, denn alles ist so geplant und so gedacht (wie ihr wohl wisst). Alles hat seinen Sinn

und seinen Hintergrund und auch diese Situation ist euch nicht einfach zugefallen oder aus Zufall in eurem Leben entstanden, sondern Teil eines großen Plans, den ihr selbst mit vielen anderen Seelen ausgeheckt habt. Also versucht in dieser Situation im Vertrauen zu bleiben, vor allem im Vertrauen zu euch selbst, die ihr, wie ihr ja wohl wisst, daran beteiligt wart, sich diese Leben auszusuchen.

Versucht, immer in der Liebe zu bleiben.
Versucht, in jeder Situation im Vertrauen zu sein
und in die Liebe zu gehen.

In die Dankbarkeit dafür, was euch widerfahren ist.
Jedes Mal, wenn solch ein Gedanke auftaucht, könnt ihr euch dafür entscheiden, ihn weiterzudenken oder einfach in die Liebe und ins Vertrauen zu gehen.

Entscheidet euch immer für die Liebe und das Vertrauen.

Nun könnt ihr unter Beweis stellen, was ihr gelernt habt und was ihr in der Theorie so gut verstanden habt. Nun könnt ihr es leben, nun könnt ihr es beweisen, dass ihr es verstanden habt. Alle Schulweisheiten nützen nichts, wenn ihr es nicht lebt. Also lebt es und seht die große Chance, es zu leben und nicht nur davon zu sprechen, nicht nur davon zu erzählen, sondern lebt es, nehmt es in eurem Leben auf.

Predigt nicht nur, man soll Vertrauen haben, sondern habt auch selbst Vertrauen in die Dinge, die euch passieren.

Denn es ist wahrlich so, dass es so geplant war und ihr jetzt das für euch umsetzen könnt, und das leben könnt, was ihr schon verstanden habt, jeden Tag aufs Neue. Wie ihr schon lange merkt, geht es jetzt darum in eurem Leben, es zu leben und nicht mehr nur es zu verstehen, weil verstanden habt ihr es bereits alle. Ihr habt es verstanden, ihr habt es schon lange verstanden, aber ihr zögert noch, es zu leben.

**Die wichtigste Nachricht für euch ist,
lebt es jetzt auch.
Und wie immer schickt euch der Himmel die Möglichkeit
dazu, es auch zu leben.**

Damit ihr nicht weiterhin im theoretischen Teil festhängt. Bisher wart ihr in der Fahrschule im Theorieunterricht, und jetzt fängt die Praxis an. Jetzt könnt ihr mit dem Auto fahren. Gesehen habt ihr das alles, wie das gehen soll, aber jetzt könnt ihr fahren, und glaubt mir, es macht viel mehr Spaß zu fahren, und es geht auch darum zu fahren. Es geht nicht darum, es in der Theorie alles zu verstehen, sondern es geht darum, dieses Auto zu fahren.

**Für euch geht es darum, es zu leben.
Also lebt es auch
und findet euch dadurch jeden Tag mehr.**

Möchtest du dazu noch etwas wissen, mein liebes Kind?

Nein, ich danke dir von Herzen für die vielen schönen Dinge, die du mir gesagt hast, und für all deine Hilfe. Ich freue mich schon aufs nächste Mal.

Sehr gerne.

Hilarion

Seid zuhause in eurem Herzen

Meine geliebten Kinder des Lichts und der Liebe, die ihr euch hier zusammengefunden habt, um das Licht in die Welt zu tragen. Ihr seid hier, um euer ureigenes Licht in die Welt zu tragen, das die Welt erhellen wird, damit alles um euch herum erstrahlen kann, in seiner vollen Einzigartigkeit und Weisheit.

Hier spricht Hilarion. Ich möchte euch gerne noch etwas mehr Licht bringen, das euch auf eurem weiteren Lebensweg begleiten wird. Dieses Licht möchte ich an eure Seite stellen, da ihr dies in der heutigen Zeit, in der ihr euch jetzt befindet, brauchen könnt. Obwohl ihr ja selbst schon so viel Licht seid, so viel Licht bringt, so viel Licht ausstrahlt, so viel Licht in euch tragt, ihr habt es nur noch nicht wirklich erkannt. Ihr könnt leider nur in ganz kleinen Facetten erahnen, wie wunderbar und wundervoll ihr seid. Deshalb werde ich euch jetzt symbolisch dieses Licht überreichen. Damit werdet ihr es noch mehr erkennen, noch mehr in euer Leben einfließen lassen können, um zu erkennen, welche Aufgabe ihr verfolgen wollt, welche Aufgabe ihr euch hier gestellt habt. Dann wird alles noch viel mehr fließen. Euer Leben wird jetzt noch viel mehr in den Fluss kommen, an jedem Tag in dieser wundervollen Zeit, mit jedem Schritt in die Zukunft werdet ihr spüren, wie es immer noch mehr und noch schneller fließen wird. Ihr werdet merken, wie leicht es gehen kann, wie es immer leichter wird, auch wenn ihr meint, euch schütteln manchmal diese Themen, die ihr noch in euch tragt, von einer Ecke in die andere.

In Wahrheit sind es riesengroße Geschenke, die euch hier gemacht werden.

Jeden Tag aufs Neue könnt ihr eure Vergangenheit erlösen und einen Schritt in die wundervolle befreite Zukunft tun, die euch bevorsteht. Also zweifelt nicht mehr daran, dass ihr diese Licht-

träger seid, wie ich es euch vorher gesagt habe. Zweifelt nicht, sondern erkennt endlich, dass dies euer Weg ist. Der einzig wahre Weg, um den es wirklich geht ist:

**Dass ihr das Licht seid
und dass ihr das Licht in die Welt tragt.**

Also tragt es hinaus, meine lieben Kinder des Lichts. Tragt euer Licht hinaus und zeigt den anderen Menschen das Licht, das sie selbst sind.

Dadurch werden Wunder geschehen, an euch und an allen Menschen, die um euch herum sind.

Meine lieben Lichtgeschwister, seht nun endlich auf und seht hin, dass euer Licht dem unsrigen in nichts nachsteht. Genauso hell leuchtet euer Licht, genauso wunderbar, so wundervoll und genauso viele Wunder könnt ihr auch vollbringen, wenn ihr nur noch daran glaubt. Daran glauben könnt, dass ihr das Licht seid, das Licht für die Welt.

Seid euch selbst euer wundervollstes Licht, dann seid ihr auch das wundervollste und wunderbarste Licht für die Welt.

Also schreitet voran auf eurem Weg, werft alle Ängste und Zweifel ab. Konzentriert euch ständig nur noch auf euer Licht.

Auf das Licht, das ihr seid, und auf das Licht, das ihr bei euch tragt. Dieses Licht wird euch selbst verändern und die Welt.

Möchtet ihr denn noch etwas wissen?
(Stille, keiner sagt etwas.)
Natürlich möchtet ihr noch etwas wissen. Ihr möchtet so viel

wissen, ihr möchtet am liebsten alles wissen, aber seht endlich, es geht nicht darum, alles zu wissen, es geht nur darum:

Alles zu leben, was ihr seid.
Seid einfach ihr selbst, lebt euch selbst aus eurem Bauch, aus eurem Herz, aus euren Gefühlen heraus. Liebt euch, achtet euch, umarmt euch, wertschätzt euch. Tut alles, wonach euer Herz schreit und bringt euer Herz zum Singen.

Es geht nicht darum, alles zu verstehen und alles immer in die richtige Reihe zu bringen, woher etwas kommt, auf welchem Teil eurer Kindheit diese Geschichten bauen, es geht nur darum: **euch zu leben und zu erfahren.**

Also versucht immer mehr heraus aus dem Kopf in euer Herz zu gehen.

Versucht in eurem Herzen zuhause zu sein und euch nur ab und an von eurem Verstand einen Ratschlag geben zu lassen.

Seid zuhause in eurem Herzen.

Wenn ihr euch dort zuhause fühlt, kann euch nichts mehr aus der Ruhe bringen. Keiner kann euch mehr umwerfen, nichts kann euch mehr passieren, wenn ihr euer Herz gefunden habt, in eurem Herzen zuhause seid und aus eurem Herzen heraus handelt. Dann werdet ihr immer in der Liebe sein, in der Achtsamkeit mit euch selbst und mit anderen.

Seid zuhause in eurem Herzen und lasst die ganze Liebe, die sich darin befindet, überfließen. Lasst diese Liebe sich wie Wellen ausbreiten und ihr werdet sehen, ihr werdet die Menschen mit dieser Liebe umreißen, die direkt aus eurem Herzen kommt.

Also, meine lieben Kinder des Lichts, zögert nicht länger, diesen Schritt zu tun, diesen wichtigsten Schritt aller Schritte, in euer Herz zu gehen und daraus zu handeln. Glaubt mir, wenn ich euch hier sage: Es wird sehr viel passieren und es ist sehr viel passiert. Wenn ihr diesen Schritt geht, werdet ihr einen Quantensprung machen. Wenn ihr mich nun fragt: Wie ihr das tun sollt? Wie sollt ihr denn in euer Herz gehen? Wie sollt ihr euch denn mit eurem Herzen vereinen und immer aus eurem Herzen heraus handeln? Dann möchte ich euch den Tipp geben: Verbindet euch so oft wie möglich am Tag mit eurem Herzen, um euch eures Lichts bewusst zu werden. Immer und immer wieder, wenn ihr daran denkt, und wenn es nur ein paar Minuten am Tag sind, die ihr in euer Herz geht. Bei Entscheidungen, die ihr zu treffen habt, meine lieben Kinder des Lichts, bitte nie vergessen, auch euer Herz zu fragen, euer Herz mit einzubeziehen. Bitte ignoriert euer Herz nicht weiterhin bei euren Entscheidungen. Ihr entscheidet so oft am Tag und ignoriert es einfach. Damit ist euch aber nicht gedient. Versucht so oft wie möglich in euer Herz zu gehen und aus eurem Herzen heraus zu handeln. Fragt euer Herz:
Was würdest du tun?
Wie fühlst du dich, wenn wir diesen Weg gehen?
Wie geht es dir?

Versucht als Erstes euer Herz zu fragen und nicht immer wieder euren zweifelnden Verstand. Hört in erster Linie auf euer Herz.

Das ist der Weg zu eurem Herzen.
Bezieht es in jede Entscheidung mit ein.

Fühlt so oft wie es geht in euer Herz, dann werdet ihr euch schneller dort befinden, wie ihr es jetzt im Moment für möglich halten werdet.

Seht, das ist das große Ziel, dass ihr alle zu eurem Licht und eurem Herzen findet.

Wenn ihr das erreicht habt, verliert alles andere an Wichtigkeit, jedes selbst erschaffene Drama aus der Vergangenheit, jede problematische Beziehung, die noch im Hier und Jetzt vorhanden ist, denn alles wird sich auflösen.

Ihr geht Kilometer um Kilometer, und ihr denkt dabei ich muss ..., ich muss ..., ich sollte, dahin, dorthin ...

In Wirklichkeit seid ihr nur einen Katzensprung davon entfernt, die Erfüllung in euch zu finden.

Ihr könnt getrost vertrauen auf euer Leben, indem sich schon so viele wundervolle Dinge ereignet haben. Vertraut darauf, dass ihr immer von uns geleitet werdet und immer mal wieder einen Schubs in die richtige Richtung bekommt. Aber ob ihr diesen Schubs hören könnt, sehen könnt, annehmt und auch umsetzt, das ist wie immer eure Entscheidung.
Ihr müsst nichts tun, aber ihr dürft alles tun.

Ihr könnt, wenn ihr es wollt, das Göttliche in eurem Körper verkörpern. Ihr könnt es manifestieren, im Hier und Jetzt, wenn ihr dazu bereit seid und wenn ihr es wollt.

Dazu geht in euer Herz, seid in eurem Herzen zuhause und seid euch dabei ganz bewusst, dass ihr Lichtträger seid. So wie jeder andere Mensch auf dieser wundervollen Erde ein Lichtträger ist und jeder seine Aufgabe hat.

Wenn ihr alle euer Licht entzündet, wird für euch im Moment noch Unglaubliches passieren. Wenn ich euch davon erzählen würde, würdet ihr es mir sowieso nicht glauben. Nun geht hinaus in die Welt.
Ich sage es noch einmal: Tragt euer Licht in die Welt, mit eurem Herzen, in dem ihr euch befindet und das offen ist für alles, was euch dort passiert.

Ihr könnt alles erreichen, was ihr wollt, wirklich alles. Ihr braucht es nur zu wollen und zu tun. Es gibt keine Grenzen.

Die einzigen Grenzen, die vorhanden sind, sind die in euren Gedanken, und die sind in diesem Falle nicht real.

Also tut, was ich euch gesagt habe, und zentriert euch immer wieder in eurem Herzen. Lebt immer wieder aus eurem Herzen heraus, selbst bei jeder kleinen Entscheidung, dann werdet ihr den Weg zu euch finden.

Hilarion

Alles ist gut so, wie es ist

Wisse wie immer, ist alles gut, wie es ist.

Auch wenn dir das im Moment nicht so vorkommt oder erscheint, dienen die Umstände in deinem Leben doch dazu, dich voranschreiten zu lassen. Sie bringen dich weiter voran auf deinem Weg zu dir selbst, auf dem Weg zu deinem Herzen, auf dem Weg, dich mit der Geistigen Welt zu vereinen. So sind es wahrlich Quantensprünge, die du im letzten Jahr getan hast und auf die du stolz sein kannst. Die dich im Moment von der einen Ecke in die andere werfen, und auch dies hat seinen Grund und seine Berechtigung, denn wie willst du sonst jemals den Mittelweg erkennen,
wie willst du jemals sehen,
was du willst,
was du erreichen willst,
was du haben willst, wenn du nicht alles erspürst, erfühlst und ersehnt hast.
So geht es jetzt darum, dich einzupendeln wie ein Pendel. Zuerst in deine Schwingung und in deinen eigenen Rhythmus. Vor allem auch in das, was du willst, in das, was du in dir spürst. Nehme dir auch einmal Zeit, es zu spüren, was du fühlst, und drücke es nicht immer weg, unterdrücke es nicht. Höre nun endlich auf, die anderen an die erste Stelle zu setzen. Denn du, mein liebes Kind, solltest immer an erster Stelle stehen, mit all deinen Belangen. Deshalb frage dich stets, wenn du einen Weg beschreitest:
Ob er dich glücklich macht?
Ob er dich zufrieden macht?
Ob es das ist, was du willst?

Sehe, dies ist eine sehr wichtige Botschaft für dich, und alle anderen, denn es geht immer nur um dein Glück und um deine Zufriedenheit, niemand kann dir beschreiben, was für dich Glück bedeutet, denn dein Glück ist nicht jedermanns Glück. Wenn es dein Glück wäre, ein Kind zu haben, so muss dies für jemanden anderen nicht der Fall sein, da er mit etwas anderem glücklicher ist. Sehe und werde dir darüber klar. Gehe in dich, fühle in dich hinein, um deinen Weg zu finden. Begebe dich in Gedanken in die Zukunft, wie du es schon einmal getan hast, und fühle, wie du dich mit den verschiedenen Wegen fühlen würdest. Dazu brauchst du nicht unbedingt eine Therapiesitzung, denn du kannst dies auch für dich, zuhause im Bett, machen. Lege dich hin und du wirst es spüren, welcher Weg dich glücklich macht. Mache dies so mit eurem Anliegen, das ihr zusammenziehen wollt, tue dies so mit allen anderen Entscheidungen. Das ist ein wunderbares und wundervolles Hilfsmittel für euch, mit dem ihr den richtigen Weg für euch erkennen könnt. Auf diese Art und Weise könnt ihr ganz genau spüren und fühlen, wo euch die verschiedenen Wege hinführen werden, in welche Richtung, und vor allem, ob ihr mit eurer Entscheidung glücklich werdet. Nehme die Möglichkeit an, diesen Esoterikladen zu eröffnen, lasse diese Möglichkeit in dir erscheinen und frage dich, ob dieses der Weg ist, der dich glücklich macht. Ihr müsst euch nicht quälen. Ihr sollt glücklich sein, ihr sollt fröhlich sein, also quält euch nicht länger. Versucht einfach zu entscheiden, was euch glücklich macht, wo euer Weg hinführt. Was würde euch in Zukunft glücklich machen? Wenn ihr dies nicht wisst, dann ordnet erst mal eure Gedanken.

In eurem Herzen liegt immer die richtige Antwort, alle Antworten findest du in dir.
Also fühlt und spürt in euer Herz hinein und denkt nicht, dass ihr von irgendeiner Antwort, die es geben könnte, getrennt seid. Ihr seid von nichts und niemandem getrennt.
In Wirklichkeit gibt es keinen richtigen Weg,
es gibt den Weg der Freude,
es gibt den Weg der Angst,
es gibt den Weg der Zufriedenheit,
es gibt den Weg der Unzufriedenheit,
es gibt den Weg der Glückseligkeit,

es gibt den Weg der Traurigkeit.

Welchen Weg ihr beschreiten wollt, könnt ihr selbst jeden Tag aufs Neue wählen.

Wenn ihr glücklich sein wollt, dann seid es einfach,
Seid glücklich über die vielen Dinge, die ihr habt ...
Obwohl ihr so viele Dinge besitzt, über die ihr glücklich sein könn-
tet, beschäftigt ihr euch immer wieder mit den Dingen, die ihr
nicht habt. Dinge, die ihr gerne erreichen wollt, Dinge, die noch
nicht so sind in eurem Leben. Konzentriert euch auf euer Glück,
schätzt euch glücklich, euch gefunden zu haben. Jemanden zu
haben, der bei euch ist, mit dem man über alles sprechen kann und
der euch dabei hilft, eure Seele zu heilen. Euer wahres Seelenheil
erreicht ihr, indem ihr bei euch selbst zuhause, bei euch selbst
glücklich seid und in euch selbst zufrieden seid. Dazu braucht
es nichts im Außen, kein Haus, kein Auto, kein Flugzeug, keine
Ferienjacht ...

Nichts im Außen kann euch dieses Glück geben.

Wie schon so oft gesagt und wie ihr auch sehr wohl wisst und
es auch verstanden habt, so handelt ihr doch noch gegen diese
Grundsätze. Ihr denkt:
Wenn ich jetzt das noch habe oder das noch besitze ...
Dann wird alles gut ...
So wird es nie gut ...

Wenn ich dieses Seminar noch gemacht habe,
oder jenes oder dieses aufgelöst ist, oder jenes ...
So wird es nie gut ...

Denn es ist bereits gut.
Es ist bereits gut, wie es ist.

Begebt euch ganz in dieses „Es ist gut, wie es ist".
Alles ist gut, wie es ist.

Gebt euch ganz hinein in diese Worte, in diese Gefühle, die
es bei euch hervorruft, wenn ihr diesen Satz sagt.

Spürt ihn mit eurer ganzen Seele,
mit eurem ganzen Sein.
Dass es gut ist, wie es ist.

Nicht umsonst ist dieser Satz so oft von uns benutzt wor-
den. Nicht umsonst habt ihr diesen Satz so oft gehört. Es
ist nicht umsonst, dass er so oft fällt.

Es ist gut, wie es ist.
Es ist gut, wie es ist.
Es ist gut, wie es ist ...
Wie oft sollen wir es euch noch sagen ...

... dass es gut ist, wie es ist.
Also fühlt es doch auch einmal selbst, dass es gut ist, wie es ist!
Hadert nicht mit jeder Situation, die euch im Leben widerfährt,
sondern sagt dankbar „JA" zu allem, was euch passiert, denn es
ist immer gut so, wie es ist. Welches Stück Vertrauen fehlt euch
denn immer noch? Vertrauen in die Geistige Welt? Vertrauen in
das Leben, da ihr mit allem, was euch passiert, hadert?

Denn alles ist gut, wie es ist.

Wenn ihr das begreift, dann habt ihr die Welt verstanden.

Dann habt ihr endlich verstanden, dass alles Leben nur über die
Annahme stattfindet, dessen, was ist. Also hadert nicht länger
mit den Situationen, die in euch hochkommen, oder irgendwel-
chen Dingen, die euch im Leben passieren. Sei es ein verlorener

Geldschein oder ein Unfall oder was auch immer es sein mag.
Hadert nicht länger damit, sondern seht es als ein Geschenk des
Himmels, das es wahrlich ist.
Wenn ihr das nicht könnt, dann sagt einfach, ups,
spannend, was mir jetzt schon wieder passiert ist.
Interessant, was da schon wieder los ist.
Was ist denn nun schon wieder los?
Fragt euch dies im Spaß und in Freude, und nicht während ihr
mit dem Leben hadert:
Was passiert mir nun schon wieder, oh je, oh je.

Nehmt es an, wie ein kleines Kind: Ups, das ist ja interessant. Wie
ein kleines Kind, das eine Kaulquappe oder ein Insekt findet und
es anschubst und sagt und schaut:
Was passiert jetzt?
Voller Neugierde und Euphorie und voller Spaß das Leben entdeckt,
also entdeckt das Leben, das direkt vor euch ist und nur von euch
gelebt werden will, in all seinen Facetten.

Es gibt nicht nur Gut,
es gibt nicht nur Böse,
es gibt nicht nur eine einzige Sache,
es gibt nicht nur einen einzigen Weg, es gibt viele Wege. Ihr könnt
1 000 verschiedene Wege nach Rom fahren. Wieso soll es nur einen
einzigen Weg zum Ziel geben? Um dieses zu entdecken, seid ihr
hierher gekommen.

Es gibt viele Wege. Das Endziel kann immer das gleiche sein, auch
wenn es ein völlig anderer Weg ist, den ihr beschreitet. Seid euch
gewiss, bereut nichts in eurem Leben, denn alles hat seinen Sinn
und seine Berechtigung. Alles war so geplant und so gedacht, also
seht das Geschenk, das dahinter steht, und hadert nicht länger
mit den Situationen, die euch begegnen.
Mein liebes Kind, die Entscheidung, ob ihr nun zusammen wohnen wollt, oder nicht, wird euch niemand abnehmen. Das müsst

ihr selbst entscheiden, das müsst ihr selbst spüren, das müsst ihr selbst wissen, und das könnt ihr auch selbst. Wie ich bereits gesagt habe, gibt es kein Richtig und kein Falsch. Was fühlt sich für euch beide gut an? Wollt ihr zusammen sein? Wollt ihr immer zusammen sein? Dann tut dies! Wollt ihr das nicht, dann tut es nicht. Das ist doch alles gar kein Problem. Keiner, niemand auf dieser Welt, zwingt euch zu irgendetwas. Ihr könnt bis an euer Lebensende zusammen sein und trotzdem getrennt wohnen. Genauso könnt ihr bis an euer Lebensende zusammen sein und zusammen wohnen. Wenn ihr beide zuhause seid in eurem Herzen und ständig aus eurem Herzen mit dem anderen sprecht, euch immer mit teilt, was ihr fühlt und empfindet, dann werdet ihr euch immer nah sein. Nichts kann euch trennen, außer ihr trennt euch selbst.

Indem ihr euch selbst abtrennt von dem, was ihr fühlt und empfindet, trennt ihr euch auch vom anderen ab.

Seht, wie richtig ihr es bereits macht. Wie richtig alles läuft, denn es läuft nichts falsch, sondern richtig, und es ist wichtig, dass es so läuft. Lasst es so laufen und vertraut auf das Leben. Erkennt die Geschenke, die es für euch bereithält und seht es nicht als Last, seht es als die Geschenke, die es sind.

Dann wird sich euer Leben total verwandeln in ein Leben der Dankbarkeit und der Freude, weil ihr euch dann über alles freuen könnt.

Jetzt ist es aber so, dass ihr viele Dinge erkennt und ihr wisst ganz genau in eurem Kopf, dass ihr dankbar dafür sein könnt, aber in eurem Herzen fühlt ihr es nicht.

Das liegt daran, dass ihr noch nicht angekommen seid, dass ihr noch nicht zuhause in eurem Herzen seid. Weil ihr noch nicht entdeckt und erkannt habt,

dass alles in eurem Herzen stattfindet
und alles aus eurem Herzen kommt.
Also begebt euch in jeder Minute, in jeder Sekunde des Tages in euer
Herz, fühlt hinein, spürt hinein in euer Herz und fragt euch:
Was würde mein Herz jetzt tun?
Was würde die Liebe nun tun?
Fragt euch dies.
Würde sich die Liebe jemals von irgendeinem Menschen abwen-
den?
Niemals würde die Liebe das tun, niemals.

Vergesst auch nicht; dass ihr immer zuerst fragen solltet nach
eurer Liebe, nach eurer Selbstliebe. Denn wenn ihr euch selbst liebt,
dann könnt ihr auch andere lieben. Somit führt der Weg immer
über die Selbstliebe zu der Liebe zu den anderen. So sei gewiss,
mein liebes Kind: Alles hat seinen Sinn und seine Berechtigung.
Nehme es dankbar und in Liebe an, denn alles, was passiert, sind
Geschenke auf deinem Weg.

Hilarion

Alle Antwort ist in dir Insa, Oktober 09

Mein liebes Kind, geliebtes Kind, nehme dir öfter Zeit, in dich zu gehen, um Kraft zu tanken. Wie du sehr wohl spürst, ist dies sehr wichtig, denn es zentriert dich in dir selbst. Jeden Tag ein paar Minuten sind völlig ausreichend, es müssen keine Stunden sein. Wie du sehr wohl erkennst, steckt darin sehr viel Kraft und Weisheit.

Nun zu deinen vielen Themen und Fragen, die du hast:
Siehe dieses wunderschöne Lied (Heaven is not a place in the sky, its a home in your heart, a place inside) hat es eben so schön ausgedrückt, dass du alles in dir und in deinem Herzen findest. In dir selbst und in deinem Herzen sind alle Antworten auf alle Fragen, die du zu stellen vermagst.

Alles, wirklich alles findest du in dir.

Versuche dich nicht mehr so viel im Außen aufzuhalten und auf die Einflüsse von außen solch großen Wert zu legen. Sondern versuche einfach, immer nur klarer und deutlicher deine innere Stimme zu hören. Sei dir gewiss, sie ist immer da und erlischt nie. Du hörst sie nur oftmals nicht, weil du sie nicht hören willst oder weil du dir einfach nicht die Zeit nimmst, kurz innezuhalten. Probiere in dich zu gehen, um sie zu fragen und auf sie zu hören. Wenn du dies tun würdest, wüsstest du immer alle Antworten.

Aus dir heraus, und nicht weil irgendein anderer Mensch dir sagt, was du zu tun hast.

Diese Antwort kommt dann aus dir heraus, aus deinem Herzen, aus deinem Inneren.
Also höre sie, diese wunderbaren Antworten.
Nehme dieses wundervolle Geschenk an,

diesen wundervollen Schatz.

Werde einfach nur ein paar Minuten still am Tag und höre in dich hinein. Spüre und fühle in dich hinein und warte auf die Antworten, die aus deinem Herzen kommen und somit auch aus unserem Herzen.
Sehe also, es ist so leicht und überhaupt nicht kompliziert. Zeige und lehre jedem, wie es funktioniert, in 5 Minuten bei sich zu sein, um in sich hinein zu spüren und in sich hinein zu hören.

Denn alle Antwort ist in dir,

so wie in jedem anderen Menschen auch die ureigene Antwort zu allem liegt. Also werde wach und erwache einfach, indem du in dich gehst, in dein göttliches Potenzial, und dieses schöpfst und dieses sich aus dir heraus ausbreiten lässt.

Gehe in dein Herz,
spüre in dein Herz
und handle aus deinem Herzen,
aus deinem Innersten.
Damit kannst du nicht fehlgehen.

Werde dir bewusst, was du versäumst, wenn du dies verpasst. So etwas kannst du auf keinem Seminar lernen. Denn nur du selbst kannst dir diese Aufmerksamkeit zukommen lassen. Tue dir selbst und allen Menschen in deinem Umfeld den Gefallen und mache es jeden Tag.

Meine Liebe, es erfordert wirklich nur 5 Minuten täglich, aber mache es regelmäßig. Gehe in dich, spüre in dich hinein, um auf deine Fragen Antworten zu erhalten, und sie werden kommen, und du weißt dann, was zu tun ist. Egal, ob du dich nun mit der Geistigen Welt verbindest oder nicht, du wirst es wissen.

In dir ist jede Antwort auf jede Frage.

Wenn du in dein Innerstes gehst und dieses aus deinem Innersten erkennst und schöpfst, wirst du immer auf deinem richtigen Weg sein.

Auf deinem Buch könnte zum Beispiel folgender Klappentext stehen:

Wie wundervoll, alle Antwort ist in dir.
Du kannst aufhören zu suchen im Außen,
denn du wirst nie im Außen finden,
was du in dir im Innen finden kannst.

Aller Friede,
alle Weisheit,
alle Einzigartigkeit
ist in dir verborgen.

Es braucht keine Wunder, sie aus dir herauszuholen, sondern es braucht nur einige Minuten der Stille, in der du in dich gehst und dein Herz fragst, was es will, was es sich wünscht.
Dann folge diesem Wunsch und ignoriere ihn nicht.
Bezweifle ihn nicht, diesen Wunsch, den du in dir trägst, den du in dir hast.

Stelle dir die verschiedenen Wege und Möglichkeiten vor und fühle hinein mit deinem Herzen. Versuche es nicht mit dem Verstand zu lösen, sondern fühle in dich hinein, wie du dich fühlst, wenn du die verschiedenen Wege gehen würdest.
Mache diese Übung jeden Tag. So wirst du jeden Tag einen Schritt mehr auf dich selbst zugehen und dich jeden Tag selbst mehr finden.

Und wahrlich, wie ich dir schon oft gesagt habe, ist dieser Schritt,

den du im Innen gehst, hunderttausendmal größer als jeder müh-
same Schritt im Außen, denn wahrlich sind die Schritte im Außen
sehr oft mühsam.

Wenn du diese Schritte allerdings innen gehst,
wirst du sehen, wie leicht die Schritte im Außen sind.

Jeden Schritt, den du im Inneren auf dich selbst zugehst, entspricht Hunderten, Tausenden von Schritten im Außen, die auf
einmal wie von selbst völlig leicht und fließend gehen.
Also erkenne die Chance, die jeder von euch hat:

Sich selbst zu finden in ein paar Minuten, jeden Tag. Du wirst es
immer öfter tun, ihr werdet es immer öfter tun, weil ihr einfach
erkennen werdet, wie wunderbar, wie wundervoll es ist. Wie viel
Spaß es machen kann, und wie man ganz ruhig und gelassen
wird und auftanken kann, mit Energie. Ihr werdet aufgetankt
mit Energie aus eurem Inneren, damit ihr im Außen dann auch
die Schritte tun könnt, die für euch anstehen.

Also lasse dir noch einmal gesagt sein:
Die inneren Schritte sind
die wichtigen Schritte
und nicht die äußeren.
Die inneren Schritte sind diejenigen, die euch weiterbrin-
gen.

Zu euren Matrix-Seminaren möchte ich euch noch sagen: Geht
vorher 5 bis 10 Minuten in euer Herz, um aus eurem Herzen heraus handeln zu können. Führt dieses Seminar aus eurem Herzen
heraus, und jede Antwort wird euch zufließen.

Ihr könnt nicht fehlgehen, in nichts, was ihr tut,
wenn ihr aus dem Herzen heraus handelt.

Zentriert euch vorher im Herzen.
Nehmt euch dazu ein paar Minuten Zeit:
Geht in euer Herz,
fühlt in euer Herz hinein,
begebt euch in euer Herz hinein,
handelt aus eurem Herzen heraus,
und nichts, wirklich gar nichts
kann euch dann mehr aufhalten auf eurem Weg.

Alle Antwort ist in dir.

Was für ein weiser, wundervoller Satz.

Auf jede Frage ist die Antwort in dir.

Nehme dir jeden Tag ein paar Minuten Zeit, in dich zu gehen.

In DICH, in DEIN HERZ.

So wie du es gestern Abend getan hast (ich wollte channeln, bin dann aber nur dagesessen, habe in der göttlichen Energie gebadet und habe meditiert), dann wird sich alles regeln und finden. Wie du auch gestern erlebt hast, bist du einen kleinen Schritt auf dich selbst zugegangen und im Außen fängt wieder alles an zu laufen und zu funktionieren und Blockaden lösen sich auf. Das Leben blockiert dich nicht mehr, es kann wieder fließen. Du fragst, ob es noch eine Methode gibt, wie man noch schneller, tiefer ins Herz kommt. Denke dich und fühle dich einfach in dein Herz und begib dich in dein Herz hinein. Um dies zu unterstützen, kannst du dir noch einen Ton oder ein Lied zusammenreimen, das du immer dann summst oder singst, wenn du in dein Herz gehst. Das Schöne daran ist, dass du irgendwann diese Melodie nur noch zu summen brauchst und sofort in deinem Herzen bist, wenn du es oft genug tust. Verwende immer den gleichen Ton, um in dein Herz zu gelangen. Finde deinen Ton, summe deinen

Ton oder deine Melodie, wenn du in dein Herz kommen magst. Dann geht es immer leichter und schneller, wenn du dir die Zeit dazu nimmst. Natürlich ist es auch so, dass du immer an dein Herz angeschlossen und mit ihm verbunden bist, jedoch ist es wie mit deiner Mutter, deren Rufe du so selten hören willst. So ist es mit den Rufen deines Herzens auch, du willst es nicht hören, du überhörst sie gerne. Versuche dein Herz jetzt ganz bewusst, jeden Tag in deine Entscheidungen mit einzubeziehen, mit einzuweben, mit einzuflechten, wenn es um deine Entscheidungen, Wünsche und Bedürfnisse geht. ☺

Hilarion

Lass dich nicht

aus der Ruhe bringen

Mein liebes Kind, geliebtes Kind, du wundervolles Kind. Ich möchte hier noch einmal betonen, dass alles zur rechten Zeit passiert und es keinen Zufall gibt. Sei getrost und lasse dich einfach fallen und führen von der Geistigen Welt und allen Helfern. Denn je mehr du dich fallen lässt, je mehr du dich führen lässt, je mehr du im Vertrauen bist auf alles, was ist, umso schöner und vielfältiger kann sich dein Weg vor dir öffnen. Deshalb hadere mit keiner Situation, die dir im Leben begegnet, weil alles seinen Sinn und seine Berechtigung hat, denn nichts geschieht ohne Grund. Wenn ihr denkt, dass auch nur die kleinste Sache ohne Grund geschieht, unterschätzt ihr euer Leben sehr. Achtet auf alle Zeichen, die euch begegnen. Wertschätzt alles, was ihr besitzt, denn diese Wertschätzung ist wie Blumensamen. Jedes Wort der Wertschätzung und der Dankbarkeit in eurem Leben ist wie Samen, die ihr in die Erde pflanzt und aus denen die wunderbarsten, wundervollsten Blumen wachsen können. Also achtet darauf, immer dankbar und wertschätzend eurem Leben gegenüber zu sein.
(Mein Hund fängt an zu bellen und hört einfach nicht mehr auf, während ich in meinem Stuhl sitze und versuche, die letzte Botschaft für mein Buch zu channeln. Ich werde stinksauer, weil mich das Bellen total ablenkt.

Ja meine Liebe, sei dankbar und wertschätzend für alles, was passiert, auch wenn es dir in diesem Moment noch so unmöglich, so unglaublich, so unangebracht vorkommen mag. Sei trotzdem dankbar und wertschätzend. Bleibe in deiner Mitte, bleibe in deinem Herzen und versuche, alles in dir anzunehmen, wie es gerade passiert. Du änderst nichts, wenn du damit haderst, ganz im Gegenteil. Durch Hadern baust du einen Widerstand auf, dann kann es nicht verschwinden. Bleibe immer bei dir und frage dich, was dir diese Situation sagen möchte. Siehst du, so kannst du es unglaublich gut lernen, mit der Situation umzugehen. Lasse dich nicht aus der Ruhe bringen.

(Mein Hund bellt immer noch, die ganze Zeit. Es ist wie verhext, während ich dasitze und versuche, die ganze Zeit mich nicht zu ärgern oder aufzuregen. Es regt mich aber auf und ich frage mich: Soll ich jetzt mit der Durchgabe aufhören, um mit dem Hund schimpfen, damit er ruhig ist? Ich weiß jedoch genau, dass ich dies nicht tun soll. Stattdessen bleibe ich ruhig, egal was passiert, obwohl es mir schwer fällt.)

Versuche, immer in der Liebe und im Herzen zu sein, denn nur damit kannst du Berge versetzen, denn nur damit kannst du Herzen erobern. Erobere die Herzen anderer Menschen, indem du ständig und so oft wie es geht in deinem Herzen bist. Du wirst es sehen, auch wenn du denkst, dass es manchmal nicht auszuhalten ist, wird dies doch die größeren Früchte tragen. So meine Liebe, dies ist eine sehr schöne Übung für dich. Du kannst mir glauben, wir finden es sehr amüsant, was hier gerade passiert.

(Mein Hund bellt immer noch die ganze Zeit)

Es bedeutet für dich eine sehr große Überwindung. Schicke diesem Tierchen Liebe und keine Aggression. Einfach nur Liebe. Sei in der Liebe, sei im Herzen und sende ihm Liebe aus deinem Herzen. So, mein liebes Kind, was will dir diese Situation nun sagen? Die ganze Energie, die du im Außen verwendest, verpufft, sie geht weg, sie fehlt dir nachher. Wenn du diese Energie aber für dich innerlich verwendest, um ins Vertrauen zu gehen, um ins Herz zu gehen, um zu erkennen, dass alles gut ist, wie es ist, dann bleibt sie dir erhalten. Wenn du dich aufregst, wenn du schimpfst, wenn du haderst, verlierst du diese Energie an diese Gegenstände, an die Dinge im Außen. Diese saugen dir die Energie ab. Wenn du aber versuchst, die Energie bei dir, in dir, in dich hineinfließen zu lassen, in deinem Herz aufzunehmen, dann schwächt es dich nicht, dann stärkt es dich. Die Welt um dich herum kann im Chaos sein und du wirst trotzdem in dir sein und in dir bleiben können, in deiner Ruhe und in deiner Mitte. Also lasse dich nicht mehr aus der Ruhe bringen von Dingen, die im Außen geschehen. Versuche ganz in deiner Mitte zu bleiben, egal, was passiert, in der Liebe zu allem, was ist. Das hast du jetzt wirklich sehr gut gemacht, das war eine sehr, sehr gute Übung für dich, die dich extrem stark an deine Grenzen gebracht hat. Sehe, das ist das Ziel, dass du auch in diesen Situationen, in denen im Außen solche Dinge passieren, in dir selbst zentriert sein kannst, bei dir selbst sein kannst, in dir selbst ruhig und gelassen sein kannst. So wird jede Beschimpfung, jedes Bellen, jeder Angriff alles von dir abprallen, weil du dich selbst ausfüllst. Versuche dich zu achten, dich zu beachten und sonst nichts und niemanden, damit niemand dich herausbringen kann aus deinem Inneren Zuhause.

Mein Schlusswort an dich lautet:

Bleibe immer in dir selbst zentriert, sei dankbar für alles, was dir geschieht und widerfährt. Wenn du erkennst, dass all dies Geschenke sind, die dir gemacht werden, auf deinem Weg, so wie auch jede Situation, die dir begegnet. Wenn du das in dir spüren kannst, auch und gerade dann in Situationen, in denen du wegrennen willst oder dich aufregst, dann bist du bei dir und in dir angekommen. Dann wird dir alles gelingen, dann wird dir alles in den Schoß fallen und dein ganzes Leben wird in Leichtigkeit voranschreiten. Du wirst ein Ziel nach dem anderen erreichen. Ich freue mich auf euer wundervolles Wirken, auf euer wundervolles Sein. Ich verneige mich vor eurem Sein und dem, was ihr tut, denn das ist wirklich wundervoll.

So könnt ihr die Meisterschaft eures Lebens erreichen.
So könnt ihr Meister über euer eigenes Leben werden.

Hilarion

Danksagung

Ich möchte mich zu allererst bei der Geistigen Welt bedanken, bei allen himmlischen Helfern, die es möglich machten, dieses Buch zu schreiben, vor allem bei meinem Geistführer Hilarion. Aus tiefstem Herzen vielen Dank für diese wundervollen Botschaften, die ich meistens für andere Menschen bekam, die für mich aber mindestens genauso wichtig waren wie für sie.

Vor allem aber auch mein herzlichster Dank an alle, die hier ihre persönliche Botschaft zur Verfügung stellen, damit diese auch noch andere Menschen erreichen können.

Dann natürlich vielen lieben herzlichen Dank an meine Eltern, ohne die ich gar nicht hier wäre, um dieses schöne Leben leben zu können. Dieter Erdmann, der die Freude lebt, und Katharina Erdmann, die mich immer unterstützt, die besten Eltern der Welt. Meiner Schwester Daniela, die immer zu mir steht und auf die ich zählen kann. Danke, dass du meine Schwester bist!!! Danke Andi, dass du uns immer hilfst.

Herzlichsten Dank meiner Zwillingsseele Oli (Plafamia), die ich in diesem Leben wieder getroffen habe. Gemeinsam dürfen wir sehr viele unserer Themen erkennen und auflösen. Das ist wirklich ein sehr großes Geschenk, für das ich sehr dankbar bin. Schön, dass es dich gibt. Ich liebe dich. Danke für die viele Hilfe mit diesem Buch.

Ein herzliches Dankeschön an wichtige Freunde auf meinem Weg:
Danke von Herzen Pauli und Maiki, meinen zwei Hunden, die mir so viel Freude bereiten. Danke an Elzi und Nele (Katzen) meine beiden neuen Mitbewohner. Danke an meinen Seelenbruder Maik, mit dem es viel zu lachen gibt und der immer für

mich da ist, meine Seelenschwester Margerete (Alabinja), die ihre Liebe und Weisheit unter den Menschen verteilt. Danke an Nicole, dass du schon so lange ein Teil meines Lebens bist und mich akzeptierst, wie ich bin. Danke Klaus, Tim & Ruben, schön, dass es euch gibt. Danke an Margret für ihre treue Freundschaft, dass sie immer für mich da ist und ehrlich sagt, was sie denkt. Danke an Ralf für seine Freundschaft. Danke an Katharina für das Abtippen vieler Channelings und ihre jahrelange Freundschaft. Danke Stefan, dass du da bist. Danke an Mona & Dirk, meine Monaden, Freunde und Wegbegleiter. Danke an Markus für sein Wirken. Danke Claudia & Lea, dass ihr da seid. Danke Bea, dass du mich noch nie in Frage gestellt hast. Danke Stephan für dein Vertrauen und deine Dankbarkeit. Danke Athanasia für deine Stärke und Weitsicht. Danke Renata für deine Freundschaft und Zuverlässigkeit. Danke Claudi für deine innere Ruhe. Danke Wine für deine Offenheit. Danke Simon, dass es dich gibt. Danke Diana für deine Freude und Dankbarkeit. Danke Sandy für dein Vertrauen und deine Freundschaft. Danke Petra und Theo, meinen Zwillingsseelen, schön, dass wir uns wieder getroffen haben. Danke Henni, Ulf und Jacqueline für ihre treue Freundschaft. Danke Manu, auf dich kann ich mich immer verlassen. Danke Anni, Silvi, Andi, Fränzel, Biene, Sonja, Gisela, Toni, Tanja, dass es euch gibt. Danke Ulla, Norbert, Flo und Tanja für eure Unterstützung.

Ein herzliches Dankeschön an wichtige Freunde und Therapeuten auf meinem Weg:
Danke an Liane Halasz, die mich auf den Weg gebracht hat. Danke Renate Schulte, die mich von unendlich vielen Themen befreit hat. Danke Carmen-Pia Monteleone, die mir ein großes Vorbild ist und mir unendlich viel geholfen hat. Danke Peter Monteleone, auf den ich immer zählen kann und der mir schon oft die Augen geöffnet hat. Danke! Danke an Ute Kretzschmar, durch die ich Zugang zur Geistigen Welt bekommen habe. Ein sehr großes Geschenk. Danke an Michael Weber und Agnieszka, die eine

Lawine ins Rollen brachten, dessen Ziel ich selbst bin, danke. Danke Hanne & Armin Reinhardt für eure Freundschaft und eure Wegbegleitung. Danke Britta Günther, meiner Seelenschwester, für all die Auflösungsarbeit und deine Freundschaft. Danke Robert Betz, der mit seinen Worten die Menschen im Herzen erreicht, Hans Seelhofer, durch den Wunder geschehen, Dieter Weiner und Alexandra Wurlitzer für ihren tiefen Kontakt zur Geistigen Welt. Ulrich Kieslich, der immer die richtige Antwort parat hat und ein wundervoller Lehrer ist. Richard Bartlett, der mir die Augen geöffnet hat, wie lustig das hier alles ist und wie viel Freude man im Leben haben kann, danke. Danke, lieber Herr Dieter Schmitt, für die viele Hilfe bei diesem wundervollen Buch.

Danke Gerlingen und Stuttgart, dass ich mich hier zuhause fühle und meinen Platz gefunden habe.

Danke an alle Mitarbeiter unserer Tankstelle (Manu, Claudi, Sandra, Nina, Desi und Adrian) und unseren Kunden.

Danke an Dieter F., dass du mir so viel von der Welt gezeigt hast.

Vielen Dank an alle Menschen, die ich in meinem Leben getroffen habe. Danke für alle Erfahrungen, die ich gemacht habe, auch vor allem für die, die nicht so schön waren, jedoch für meine Entwicklung sehr wichtig waren.

Tiefe Dankbarkeit für mein Leben, sowie alles, was ich jeden Tag erfahren darf und durfte, empfinde ich nun in diesem Moment.

Danke allen, die dieses Buch mit dem Herzen lesen.

DANKESCHÖN FÜR ALLES

Über die Autorin

Insa Palagenja Erdmann ist in Gerlingen bei Stuttgart aufgewachsen und arbeitet bis heute dort an ihrer Tankstelle. Durch
die eigene Arbeit an sich mit Systemikern, Heilpraktikern, Geist-
heilern und allerlei anderen Formen alternativer Therapie kam
sie auf ihren Weg. Durch viele Seminare und Ausbildungen zu
diesen Themen erweiterte sie ihren Horizont und Erfahrungs-
schatz.
Jahre später gibt sie dieses Wissen nun weiter. Sie arbeitet heute
als mediale Lebensberaterin, gibt spirituelle Seminare, Einzel-
sitzungen und beschäftigt sich sehr erfolgreich mit Quanten-
heilung.

Webseite: **www.magic-matrix.de**
E-Mail: fragen@magic-matrix.de

Sibylle Wiedemann

UKK

Unterstützte Kommunikative Kinesiologie

Sprachbarrieren überwinden

124 Seiten, kartoniert, zahlreiche Abb.,
12.90 Euro, ISBN 978-3-930403-28-8

Franz Matz

Blüten- und Heilpflanzen-Elixiere

Für Körper, Geist und Seele

268 Seiten, kartoniert
mit 50 Kräuterkarten
21.50 Euro, ISBN 978-3-930403-08-0

Reinhold Müller

Gesundheit erhalten ...

und mehr

**Für alle, die bewusst gesund bleiben wollen,
gesund werden wollen und für alle anderen.**

202 Seiten, kartoniert,
13.80 Euro, ISBN 978-3-930403-43-1

Mimi Schmitt

Die 12 Kinder des Himmels

**Sternenpoesie & Geschichten
Planeten-, Partner- und Tierkreiszeichenge-
dichte zum Träumen und Entspannen.**

96 Seiten, broschiert, zahlreiche Abb.,
7.65 Euro, ISBN 978-3-930403-05-9

Gabriele Gaven

Licht des deutschen Volkes

**Wahrheiten für das Seelenheil des deutschen
Volkes nicht mehr länger die verlierer eines
Krieges zu sein.**

400 Seiten, broschiert
19.95 Euro, ISBN 978-3-930403-13-4

Gabriele Gaven

Meine Himmelfahrt

**Die Wahrheit über Jesus, sein Leben und
seine Lehren**

196 Seiten, broschiert,
12.75 Euro, ISBN 978-3-930403-99-8

Bücher und CDs der Edition Sonnenklar aus dem Siva-Natara Verlag

Lotte Lakshmi Pscheidt

Göttliche Inspirationen für jeden Tag

Gechannelte Botschaften

210 Seiten, kartoniert,
18.90 Euro, ISBN 978-3-86982-008-8

Wilhelmine Schmitt

Sei leise ... und wisse wer du bist!

Für Menschen, die auf der Suche nach der Wahrheit und dem Sinn des Lebens sind.

304 Seiten, kartoniert,
17.90 Euro, ISBN 978-3-930403-62-2

Lotte Lakshmi Pscheidt

Mein Leben in göttlicher Hand

Eine Reise zum wahren Selbst

188 Seiten, kartoniert,
14.50 Euro, ISBN 978-3-86982-001-9

Gabriele Weck

Sein

Schwungvolle Lieder zu den vier Elementen für den Weg zurück in die Liebe

CD, 22 Minuten,
13.90 Euro, ISBN 978-3-930403-76-9

Gabriele Weck

Lebens-Impuls-Begleitung

Musikversion zur Doppel-CD Lebens-Impuls-Begleitung

CD, 73 Minuten,
13.90 Euro, ISBN 978-3-930403-78-3

Gabriele Weck

Licht-Geburt

Meditation für werdende Mütter, Väter und Kinder

CD, 31 Minuten,
13.90 Euro, ISBN 978-3-930403-77-6

Gabriele Weck

Lebens-Impuls-Begleitung

Geführte Meditationen zur Selbstheilung und Vergebung

2 CDs, 73/59 Minuten,
27.90 Euro, ISBN 978-3-930403-79-0

Gabriele Weck

Atem

Geführte Meditationen zur Tiefenentspannung

CD, 48 Minuten,
17.50 Euro ISBN 978-3-930403-75-2

Mein eigenes Buch

– Sie haben die Idee für Ihr eigenes Buch.
– Wir besprechen gemeinsam das Konzept.
– Sie entscheiden über Design und Ausführung.
– Gemeinsam legen wir den Erscheinungstermin fest.

Unser Angebot für Sie

1. Betreuung durch den Verlag
von ISBN-Nummer bis zur Druckabwicklung.

2. Layout
Sie gestalten – auf Wunsch auch gemeinsam – Ihr individuelles Buch nach Ihren Vorstellungen: Umschlag, Inhalt, Papier, Umfang, Format und die Ausführung Hard- oder Softcover.

3. Vertrieb
Mit einer ISBN-Nummer ist Ihr Buch in jeder Buchhandlung im deutschsprachigen Raum – und darüber hinaus – erhältlich. Es wird in das Verzeichnis lieferbarer Bücher eingetragen und bei der Deutschen Bibliothek aufgenommen. Ihr Titel wird automatisch in unsere Verlags-Website sowie in unseren Shop integriert und bei Amazon gelistet. Optional wird Ihr Buch über den Außendienst in Buchhandlungen angeboten.

4. Verlagsleistung
Digitaler Satz, Titelrecherche, eine faire Vereinbarung über unsere vereinbarten Leistungen und Rechte. Wir erledigen Versand, Lagerung und Fakturierung.

5. Weitere Leistungen (optional)
– Lektorat oder Überarbeitung Ihres Buches.
– Erstellung einer Website oder von Werbematerialien.
– Weiteres auf Anfrage.

auch **E-Books**

Siva-Natara Verlag

Am Höchberg 34 • 97234 Reichenberg
Tel.: 09 31/66 12 49 • www.siva-natara-verlag.de